王志纲论
战略

关键阶段的
重大抉择

王志纲 · 著

机械工业出版社
China Machine Press

图书在版编目（CIP）数据

王志纲论战略：关键阶段的重大抉择 / 王志纲著 . -- 北京：机械工业出版社，2021.8
（2024.11 重印）
ISBN 978-7-111-68806-8

I. ①王…　II. ①王…　III. ①中国经济 – 经济发展战略 – 文集　IV. ① F120.4-53

中国版本图书馆 CIP 数据核字（2021）第 147836 号

王志纲论战略：关键阶段的重大抉择

出版发行：机械工业出版社（北京市西城区百万庄大街 22 号　邮政编码：100037）
责任编辑：赵陈碑　　　　　　　　　　　　责任校对：殷　虹
印　　刷：北京联兴盛业印刷股份有限公司　版　　次：2024 年 11 月第 1 版第 23 次印刷
开　　本：170mm×230mm　1/16　　　　　印　　张：22.5
书　　号：ISBN 978-7-111-68806-8　　　　定　　价：119.00 元

客服电话：(010) 88361066　68326294

版权所有·侵权必究
封底无防伪标均为盗版

PREFACE ——— 前言

一把解牛刀

纵观全世界，普遍性最强、最能穿越时空的话题，莫过于美食与美色了，古今中外、东南西北、男女老少、长幼贤愚，对于这两个话题，谁都能聊两句。

正所谓"饮食男女，人之大欲存焉"，美食和美色之所以能成为大众话题，不外乎两个原因：第一，萝卜青菜，各有所爱。评判的标准不固定，自然结果不好量化。第二，就算没吃过美食，没见过美色，也能聊上两句。议论的门槛低，自然人人都有发言权。但恰恰因为如此，想把美食和美色说好，说得"活色生香"，反而不容易。

从我大半生从事战略咨询的经验来看，这样的普遍性话题如果尚有第三个，想必就是"战略"了。

战略的伟力

当今是一个充满不确定性的时代，也是一个战略满天飞的时代。不知道从什么时候开始，战略成了一个谁都可以讲两句的普遍话题：广告公司说自己做的是营销战略，数据处理与分析公司说自己做的是IT战略，企业的兼并重组是并购战略，产品的设计是产品战略，企业的快速扩张是增长战略……凡此种种，不一而足。

战略的外延不断扩张的同时，其内涵也变得模糊不清。在一些场合，战略同计划、方向和指南画上等号；但在另一些场合，战略又同愿景、抱负与价值观等同；在很多互联网公司中，战略着重于模式、技术、产品层面的创新；对咨询公司而言，尤其是个别拾西方理论之牙慧的中国公司，战略被狭义地理解为一个接一个的PPT、复杂的矩阵模型和一大串拗口的理论。

上述种种是战略吗？从某种角度上来说，都算是。但倘若一个词泛化到无所不包，它本身的价值就很值得商榷了。因为词意太过于模糊，即使是同一个人，在不同时间、不同情境，对"战略"一词的定义都有所不同，这也为解读战略带来了不少困难。

战略大门之前熙熙攘攘，虽然略显纷乱，但我倒觉得不是坏事。谈论战略成风，起码说明社会逐渐认可了战略的重要性，这本身就是一大进步。

那么究竟什么是战略呢？结合我40年知人阅世的经验和上千政企客户的咨询实践积累来看："所谓战略，就是在面临关键阶段的重大抉择时，如何做正确的事以及正确地做事。"

如果这个定义还有些抽象，那么下面这个小故事或许会对你有所启发：

> 从前，有一个叫丁的庖（厨师），极擅长宰牛，梁惠王知道后，便请他来展示。

庖丁宰牛剔肉时，凡是手碰、肩靠、脚踩、膝顶之处，都发出淅沥沥的响声，挥刀一刺，骨肉分开。姿势之优美，犹如古舞《桑林》；声音之动听，犹如古乐《咸池》。

梁惠王啧啧称奇："技术怎么能达到如此神奇的境地呢？"

面对梁惠王的疑问，庖丁答道："臣之所好者道也，进乎技矣。始臣之解牛之时，所见无非牛者。三年之后，未尝见全牛也。方今之时，臣以神遇而不以目视，官知止而神欲行。依乎天理……彼节者有间，而刀刃者无厚；以无厚入有间，恢恢乎其于游刃必有余地矣。"

"所好者道也，进乎技矣""游刃必有余地矣"这两句不仅是写庖丁神乎其神的技艺，更是一个关于战略的精妙比喻。战略就是一把以哲学观为刀柄，以方法论为刀刃的"解牛刀"，无论是个人还是组织，在面临关键阶段的重大选择时，只要用好这把"解牛刀"，就能够让困难与迷思迎刃而解。

纵观世界历史，无论中外，每逢"千年未遇之变局"，总能出现战略这把"解牛刀"的身影。越到关键阶段需要做出重大抉择时，战略的重要性就越发凸显。正所谓成也战略，败也战略，一个极佳的战略足以为破局带来曙光，一个糟糕的战略也会让败局难以逆转。

小到一个个体、一个部落的物竞天择，中到一个组织、一个企业的优胜劣汰，大到一个城市、一个国家的兴衰存亡，生存竞争和发展抉择的战略智慧从来都贯穿其中。

春秋战国，纷争不断，最终秦国灭六国、实现大一统，靠的就是清晰的战略思维，奋六世之余烈，以商鞅变法夯实强国之基础，以连横逐个击破六国合纵，以求贤令广罗天下人才共商霸业。

公元前 5 世纪的伯罗奔尼撒战争（被称为"古代世界大战"），当时占据霸主地位的雅典动员了几乎所有的希腊城邦参战，但原本胜券在握的雅典却因为缺乏正确的战略方针，前后打了近 30 年，倾尽国力，最终还是败给了斯巴达，辉煌的希腊文明遂步入衰落。

在中国近代史上，共产党在力量对比极其悬殊的情况下击败国民党，实现了以弱胜强的奇迹。这些胜利离不开毛泽东对中国的深刻认识、正确的战略方向指引和审时度势的战略调整。

毛泽东之后，中国的另一位伟大战略家莫过于邓小平。他的一生同样传奇，年少游学，半生戎马，三落三起，平乱求治。在中国即将被"开除球籍"的危难关头，邓小平以无与伦比的勇气与智慧，果断推行改革事业，改变并创造了一个时代，为今天的崛起打下了坚实的基础。从本质上来说，改革开放也是一场战略驱动的伟大革命：转"备战备荒"思维为"和平与发展"思维，以经济建设为中心，坚持四项基本原则，坚持改革开放，推行一国两制，解决港澳问题……这一系列大政方针，无不闪烁着战略的光芒。

正如我在纪念改革开放 40 周年时写的《邓公的遗产》一文中所讲的那样，贯穿邓小平的思想最核心的三点：尊重人性，尊重常识，顺应规律。这既是一位伟大战略家留给我们的宝贵精神遗产，也标志着一个千帆竞逐、百舸争流的伟大战略时代的到来。

伟大的战略时代

战略时代的到来，离不开"海"的滋养。

今天的人们，对"下海"一词可能有些陌生，毕竟市场经济的汪洋大海已经渗透到每个人的生活中，无孔不入。但如果时间回溯到半个多世纪前，"海"可是讳莫如深的存在，当时的中国虽已走出帝制，但依旧处于僵化的社会经济体制中，个体几乎没有任何选择空间，连自由迁徙都不可能，更遑论自由择业。除了一少部分人能上工农兵大学和当兵之外，大多数年轻人，就算有再大的雄心壮志也无路可走。这些都是现在的年轻人无法想象的。

邓小平的复出，给我们这代人带来了命运的转机。从恢复高考开始，选学校、选志愿、选职业、选城市，我们逐渐有了人生的选择权，中国这艘大船也在慢慢调整方向，体制外的力量——"海"，第一次出现在世人面前。

彼时的"海"，虽然只是作为体制内的补充和点缀，但毕竟有了一点自由活动的空隙。到了1992年，真正的"海"才初步形成，面对西方的经济制裁和国内一些人想走回头路的倾向，邓小平发表了一系列讲话，通称南方谈话，推动中国走向市场经济的勇往直前之路。彼时，改革开放已经有了14年的积淀，再加上领导层的推动，这片初露端倪的"海"，迅速由风平浪静变成了巨浪滔天。奔流激荡的大势给每个人提供了改写命运的无限可能，越来越多的人义无反顾地一头扎进海中，一个从未有过的大自由、大解放时代到来了。

随着社会发展到如今，开放度越来越高，个体的自由度也越来越高，每个人都能把握自己命运的风帆，能决定自己唱什么歌、走什么路、爱什么人，能自由择业、自由迁徙、（在法律允许的范围内）自由生活。"海"已经成为每个人生活的常态，自然也就不再有"下海"一说了。

为什么战略离不开"海"的滋养？因为战略的前提是自由，没有独立之精神、自由之思想，战略根本无从谈起。

在自由不彰的年代，战略只是服务于极少数统治者和军事家的"奢侈品"，与普罗大众无缘。对一辈子"面朝黄土背朝天"的农民而言，战略是远在天边的云彩，柴米油盐才是要面对的实际问题。对知识分子而言，他们无法决定自己的命运，更无法谈及战略。

海为龙世界，天是鹤家乡。只有当人们纵身入海，充分释放选择的自由，让不管国家、企业还是个人，都开始思考"我是谁、我从哪里来和我将要向哪里去"这些问题时，曾经贵为"王谢堂前燕"的战略才真正飞入了千千万万的寻常百姓家。

在中国社会各阶层中，入"海"最深、最先触及战略问题的，当属新兴的企业家群体，其中的代表人物当属广东籍企业家。

新中国成立之后的 30 年，计划经济占主导地位，不承认商品经济，更谈不上承认商品经济的主体——企业家。凭借改革开放试验田的先发效应，广东模式在全国攻城略地、势如破竹，广东企业家也成了一个时代的明星。客居南粤数十年来，我对他们的认识尤其深刻。他们大多是实用主义者，很少考虑三步之外的事情。即使是那些昔日与智纲智库合作的老板也不例外，他们的目的很简单，就是解决问题，而且要求像吹糠见米那样解决问题。这些年来，很多和我合作的广东老板都获得了巨大的成功，如坊间耳熟能详的碧桂园、星河湾等，但外人只看到了市场营销或者产品打造等冰山一角，殊不知其背后是一套完整的战略体系，即使是当事人，虽然切实感受到了战略这把"解牛刀"的锋利，但往往也只是知其然而不知其所以然。

这种"敏于行，而拙于思"的特点，不仅仅代表了广东，更代表了一个时代。广东老板正是中国第一代企业家的缩影。他们并非不懂战略，相反，他们深谙战略，但更多的是基于生存智慧与人性洞察之上的个性化战略。

前段时间，我和一家世界500强民营企业的创始人喝茶聊天时，他谈到了自己的经济哲学观——"十亿看企业规律，百亿看行业规律，千亿看经济规律，万亿看国家规律和世界规律"，寥寥几句话，有着相当高的战略高度。再比如说长隆集团创始人苏志刚，他的战略总结起来就是三句话——第一，"扮猪吃老虎"，低调再低调，绝不惹是生非，也从不避讳自己的农民出身；第二，"力不到不为财"，在复杂的环境中只相信自己，亲力亲为，以拙破巧；第三，"拿来主义"，在全世界考察好的项目和经营模式，然后扩大五倍、十倍移植回来，通过"巨国效应"，实现超常规的增长。正是这种简单但务实的战略判断，支撑起了长隆集团的成功。

作为老一代企业家里最具战略眼光的人，柳传志和任正非身上均体现出了极高明的战略智慧。

联想诞生于环境复杂的北京，在这种背景下，柳传志首先考虑的必然是生存问题，"活下来才是硬道理"。"技工贸"也好，"贸工技"也罢，都要围绕"活下来"这个最高目标服务。君不见，多少名噪一时的"枭雄"，都在北京这片土地上栽了大跟头？能像柳传志这样逆境求生，已经极不容易。

橘生淮南则为橘，生于淮北则为枳。不同的水土也孕育了不同的战略选择。以任正非这种日鼓鼓⊖的贵州人性格，（华为）到了北京可能

⊖ 来源于贵州方言，形容性格倔强、坚韧不拔、百折不挠。

很难生存，但在深圳这样宽松的生存环境下，华为反而成长为世界级的企业。

华为成功的背后，任正非本人的战略眼光是一大重要原因。其在源头上摆脱了商学院式的理论框架，既有观察现实世界和不断实践的人性感悟，也有横贯东西方的科学和哲学洞察。但纵使高明如任正非，华为早期的企业实践同样是基于任正非的人生经验、人性想象和非系统的学习之上的"零敲碎打"。㊀ 直到花重金引入西方咨询公司的方案，把极盛时期美国大企业的管理经验悉数吸收，进行全面的组织变革之后，华为才真正具备了现代企业的基因，成为古为今用、洋为中用、推陈出新的超级典范。

综上所述可以看出，老一辈企业家的战略更多地体现为朴素的人生智慧，充满了"面多了加水，水多了加面"的实用主义色彩。他们精于对复杂人性的动态把握、对政治风向及商业机会的敏锐洞察，而失于完整的框架构建和长远的战略安排。

当然，我并没有对他们进行任何道德评判的企图，相反，对他们奋不顾身的勇气与坚韧不拔的毅力，我深表叹服并怀有敬意。一个时代有一个时代的鸟儿㊁，一个时代有一个时代的歌谣。中国特有的生存环境考验着他们的生存智慧，也促生了他们独特的战略思维。他们这样生存下来的中国企业家，或许并不知道未来之路通往何处，也无暇思考战略这样宏大的命题，他们唯一知道的是：无论用怎样的手段，必须从失败者的尸骸堆中杀出一条血路来。在他们身上，人性的特点表现得淋漓尽致。

㊀ 田涛. 理念、制度、人[M]. 北京：中信出版社，2020：75.
㊁ 潘文大. 一个时代有一个时代的鸟儿[J]. 中国房地产，2015(5)：74-75.

正是这群出生于草莽的枭雄，改写了中国没有企业家的历史，也改变了中国几千年延续下来的价值观，最大限度地回归了人类的本性，充分释放了人类的潜能，他们是中国改革开放伟大奇迹的原动力与"火车头"。

与老一辈企业家形成鲜明对比的是新一代企业家，尤其是那些"发迹"于互联网时代的商业明星。在过去20年内，中国抓住了信息时代和全球化的历史性机会，阿里、腾讯、百度，乃至新近如小米、美团、字节跳动、拼多多等一大批迥异于先辈们的企业的巨型公司纷纷崛起。其企业发展之迅猛，对社会影响之深刻，大有席卷八荒、气吞万里之势。细究这批新一代企业家的思维轨迹，能看出与老一辈企业家明显的不同之处。相比于老一辈企业家改变命运、发家致富的强烈愿望，新一代企业家更注重对自我认知、个人成长、商业逻辑、世界本源和运行规律的思考，具备更加系统的战略思维。

纵观新一代企业家所涉足的领域，发展的过程大致上经历了从模仿到创新的转变。从最初的搜索引擎、电商、支付，再到熟人社交、网约车、线上外卖等行业，无不是对标美国的复制品。而到了今天，中国正在逐渐引领世界，模式创新、技术创新、产品创新层出不穷，越来越多的中国企业走出国门。领跑在先，无师可学，我们该怎么办？那就必须重视"务虚"，必须对战略有强烈的追求、敬畏和推崇。如果说老一辈企业家是在水流湍急、暗礁密布的江河中急流勇进，那么新一代企业家就是在没有航标的陌生水域上乘风破浪。对他们而言，战略正处于前所未有的重要位置上。

有趣的是，伴随着"海"的扩张，战略的"季风"从体制外吹到了体制内。除了企业家需要战略，很多政府官员同样需要战略。和企业家对战略半信半疑、难以物尽其用不同，执政者推动战略、调动资源的能力更强，眼光也更长远，更能专注于未来长远的事，效果也更显著。

"城市战略"勃兴的背后是中国浩浩荡荡的城市化浪潮。随着各种新产业形态的急剧嬗变，政府职能的日益转型，区域竞争的逐渐加剧，一座座城市飞速崛起与扩张。如何抓住城市化的历史机遇和不辜负时代的使命，提升城市可持续发展的竞争力已成为每一个有历史责任感的政府人员的共识。在这样的背景下，智纲智库作为一家民营智库，有幸参与这场浩浩荡荡的城市化大潮，并贡献一份力量。

回顾 40 多年来的时代变迁，不管是老一辈企业家的生存战略，还是新一代企业家的创新战略，乃至地方区域的发展战略，都在不断转型：改革开放之初，我们如履薄冰般走出计划经济的笼子，胆大心细即是战略的核心；短缺时代，拿到批文和土地、做出产品即是战略的核心；加入 WTO 之后，打开国际市场渠道即是战略核心。而今，中国已经成为世界第二大经济体，但很多人还停留在以所谓"实力"和"规模"认识中国的层面。殊不知，当中国已经成为一个独特的经济体时，企业、城市甚至个人成长的战略都发生了根本性的变化。

改革开放以来，中国曾经出现过相当多的短期行为，各种现象显示出社会性的不安全感。然而 40 多年的持续增长，特别是举世瞩目的扶贫成就，令社会对政府治理能力和治理的有效性给予充分肯定，中国政府也因而具有了世界第一的社会动员能力，这在割裂和分化的西方看来，已是难以想象和无法比肩的。

同时，中国拥有最大的产业和消费规模已经无人质疑，而且在这个规模经济之上，还有三个世界一流的系统在高速运转。一是依托世界上规模最大的交通网络建立起来的流通体系；二是依托世界上规模最大的网络数字平台建立起来的信息网络；三是依托政府治理体系建立起来的世界一流的公共服务网络。这三个世界上最独特、最大规模的系统将令任何一个企业、城市或个人的努力与世界性的需求结合在一起，让各种"创新"和"匠意"获得巨大的机会。

在这个巨大而独特的经济体中，专业主义将代替粗制滥造、长期主义将代替跟风追随、个性追求将代替随波逐流、长跑领先将代替弯道超车成为时代的主流。"野蛮增长"的时代及赋予那个时代特色的战略已经成为过去时。每个城市、企业和个人都面临全新的航海图，需要用全新的价值观和成长逻辑重新梳理自己的战略，这是时代赋予我们的全新任务。

知行合一的战略之路

罗马不是一天建成的，战略之道亦非一蹴而就。多年以来，不少人都问过我一个问题："从学者、记者到房地产、区域战略、企业战略，从事过这么多工作，你获得成功的最根本诀窍是什么？"

其实答案很简单，不管是做学问、当记者还是办智库，面对任何问题，我首先想到的就是一套科学的方法。在我看来，工欲善其事，必先利其器。一个人如果掌握了方法论，就能够事半功倍，少走很多弯路。我所践行的正是这样一条将认识、方法与实践有机结合，做到知行合一的战略之路。

从小时候起，我就是方法论的拥趸，做任何事情时都会思考：有没有更好的办法？我出生在贵州的一个小县城，门前就是一条大河，每到夏天，县城的孩子们就会成群结队地下水嬉戏，想要在河里玩，首先要学会游泳。传统的教法，首先要憋气，一头扎进水里，学会闷头漂，再从狗刨式慢慢练起，但这种练习方法效率不高，有些人练了半年都漂不起来。于是我开始琢磨：为什么游泳要趴着游呢？头埋在水里，人不由自主会感到害怕，身子一僵，人就像秤砣一样往下沉，为什么不躺过来游呢？想到此处，我尝试了一下，面朝上双臂伸展，果然很快就漂起来了，一会儿再逐渐竖起来，就学会踩水了，再向下伏身，就成了蛙泳，根据这种方法，很快我就学会了游泳，并且把这种方法教给了很多小伙伴，练习两三天后他们也会游了。

这件事对我的影响是终身的，让我在懵懵懂懂中意识到，无论做什么事情，找到要害非常重要。对小孩子学游泳来说，要害不是动作，而是要先浮起来，只要浮起来了，再学什么动作都会事半功倍。我当时年纪还小，只有隐约的感觉，后来知识渐长，才知道这种"游泳学习法"的背后，就是方法论。

高考制度恢复后，我考上了兰州大学，学习政治经济学。在大学期间，我深受哲学思想的影响，尤其是阳明心学的知行合一观、马克思主义的辩证唯物论和历史唯物论以及毛泽东的矛盾论和实践论，这使我更加坚定了成为一名方法论者的信念。

大学毕业之后，恰逢第一次宏观调控，我被分配进省社科院进行理论研究工作，并撰写一些关于经济研究的论文，之后又加入新华社。当时恰逢激情燃烧的改革岁月，很多有志之士都在思考：中国向何处去？中国要走向富强和民主，昨天的道路显然是走不通的，明天的道路在哪里？

为加强对改革开放前沿阵地的报道，我被派驻新华社广东分社，从事全国性的宏观经济报道。在1985~1994年这10年中，我有幸走遍了中国各地，采访了很多时代风云人物，接触的人物从一线的地方首长，到企业界的富商大贾，到崭露头角的新锐学者，到朴实无华的平民百姓，我既了解了政治的风向、经济的走势，又了解了社情民意，还听过这些人对中国向何处去、中国的命运将如何的一些看法。每次与他们砥砺交锋、思想碰撞都极大地丰富了我的视野，也拓宽了我思考的宏观思路和练习了实践的具体做法，为我日后做城市和区域战略打下了基础。我对中国宏观经济环境及发展走势的观察能力、分析能力、判断能力就是在新华社当记者时培养的。

这10年的记者生涯让我在行万里路的同时，也写出了一些能够影响和推动经济与社会发展的报道。在此过程中，我愈发感到中国想要真正走向市场经济和进行深度改革开放，独立第三方智库是必不可少的存在。所以我从新华社出来，创办了王志纲工作室（后更名为智纲智库）。

现在江湖上很多人说，王志纲是专门搞房地产策划的，这话也对，也不对。为什么对呢？的确，我是靠房地产策划的成功而得到社会承认的。说不对又是什么意思呢？因为当初房地产是社会常见病、多发病病发的地方，我这个"刚从医学院毕业的医生"，急需做一场"大手术"来证明自己，恰好就接触到初创时期的碧桂园这样一个"典型病人"，由此才阴差阳错地进入了房地产业。

和杨国强合作的"碧桂园"项目是改变我一生的重要节点。短短几年时间，碧桂园从默默无闻到一飞冲天，我也在这一过程中补上了市场和人性的重要一课，耻于言利的文人锻炼出了以智生财的本事，顺道成了治疗房地产"流行病"的专家。

此后的近10年，是智纲智库发展的第一阶段，虽然我们也有一些面向政府和其他行业的企业的咨询服务，例如"99昆明世博会"咨询，以及诸如茅台之类的企业战略咨询，但受碧桂园项目的市场影响，我们主要还是聚焦于房地产企业。

奥园地产、星河湾、龙湖等项目都是那10年的房地产代表作，也成为中国房地产企业的学习样板和行业的标杆。1996年谭启泰的《谋事在人》[一]出版发行后，成为一时畅销的奇书，它改变了很多人的命运，也促使很多人进入房地产这个行业，日后成为名噪一时的大佬。

到了2002年，在房地产行业一片高歌猛进的形势下，我们却深刻地认识到，当房地产大盘的体量和价值已经足以影响城市发展格局的时候，如果不能理解、把握甚至影响城市的发展战略，其成功是很难想象的。反过来，城市的发展如果只是靠以往的决策方式，依靠行政力量或者政府资源去推动，也是远远不够的。

出于对这一趋势的认识，我提出了"抓大放小"的发展战略，退出常规地产，进军城市战略咨询。通过第三方智库的力量，把政府意志与市场力量有效结合起来。

在2003~2013年这第二个阶段的10多年中，以大成都战略策划为发端，智纲智库将业务重心转向城市区域战略领域，重点从事城市与区域发展战略研究与咨询工作。从大北京首都圈到大上海，从东部到西部，从沿海到沿江，从发达地区到闭塞地区，越来越多的城市、区域乃至省级政府开始来找我们。中国本土的一家民间战略机构能够有机会为一座举足轻重的省会城市出谋划策，直接跟政府的最高层就城市的发展战略进行平等对话，不能不说是一个社会的进步，其背后也折射出一个时代的变迁。

○ 谭启泰. 谋事在人：王志纲策划实录 [M]. 广州：广州出版社，1996.

2008～2013年，伴随着国际经济形势的改变，又一波世界产业转移浪潮兴起，沿边开放的新时代正在到来。从东北的满洲里、黑河、绥芬河、丹东、珲春到西北的新疆的几座城市，再到西南的西双版纳、红河以及钦州和崇左等，我们几乎走遍了所有重要的边境城市，帮助其寻找合理的发展路径。

智纲智库在政府中的深远影响可用几个代表性事件来印证：2002年，时任西安市委书记委托我们策划了曲江新区；2007年，时任重庆市委书记在三峡大坝即将合拢前夜委托我们策划长江三峡区域发展战略。令人欣慰的是，当初的很多战略已经变成现实，并且推动了当地经济、社会的发展。

从2013年到今天，智纲智库的业务范围更加多元化。养老、休闲、健康、教育、文化、高科技与互联网、战略性新兴产业的高速增长，提供了对空间、平台、服务与运营等多元化巨大需求的蓝海。从产业战略到企业战略，从文化旅游到区域发展，从制造业转型到数字化平台构建，这些前沿领域的突破和探索都是智库在当今时代的研究课题。

以文旅为例，过去的30多年中，中国经济还处在原始积累阶段，以粗放式发展为主。如今中国提倡高质量发展，旅游休闲度假市场出现了井喷式增长，智纲智库见证并深度介入了这20年旅游业的"狂飙突进"过程，我们有幸为上百个旅游项目"找魂"⊖，扮演着幕后推手的角色。

成百上千次的临床经验才能培养出好医生，要想培养出优秀的战略咨询师也同样如此。近30年以来，我们几乎参与过中国所有区域的发展探索和战略制定，也参与过众多企业发展战略的制定和推进，很多客

⊖ 王志纲工作室.找魂：王志纲工作室战略策划10年实录[M].北京：东方出版社，2006.

户通过智纲智库的策划服务实现了质的突破。我们有幸与许多引领这个时代的真正精英相逢，每一次相逢都是难得的成长台阶，都是一场彼此激荡、教学相长的对话。我们也在这个过程当中不断成长、蜕变。

马克思有句名言："哲学家们只是用不同的方式解释世界，而问题在于改变世界。"作为一家战略咨询机构，我们尚不敢言对世界造成了多大的改变，但在这条知行合一的战略之路上，智纲智库已经坚持了近30年，累计服务了上千家政企客户，也做了不少有一定社会影响力、尚能拿得出手而不至于脸红的案例。更重要的是，在这面旗帜下，凝聚起了一支上百人规模的核心团队。如今，智库在北京、上海、深圳、广州、成都均设有分部，沉淀十载、二十载的合伙人比比皆是，其中很多人都是一毕业即加入智库，在战争中学习战争，从一介书生变成了身经百战的骁将。从一个人，到一群人，最终走向一个时代，这可以说是我最大的幸运了。

一本写给未来的书

作为一家根植于中国本土的咨询公司，早在10多年前，我就提出了把智纲智库"打造为中国最好的战略思想库"的愿景，但我也深知要实现这个目标不是那么简单的，需要长期的积累，更需要跟国运相结合，如果中国不成为世界一流国家，中国的智库也很难进入世界一流智库的行列。

正是基于这样的判断，同其他追求效益最大化的咨询公司相比，智纲智库一直以来都坚持价值最大化，遵循"既是公司，又不是公司"的原则。首先，我们是公司，"经济基础决定上层建筑"，如果智库不能实现财务独立，观点独立就是一句空话，让员工过上有尊严的生活是财务独立的直接表现。其次，我们不是公司，强调智库的研究属性，在做业务的同时，尽可能进行一些理论、思想和文化上的探索，并且一以贯之。

20多年来，我们也有幸沉淀下了一些东西，并整理成书奉献给社会，不知不觉间，竟已出版了20余本之多。稍显遗憾的是，之前的智纲智库战略文集更多带有"策划实录"的性质，不少以业务为导向，而我本人一直想做一些"不为稻粱谋"的工作，提炼、概括、总结出一些带有规律性的东西，随着年岁渐长，逐渐感觉时候到了，再加上机械工业出版社的大力邀请，乃至"时时追讨"，本人历时两年有余，五易其稿，终于写完了这本书。

两年多写作时间的背后是我大半生以来读万卷书、行万里路、历万端事、阅万般人的战略思考和实践。书中总结了我对世界的系统性看法，概括了我面对棘手问题和复杂局面时所践行的方法论，也体现了我对自己人生知行合一的思考与总结。

平心而论，这本书并不好写，"任何一个体系凡是自洽的，必是不完全的"。本书关于战略的论述也难免有不完善、不客观之处。在战略实践过程中，有太多只可意会不可言传的微妙玄机，一旦付诸笔端，想做归纳总结，难免就会有遗漏、重复和变形，且本书并非标准意义上的学术著作，不仅没有深奥的专业术语和特意创造的专用名词，也没有密密麻麻的参考文献和学院派奉为圭臬的引证和注释，更看不到很"学术"的数学模型和量化分析，在有的地方逻辑衔接也比较松散。

但作为咨询行业的一分子，我们和学者最大的不同就在于有着极为丰富的实践经验。我们不仅能看清山道、水流和潮向，还亲身爬过山、涉过水，知道怎么攀岩、如何探路。对学者们来说，战略是一种精雕细琢的理论，用推演、数理、逻辑的方法，把思想变成规范的学术。但对我们来说，战略不是被束之高阁的学问，而是生动的、复杂的、日复一日的实践。

在这个过程中，我们既有了对中国国情和宏观走势的深刻认识与全面把握，又有了对企业和市场的熟悉与感悟，还学习了对政治、经济、社会和文化的各种资源的独特的理解与整合方式。通过不断地与时俱进、积累沉淀，我们在改造客观世界的同时，也改造了自己的主观世界。

多年来，我经常和团队成员说："不管我们做了多少业务、完成了多少项目、赚了多少钱，几十年后都会成为过眼烟云。智纲智库就像是一锅'老汤'，我们在攻克一个个项目难关的同时，也在不断往汤里加入各种各样新鲜而有营养的食材，不断地熬制这锅'老汤'。肉终究有一天会被吃光，但最后剩下的这锅中国之汤、时代之汤、历史之汤，将会煎熬出多少东方式战略的精华！这才是智纲智库真正价值之所在。"

本书所试图呈现给大家的，正是这锅归纳、提炼、梳理了近30年的"老汤"。因此，一些尚未步入社会的大学生初读本书时，或许容易不得其门而入，而那些百战归来的将军往往会在翻阅时有所领悟。我所衷心希望的并不是本书有多么大红大紫，而是在百年后乃至更长的时间长河里，这些文字依然能够有些许的参考价值，彼时的阅读者透过纸张，能看到大时代风云变幻中，这一代人的思考结晶和战略选择。

问渠那得清如许？为有源头活水来。本书凝聚的不仅仅是我一个人的经验，也不仅仅是一个团队的智慧，更是整个时代的沧海桑田、风云际会。因此，可能读起来没那么轻松，也不是吹糠见米就能有所收获的。想读透本书，就要静下心来，可能还要多花点功夫，但无论你来自何方，年龄多大，从事什么工作，如果我们这些历经时间洗礼的经验之谈，能够对你有一些启发和帮助，或者能帮助你寻找规律、增长经验、看到更多人生和事业的风景，那就也算不枉这番笔墨了。

借本书即将付梓之际，写下这些话，愿与广大读者共勉。

目录 CONTENTS

前言

第 1 章 什么是战略   1
西方战略思想的流变   1
东方战略思想的勃兴   9
战略的定义   19

第 2 章 为什么要谈战略   27
关于战略的两类错误认知   27
沧海横流,方显战略本色   36
战略是一种思维,更是一种能力   44

第 3 章 寻找战略的历程   47
我的底层思维框架   49
我的战略实践   55
我眼中的好战略   61

第 4 章 战略的两大支点:哲学与人性   67
战略与哲学   68
战略与人性   71
认识论、方法论、实践论   80

第 5 章 如何进行战略认知   87
发现、关联、一分为三   88
认识自己与认识世界   95
小道理服从大道理   99
东方战略思维的复兴   101

第 6 章 如何进行战略分析   113
"三因"法则   115
"阶段论"法则   127
"哑铃"法则   148

第 7 章 如何进行战略制定   161
战略就是预见   162
战略就是找魂   178
战略就是聚焦   198
战略就是协同   207
总结   217

第 8 章 如何进行战略实践   219
人：培养战略统帅   220
抓手：找到关键突破口   232
节奏：把握战略节奏   250
权变：在变化中掌握主动权   260

第 9 章 如何避免战略陷阱   273
人性弱点与战略陷阱   274
摆脱陷阱与自我超越   288

结语 穿越无人区   295
附录 东西方战略的起源与流变   305
大咖推荐   333

CHAPTER 1 ——————— 第 1 章

什么是战略

作为一本研究战略的书，首先要搞清楚"什么是战略"，如果这个问题不解决，一切都是空中楼阁。

丘吉尔曾说："能看到更远的过去，才能看到更远的未来。"在回答"什么是战略"之前，我们需要先了解战略的起源与流变。为了便于阅读，本书把详细的战略史放在了附录部分，供有兴趣的读者参考，这里仅进行简单展开。

西方战略思想的流变

纵观战略思想的演变，可以分为两条线，一条是源远流长的军事战略与治国方略的演变，另一条是直到 20 世纪才兴起的商业战略的演变。前者已有 2500 年以上的悠久历史，后者才发展了不过区区百年。

"对于没有航向的船来说，所有方向的风都是逆风"，这句重视方向的英国古谚语反映了海洋民族对战略的懵懂认知。

船只航行在浩瀚的大洋上，最重要的就是确定航向，船长们不仅要认识潮涨潮落的自然规律，还要学会看罗盘、看天气，才能不触礁、不翻船。因此，诞生于海边的西方文明，很早就形成了重视战略的传统。

在漫漫历史长河中，战略的概念不断演化，内涵也逐渐丰富。然而在相当长的一段时间内，战略和军事密不可分。

西方战略思想最早的总结者是历史学家。光怪陆离的历史背后往往沉淀着最深邃的人性逻辑，也沉淀着战略智慧的精华。希腊历史学家希罗多德的《希波战争史》和修昔底德的《伯罗奔尼撒战争史》当中，就已经出现了对战略的描写，但更多是就具体战例进行提炼，没有形成完整的体系。

我们把目光投向东方，在修昔底德之前大约 100 年，战略史上第一部不朽著作《孙子兵法》已经诞生，其作者孙子，是当之无愧的人类历史上系统总结战争规律与原则的第一人，也是东西方一致推崇的"兵圣"。

除了军事领域的战略，政治战略的历史同样非常悠久，从老子的《道德经》、韩非的《韩非子》、司马光的《资治通鉴》到中世纪末期马基雅维利的《君主论》，乃至现代迈克尔·波特的《国家竞争优势》等著作，其中都不乏治理国家的思想与策略，当然其中也讲述了帝王心术的权谋之道，但总体来看，还是以争取组织利益最大化所进行的各种战略性宏观安排为主。

在 16 世纪以前，东西方的战略发展基本平分秋色。随着大航海时代的来临，西方文明步入了长达 500 年的大繁荣，不止在战略上先行一步，更全面主导了人类文明的发展进程。

地理大发现带领人类进入大航海时代，风帆远至，无远弗届，从此人类社会逐渐由分散隔绝状态进入整体发展的一体化阶段，"世界"的概念开始出现。

第一次技术（工业）革命带领人类进入蒸汽时代，拉开了工业文明的帷幕，这不仅是一次技术改革，更是一场深刻的社会变革，最终确立了资产阶级对世界的统治地位。

第二次技术革命带领人类进入电气时代，庞大的电网成为当今人类社会运行的血脉，源源不断的电力像汩汩奔流的血液，让人类从日出而作、日落而息的修行者，变成了不知疲倦、不眠不休的永动机。

第三次技术革命带领人类进入信息时代，信息的传递与交换开始不受空间限制，快速的信息更新和迭代甚至解决了时间的障碍，信息传递的成本变得更低，功能却愈发多元、愈加强大。信息成为最重要的影响生产和生活的生产要素。

从大航海时代到三次技术革命、从原木到钢铁、从煤炭到石油、从半导体到芯片……可以说，近500年来每一次技术变革以及关键生产要素的迭代，都是在西方的主导之下完成的。

技术进步的背后是思想解放。从启蒙运动的时代开始，欧洲的国家摆脱了宗教桎梏，发展了自由思想。在自由思想的基础上，开展了科学和技术改进。两者互相支持，终于汇成巨流。

进入19世纪后，西方迎来了战略思想史上的高光时刻，两位军事战略大师——法国的约米尼和德国的克劳塞维茨横空出世，在政治领域也诞生了以社会革命学派和大战略学派为代表的两大学派。

随着西方在政治、军事、经济领域全球霸主地位的确立，学术界也呈现出了百花齐放的盛况：数学、物理学、化学、经济学、管理学、政治学、社会学、哲学、心理学……新的学科、新的理论如雨后春笋般出现，著作频出，群星闪耀，新兴的商业战略正是其中之一。

对商业史稍有研究的人不难发现，当下所流行的商业战略理论，基本都是以美国为策源地。因此，谈到商业战略，离不开美国。

美国的历史虽然不过短短几百年，却有着悠久的文明渊源，从希伯来文明到基督教文明，再到新教文明；从希腊文化到罗马文化，再到欧洲文化。**美国的背后是新教文明的崛起，是欧洲文化的传承，是"两希文明"的新时代产物。**

此正如克里昂·斯考森在《飞跃 5000 年》中所论证的：美国历史是 5000 年，而不是 200 多年，美国建国的 28 条原则，每一条都是从《圣经》中提取出来的。[一]用政治学者刘军宁的话来说，就是"美虽新邦，其命唯旧"。

每当溯源美国，大家的目光总是会转向 1620 年的冬天。那年的 11 月，35 名清教徒引领的五月花号，在抵达北美内地的时候，谁也不会想到，他们的后代会成为这个地球的霸主。

在英国受尽迫害、走投无路的难民，发誓要建立一个民主自治的团体，于是在 11 月 11 日那天签订了五月花号公约。

别看这只是一张纸，它标志着一个新的时代的开始。那是一批沐浴过文艺复兴和资产阶级萌芽思想余晖、经受过新教思想改造的冒险家，探索自己建立组织、自己管理自己、不受任何强权的约束，**这是美国民主自由思想的原点，是美国的出生证。**

[一] 克里昂·斯考森. 飞跃 5000 年 [M]. 毛喻言, 译. 北京：群言出版社，2015.

最初五月花号上的宗教难民，在美利坚尚未建立之时，就已经确立了精神 DNA：这个国家须为基督信仰而屹立，竭力追求信仰自由，以天国为蓝本构建地上之城。

因此，美国在建国之初，就肩负着"将如山巅之城，为万众瞻仰"的使命。从华盛顿到林肯，从杰斐逊到罗斯福，美利坚的先贤们励精图治，开拓奋进，奠定了现代美国的独立、民主和繁荣。

20 世纪 80 年代之前的美国，可谓名副其实的"灯塔之国"。在政治上，有民主制度；在经济上，促进了资本主义大发展；在科技上，创新领先世界。尤其是到了"二战"以后，美国在军事、金融、科技、文化领域终于建立起全方位的世界霸权，霸权的背后，正是熠熠生辉的"美国梦"。

作为全世界最强大的经济体，美国在大企业的组织与管理、经济危机的产生与克服、危机之后的重建、第二曲线的开拓等诸多领域完成"行"的实践，之前引导行动的"知"，以及之后所沉淀下来的"知"，自然成了商业战略诞生的重要策源地。

伴随美国在全世界范围内话语权的不断增强，以麦肯锡为代表的西方战略咨询公司也快速崛起，成为具有全球影响力的咨询业巨头，把战略的种子播撒向了五湖四海，当然也包括远在大洋彼岸的中国。

然而斗转星移，沧海桑田。回过头来看今天的美国，我们竟感到如此陌生。

特朗普政府（2017~2021 年）上台以来，对内迎合国内日渐抬头的民粹主义和保守势力，对外则挥舞贸易保护主义大棒，对其他贸易伙伴进行制裁打压。在移民政策上层层收紧，在国际义务上拒不履行，不出钱、不出力、也不出人，完全丧失了大国担当。

如果用一个词来形容特朗普的疯狂四年，就是毫无章法。特朗普创造了当今世界上绝无仅有的"推特治国"，从上任到被封号，他总共发了2.5万条推特，平均一天17条，最多的一天发了200条；这些推特有的表达自身施政观点，有的是与网友和其他政客的网络骂战，更多的则是在表扬自己、羞辱他人，或者散布阴谋论，其中谎话连篇，很多还有错别字，但偏偏特朗普的支持者们非常吃这一套。

"推特治国"反映的是特朗普团队的决策混乱和治理失能。政治家是一个非常严肃的职业，一举一动关乎全民福祉和社会稳定，而不是凭借急智、泼妇骂街似的斗嘴。特朗普的所作所为就像是统帅三军的司令把指挥所建在最前线，不考虑全盘战况，不去运筹帷幄，谋定而后动，反而成天教士兵们怎么装填炮弹。我很难想象，一个每天发上百条推特的总统，能静下心来思考政局，一个鼓励大众用注射消毒水来消灭新冠病毒的总统，究竟还能有哪些控制疫情的绝招。

用战略咨询的眼光来看，特朗普在战略预见、战略定力、战略执行这几项上几乎没有一项合格，可以说完全没有战略思维，从他身上能看到的，只有焦躁的情绪、商人式的狡黠、灵光一现的急智和无与伦比的煽动情绪天赋。如果我们把视角拉长来看，将美国的软实力透支殆尽的特朗普，是具有历史转折意义的一任总统。他的出现某种程度上加速了美国从山巅坠落。

许倬云是我很敬重的历史学家，这几十年来，他目睹了美国从兴盛到蜕变的过程，他在最近出版的《许倬云说美国》里表达了对美国的失望："用金钱堆砌的无冕之王，假借公权力而取得支配地位的民选贵族，他们已经代替了过去的封建领主和帝王，主宰许多小民百姓的命运，也决定国家共同体的功能和发展方向。当财富成为统治势力的工具，所谓的民主政治失去焦点。原本人数众多的弱势阶层，受到政客煽动，出现柏拉图所谓的'僭主体制'，种种迹象表明，美国代表的现代文明经历盛世后开始走向蜕变。"㊀

作为一名横跨新旧两个时代、东西两种文化的历史学家，许倬云既带有东方文明的视角和认同，也深谙西方文明的发展逻辑。正如他自己所说，一个甲子之前，他满怀希望，踏入美国这个人类第一次以崇高理想作为立国原则的国家，没想到60年后，他却正在目击这个国家病入膏肓。而与之形成鲜明对比的，是中国从积弱积贫，逐渐走上复兴之路，他在《十三邀》中，讲到抗战时亲眼所见的场景。时值国家危亡之际，父老乡亲们在逃难路上，头顶日机轰炸，冒着生命危险登船，但仍不忘尊老爱幼，帮扶妇孺。讲到此处，耄耋之年的老先生突然失声痛哭，老泪纵横。从那一刻起，许倬云意识到：中国，永远不会亡。这种个人命运与时代交织的沧桑感，令观者亦为之动容。

当下美国之变的背后，实则是西方文明正面临新的十字路口，这个关口究竟是象征着西方文明将走向下坡路，还是经过一次调整，又一次走向新的高峰，目前还很难断言。过去的美国，通过两党制、联邦制、三权分立等构成了一个具有修复功能的政治系统，维护了美国的平稳发展和强盛。每一次政党更迭都会把上一个执政党所造成的偏离重新拉回来，避免国家脱轨。但如今的美国是一个严重分裂、贫富悬殊越来越大的社会，很多人把撕裂归咎到特朗普身上，其实犯了倒果为因的错误。特朗普的上台是美国撕裂加剧的产物，这种撕裂本质上是美国社会与经济结构快速变化所导致的。

㊀ 许倬云.许倬云说美国[M].上海：上海三联书店，2020.

全球化飞速发展的几十年间，美国原本高度发达的制造业为寻求低成本大规模外迁，金融资本主义取代工业资本主义成为主流，华尔街与硅谷结合所孕育的高科技巨头快速上位，并展现出前所未有的统治力。

新型的高科技企业兼具低劳动力和高附加值两大特点，而少部分东西海岸的精英群体赚得盆满钵满的同时，也让五大湖区、中部以及南部地区大面积塌陷和锈带化，大量被产业全球化淘汰的旧产业工人成了牺牲品。

这些工人的前途与命运，被狂飙突进的时代彻底剥夺，他们的声音被精英控制的舆论场彻底淹没，他们是特朗普最坚实的基本盘，也是民粹主义的忠实拥趸。特朗普一次次表演的背后，正是这群旧时代残党的沉默呐喊。特朗普虽然离场，但他所代言的群体长期存在，他所提出的全球化放缓、贸易保护、旧产业转型等问题依旧没有得到解决。民粹主义的思潮一旦被掀起，就很难扑灭，在可以预见的未来，即使不是特朗普本人，也会有一批特朗普式的人物应运而生，用特朗普式的手段和话术，去接手特朗普的事情。

在我看来，美国的撕裂之严重在短期内几乎没有和解的迹象，究竟能否回归正轨，尚未可知。但一片狼藉的现实足以表明，曾经伟大、光荣、正确的美国，的确到了该自省的时候了，曾经先进的民主制度，也已经僵化到了亟须改变的地步了。越是这样的时代，越呼唤真正的战略家，但令人遗憾的是，自布热津斯基、基辛格那一代人退出历史舞台之后，美国政坛就再难看到大战略家的身影，更多的是讨好选民的政客和"来回翻烧饼"的政局，这或许也是美国社会经济矛盾愈发深重的原因之一。

东方战略思想的勃兴

大致扫描完风起云涌的西方战略发展史后，我们再把视角转回东方。

从古至今，战略都与组织紧密相连。在农耕文明时代，大规模的组织形态通常表现为国家和军队，而中国有着非常悠久的政治和军事史与高度发达的政治和军事体系，因此，中国的军事战略与政治战略同样源远流长，博大精深。

先秦至两汉年间，孙子、鬼谷子、韩非子、韩信、曹操、诸葛亮等一座座战略高峰相继崛起，与西方战略遥相辉映，甚至略胜一筹；中古时期，东西方战略一同陷入沉寂；到了19世纪末、20世纪初，西方工业文明携市场法则之威扫荡全球、所向披靡之际，中国却仍然沉溺于天朝上国的美梦；直到坚船利炮叩关而来，国人才猝然觉醒，在救亡与启蒙的双重压力下，中国走上了风雨如晦的百年复兴之路。从战略的角度来看，中国在新一代组织——企业的战略发展上，的确落伍了。

这当然也很容易理解。企业作为一种迥异于国家、军队的全新组织形态，诞生于工业革命的大生产环境，跨国公司更是全球化的产物，中国本身在工业化时代已经彻底落后，救亡图存尚已举步维艰。据中国当代国际法专家、曾担任过北京大学国际法研究所所长的王铁崖统计，自1840年鸦片战争以来，中国共缔结过1175件约章⊖，其中绝大多数是不平等条约。这些条约涉及割地、赔款、租界、驻兵、关税、法权，侵略者势力范围林林总总，中国被层层锁定，成为全球大小国家任意欺凌的对象。在这样的背景下，自保尚不可得，更何谈企业的发展，商业战略

⊖ 张蕴岭. 百年大变局：世界与中国 [M]. 北京：中央党校出版社，2019.

的发展停滞也是自然而然的结果。

回首往昔,中国的这部百年开放史,其本质上就是一部"西学东渐"史。自五四运动以来,中国的精英阶层长期习惯于将西方当作先进榜样。"德先生"和"赛先生"几乎成了灵丹妙药的代名词,那些深刻改变中国的思想和理论,也大多是舶来品。即使到了新中国成立之后的30年,由于计划经济占主导地位,没有真正的流通及产业,也就没有所谓的商业战略。

40多年前,中国再度打开国门,随着经济的发展、社会的进步,尤其是市场经济地位的确立,思想的闸门打开,"改革开放""市场经济""资本市场"这些现在再熟悉不过的词,在当时还都只处于探索和初试阶段。大量的西方思想文化也随之涌入,比起之前数次的"西学东渐",其规模和丰富程度都有过之而无不及,兴起不久的商业战略正是其中的舶来品之一。

在20世纪90年代那个特殊年代里,中国的社会经济正面临着一场前所未有的大碰撞、大转型和大变革。奇迹似乎每天都在发生,谁只要能先行一步撬开市场的大门,哪怕只是一个小缝,谁就会一夜之间获得井喷式的财富。

乱世英雄起四方,升起来的就是太阳,在财富效应的带动下,有的人奇迹般崛起,又泡沫般消失;有的人在偶然中成功,又在必然中越走越稳;有的人昨天还是名不见经传的无名之辈,转眼已是举足轻重的风云人物;有的人却正在悄悄地退出历史的舞台。

市场经济的规律告诉我们:永远有新生,永远有死亡。那我们要问:**在新生与死亡的轮回背后,在成功与失败的交替背后,有没有经验和规律可循呢?**

很快，有心人发现，若要在市场经济中生存与发展，不仅要有机遇，更要有眼光和想法，除了那些看得见、摸得着的产品，既看不见也摸不着但有奇妙威力的东西——**知识和智慧开始显现出自身的价值**。

打个比方，昨天的中国像是长江里的航船，只需要船老大，不需要船长，凭经验判断就行，东边一个村庄，西边一棵大树，船到哪里船老大心里非常清楚。但当船已经开到了长江口、面对浩瀚的太平洋时，这里不仅有以前从未遇到的大风浪，而且有暗礁、漩涡，倘若没有航海图，没有罗盘，不知道经纬度，没有潮汐涨落和气候风向这些知识，没有船长、大副、二副、轮机长的分工，就不可能"直挂云帆济沧海"。

一时间，整个社会对智力行业产生了热切的需求，哪怕只是一个点子和一个创意，都仿佛具有了点石成金的魔力。

有什么样的需求就会有什么样的供给，正如恩格斯在书信《致瓦·博尔吉乌斯》中所言："社会一旦有技术上的需要，这种需要就会比十所大学更能把科学推向前进。"㊀追逐财富的人，首先开始如饥似渴地在充斥于图书市场的西方管理典籍中找寻战略的真谛，大洋彼岸的战略大师的思想也纷至沓来，他们的理论和观点乃至于各种模型都成了众人争相追捧的圭臬。与此同时，中国本土的咨询策划行业也应运而生，智纲智库也是在这个时期诞生的。

当社会和经济突然面临各种各样的困惑和迷茫，却又在官方传统的学科领域和行业分工里找不到解决之道的时候，人们自然会把目光投向民间，就像如果正规医院里总是治不好各种新的病症时，所谓的气功大师和江湖术士就会大行其道。但另一方面，又不排除民间确实存在着善

㊀ 马克思，恩格斯. 马克思恩格斯全集：第三十九卷 [M]. 北京：人民出版社，2016.

于解决疑难杂症的老中医。

那是一个青涩的时代，也是一个探索的时代。无论是策划还是战略，都没有形成体系，更多靠个人的阅历和直觉。曾经有一些老板和官员给我们讲："王先生啊，其实你们用不着策划方案，我们一起吃顿饭，你说三句话就够了，那就是最有价值的。所谓的报告，无非是把你讲的几句话'兑兑水'，我看起来更麻烦。"

当时的东方式战略就是从这种粗粝原始的形态成长起来的，人们对它的认识也经历了一个否定之否定的过程。在相当长的一段时间里，中国本土的咨询策划业良莠不分、金石不辨，不乏有些人打着策划的幌子骗钱、装神弄鬼，甚至很多巫婆神汉混迹其间，就像社会上也有些人没有行医资格却还到处行医一样，总有些人上当。

到了1998年左右，社会对策划的狂热和追捧逐渐降温。一方面，西方的一批大牌咨询公司纷纷抢滩中国，被国内的一些著名企业奉为"座上宾"，洋顾问不菲的收费价格、一步到位的国际化色彩以及雄厚的经济基础和人力资源给刚刚萌芽的中国本土咨询业带来了不小的震动；另一方面，所谓的"点子"和"公关"等战术层面的一招半式已越来越不能适应企业和市场的需求，企业家们通过与走马灯似的策划人几轮过招之后，不禁发出"谁教谁呀"的感叹。

与此同时，策划业内专业化分工正在迅速形成。大量的专业代理公司、广告公司、公关公司纷纷出现，各分一杯羹，各专业层面的分工也越来越细。社会对策划业的认识逐渐清晰，策划业已经从云端落到了地面上。

在一段时间里，随着曾经名噪一时的策划人或者锒铛入狱，或者销声匿迹，或者改弦易辙，舆论仿佛跟我开了个大玩笑："某某倒下了，某某疯了，下一个就是王志纲！"在策划界纷纷易帜的大潮下，一些心怀叵测的人放出风来，我成了一些人不遗余力攻击的对象：有说工作室只会玩虚的；有说王志纲时代已经一去不复返了；更有人拿国际知名的洋咨询和不知从何而来的土策划与我们相比，预言王志纲的终结，甚至连智纲智库的内部，也产生了"红旗还能打多久"的疑问。

面对种种质疑，我对团队说："**只要你不自己打倒自己，就没人能打倒你**。"我一直坚信，这个时代呼唤科学的方法，更呼唤坚持的勇气。不是凭着之前的市场感觉或山寨式的模仿，就能成为草莽英雄，东方式战略想要迎来真正的勃兴，必须经过严酷的淘选，只有本事到位，我们才能历风波而不倒，才能像汪洋大海里的一条船，一次次地探底，一次次地冲上风口浪尖。当很多人以为我们已经成为过去时，却又一次次在风暴眼中看到我们弄潮的身影。

多年以来，在全面学习西方的思潮下，中国的大学、商学院、学者们所传授的理论与分析问题的武器几乎全部源自西方。国内从事战略咨询的专家，基本上都是西方战略学派的拥趸。我们要承认，西方的理论是鲜活而伟大的，见解是深刻而震撼人心的，但其生长的土壤和背景与中国却是完全不同的。在中国这块土地上，和土生土长的中国人打交道，如果不了解中国的国情，不能准确地把握中国文化的底蕴和精髓，战略的效果往往会南辕北辙。

中国是一个非常复杂的经济体。在同样的条件下，不同的城市和地区会呈现出完全不同的结果。正因为如此，具有复合型特征的东方思维方式很适合中国国情。近20年来，我们积累了上千个政府和企业的咨询案例。实践使我们更加坚信，在专业、技术、管理与执行之上，必须有一套适应于中国特色的解决之道。当国人经历了对西方理论和经验的敬畏、崇拜之后，我们还是要强调，我们不排斥西方的东西，但也不能囫囵吞枣，更不能盲从，将中国本土的智慧和哲学贬得一钱不值，还是要古为今用、洋为中用、推陈出新，深入把握东方战略思维的内涵。

作为一家中国本土战略咨询公司，我所理解的东方战略思维，主要有以下几个特点：

第一，东方思维带有很强的感性直觉思维。我们做咨询讲究的是"顺瓜摸藤"，这就是经过考察调研之后，形成初步的判断和结论，甚至在具体的调研开始之前，就已经有了大致的把握。练就这种"一剑封喉"的能力，绝非一日之功。

第二，东方思维注重整体性和系统性，不会只是"头疼医头、脚疼医脚"。同样是医治发烧，不同的中医有不同的方案，同样的方案对不同的人有不同的药，相同的药在不同的环境下有不同的剂量，不能一概而论。而西医就是降温杀菌，许多医生都是一个药方、一个治疗方案。

第三，东方思维是复合型思维，相对来说，西方人的思维模式偏向于线性，擅长理性逻辑思维，注重个体，其分析方法是切块、细分，偏工业化、机械化、数据化。东方思维更偏向于多维度的整体观瞻，用"整体混沌"的眼光看待这个世界，追求"和而不同"，矛盾各方可以寻求共存、共生、共利、共同发展。因此东方思维有着更大的包容性，更大的解释空间、想象空间和创造空间。

当然，东方思维还很注重形象思维，这个在做品牌定位的时候会表现得淋漓尽致。比如，我们的"彩云之南，万绿之宗""千载儒释道，万古山水茶"这样的广告语，西方的4A广告公司很难做到。但是，我们在科学理性、逻辑思维上相对偏弱，这也是不可否认的事实。

改革开放 40 多年，中国增长总体上来说是一种粗放式、跨越式的增长，我们没有像西方国家那样建立在数据之上的决策体制，也不可能像兰德公司那样用数据分析法来做出未来预测。我们的决策更多采取的是模糊数学的方式。如麦肯锡、罗兰贝格、波士顿、安永、毕马威等国际咨询机构是建立在数据库上的线性思维方式。在实际工作中，我们经常与国际知名咨询公司同台汇报。两种不同思维方式的报告，在很多情况下结论是一样的，只是研究分析的方法不同。如果用与我们合作的一家企业老总的说法就是："一个项目，如果是创新性和突破性的，选择智纲智库；如果是规范性和复制性的，选择国际咨询公司。"

当今中国，正处在数百年不遇的大变局。"中国用 30 年的时间走完西方 300 年走过的路。""一条巨大的中国龙，在不同时态中舞动：龙头已经进入信息化、智能化的时代，龙身在工业经济的浪潮中翻腾，而龙尾还深深地扎在农业文明的泥土之中。"这两句话，前者说的是变化的速度，后者说的是变化的难度。

巨龙翻身，风起云涌，三种文明同时升腾、激荡。不管是中小企业还是行业巨头，短短几年内，它们赖以生存的范式已经改头换面，如果它们不能与时俱进，必然被时代淘汰。充分认识这种国情，从战略上把握大势，把握社会、经济的内在规律和文化底蕴，是做好战略的前提。

也许时代又在呼唤一次新的"改造我们的学习"了。80 年前，毛泽东在延安整风时期作了《改造我们的学习》的报告。在这篇著名的报告中，毛泽东号召全党从实际出发，多次强调："中国共产党的二十年，就是马克思列宁主义的普遍真理和中国革命的具体实践日益结合的二十年""马克思列宁主义的普遍真理一经和中国革命的具体实践相结合，

就使中国革命的面目为之一新"。⊖

到了今天，我们似乎有必要重温这篇报告的精髓。当我们在海纳百川的时候，不能把中国博大精深的哲学、智慧和文化丢在脑后，**只有根植在中国的大地上，对整个东方文化的精神、哲学有相当的理解和体验，并辅之以西方的经验和理论，我们才能有取之不尽、用之不竭的力量，才能更有效地解决社会经济发展中的诸多疑难问题。**

实话说，这条坚持东方式战略的路并不好走，这么多年来，依旧有人在说风凉话："美国的麦肯锡、波士顿、贝恩已经成了国际化的顶尖咨询公司，而你们智纲智库只能在国内向土豪们讨生活。"**面对诸如此类的流言蜚语，我的回答很简单：看任何问题，都要有历史唯物主义和辩证唯物主义的眼光，否则就是坐井观天。**

用历史唯物主义的眼光来看，美国最初一批咨询公司诞生于 20 世纪二三十年代。这时候，一是大工业流水线生产催生科学管理思想，二是经济步入萧条，需要找到突破困境的方法。

麦肯锡咨询公司最初是一家会计公司，经济危机后帮助别人整理烂账和从事企业兼并，在此过程中发现企业管理的问题，并意识到其中的商机，于是开始从事管理咨询，一步步发展成为咨询公司的代表。

兰德公司诞生于"二战"期间，最初是作为讨论战略和作战计划的参谋机构，战后成为军工企业的研究发展部（Research and Development Sections，RAND）。伴随大量军事工业转化成民用工业（比如计算机及后来的互联网），军事服务业转化成民用服务业，原来服务于军事需求的兰德公司就继续服务于国家安全，以及进行相关发展趋势的研究。

⊖ 毛泽东．毛泽东选集：第三卷 [M]．北京：人民出版社，1991：795-796．

从历史发展的自然规律来看，一家咨询公司要想成长到具有麦肯锡、兰德那样的规模和影响力，离不开案例、口碑和方法论的累积，这些都需要时间，现在整个中国的咨询业还处于初级阶段，就相当于我们是一个十六七岁的小青年，别人是一个六十多岁的老人，本身就没有什么可比性。

用辩证唯物主义的眼光来看，麦肯锡可以说是美国工业化走到顶点的必然产物。今天我们看到的麦肯锡的背后，是一将功成万骨枯，我相信，当时除了麦肯锡之外，还有"约肯锡""杰肯锡"等数以千计的人也在做这些工作，但最后沉淀下来的只有一个。

麦肯锡和兰德不仅是两家公司，更是整个西方咨询业发展历程的缩影。它们这样的机构在美国走向全球的过程中发挥了巨大的作用。正是这些机构持续的研究工作，使得美国无论在政治、军事还是商业领域，做决策都能够从长远着眼，比别的国家站得更高、看得更远。反过来也是一样，没有国家的全球化，就谈不上智库的全球化。麦肯锡成功的背后是美国文化的全球扩张，麦肯锡是美国文化霸权的代言人之一。如果没有美国实力的支撑，麦肯锡也好，兰德也罢，都无法随着美国的企业或政治军事力量把触角伸向全世界。

伴随着中国的崛起，没有人再怀疑中国的前途。 面对中国层出不穷的复杂问题，西方没有现成的答案，现有的理论家也解答不清楚。而社会又在快速变化，成千上万的人急需寻找坐标、确定方位。

从商业机会的角度看，中国是未来全世界的机会洼地，也是未来世界发展最强劲的动力源之一。**谁能够更准确、更深刻地把握中国，谁就能在未来的竞争中取得先机。**

从技术进化的角度而言，**人类的近代史，就是一部不断突破边界的**

技术进化史，技术及其衍生的技术族群定义了时代的边界。 人类自社会化生存以来，就是在不断通过劳动实践、技术发现以及哲学抽象，来增强对客观和主观世界的认知，核心目的在于应对生存世界的不确定性，提高驾驭现实和预测未来的能力。

随着第四次工业革命的到来，世界正进入一个崭新的时代——数字化生存时代。20 年前，尼古拉斯·尼葛洛庞帝在《数字化生存》中，对数字时代就有这样的预言："我们无法否定数字化时代的存在，也无法阻止数字化时代的前进，就像我们无法对抗大自然的力量一样。"

随着商业流程的在线化、数字化，企业内外部组织边界逐渐模糊，内部打破了刚性金字塔式组织架构，商业要素在企业间的灵活流通引起了外部的变化，构筑了开放协同的网络生态，有别于传统企业的新型组织形态正在出现，并且大放异彩。基于大工业时代的战略理论不再能够适应于全新的商业实践。

从数据来看，中、美引领的全球数字经济发展格局正在形成。美国数字经济规模多年蝉联全球第一，2019 年数字经济规模达到 13 万亿美元；中国数字经济规模连续多年位居第二，规模达到 5.4 万亿美元。在理论层面，东西方的战略体系终于又被拉回了同一起跑线，要共同应对新技术突破、新型组织形态、新商业逻辑带来的问题与挑战，在这一全新的领域中，中国丝毫不弱于西方，甚至犹有过之。

从更具普遍意义的层面来说，我们呼唤东方式战略，就是呼唤全球文明的交融与共生，中国的和平崛起必然伴随着文化和哲学的复兴。中国的企业要想真正具有国际竞争力并走向世界，就必须将西方伟大的管理、战略理论同中国企业深刻的生存发展实践相结合，舍此，别无他途。

战略的定义

前文中,我们大致扫描了东西方战略的流变,但本章最核心的问题依旧悬而未决——究竟什么是战略?

众所周知,战略的概念难以界定,常变常新。从古至今很多学者和理论家都曾试图去定义战略,很多的定义也都曾引起大众的共鸣,但最终在历史的发展过程中,一些定义被质疑甚至摒弃。战略就像空气,我们知道它很有价值,但确定其边界是一件能让最资深的战略专家也大伤脑筋的事情。

谈战略之前,首先要厘清战略和管理的关系。在管理学成为显学的今天,很多管理学家干脆把战略划到管理门下,开发了一门学科——战略管理。殊不知,战略和管理不能一概而论,甚至在某种程度上性质相反。

作为支撑组织运转的两个关键因素,管理和战略有很多相似之处。美国管理学家彼得·德鲁克曾说:"管理是一种实践,其本质不在于知,而在于行,其验证不在于逻辑,而在于成果,其唯一的权威就是成就。"[一]把这句话里的"管理"二字替换成"战略",也非常贴切。

另一个相似之处在于,尽管一些相关学科如经济、金融等已经科学化,拥有严谨的分析框架和数学模型,但管理并不是一门绝对的科学,而更像是一门关于人性的艺术。战略同样如此,像艺术多过像科学,加拿大管理学家亨利·明茨伯格在《战略手艺化》一文中提出,战略是门手艺活儿,他的这一感悟来自长期观察其夫人的创作,他的夫人是位陶

[一] 彼得·德鲁克. 管理:使命、责任、实践[M]. 陈驯,译. 北京:机械工业出版社,2019.

艺师。他发现生成战略就跟手艺人做陶艺一样，先有个大致的构思，之后在双手拿捏的过程当中，边找感觉边调整，心手互动，心的意念引领手，手的感觉也影响心，最终作品是"心手合一"的产物。由此得知，在可以预见的未来，无论是管理还是战略，还很难被 AI 代替。

虽然相似，但战略和管理终归是两个学科。管理讲究短板理论，通过修补短板，不断完善和提高组织所欠缺的部分，从而实现增效；战略讲究长板理论，不在于截长补短，而在于整合资源。根据最长的板块，即企业或项目的核心优势和潜在能力来调动各种资源，使其释放出最大的价值。

管理是一种日常性的行为，侧重于关注企业内部，追求效率与效益，注重制度和规范，讲究工作流程和组织结构的改善，强调战术动作的实用性和专业性，重视产品与服务的质量，追求销售业绩与市场占有率；战略则是一种非日常性的行为，侧重于关注企业外部，即确定哪些是对企业最有价值的事情，主张工作流程、组织结构与运行机制的重构，倡导企业文化的变革和企业核心能力的提高，注重新的价值观念的导入，寻求重大机会点的捕捉，谋求超常规的发展与跳跃，追求"不战而屈人之兵"的竞争优势与经营境界。

管理趋向于持续和稳定，通常是常规的、线性的、渐变的和量变的；而战略趋向于大的转型，通常是超常规的、非线性的、突变的和质变的。

管理主要着眼于当前的目标和使命，是基于过去，把握现在；战略则是高瞻远瞩，彻底变革，是基于现在，经营未来。管理思维是从现在推导未来，战略是从未来思考现在。管理关注控制，战略关注投入。管理着重于物质层面和有形要素，战略更着重于精神（价值观）层面和无形要素。总之,管理的实质倾向于"精益守成",而战略的实质倾向于"开拓创新"。

打一个通俗的比方,如果把企业的发展比作种树,管理是日常的修修剪剪,浇水施肥,争取更高的光合作用效率,战略则是"种下一棵树""为什么种树""种一棵什么树""在哪里种树""要不要种",诸如此类"充满惊险一跃"的大决策。

当然,管理与战略之间并非完全对立,而是对立统一的辩证关系。当某企业的战略创新因传播扩散(追随克隆)或竞争者的超越而逐渐失效之后,该战略创新就蜕变为一种普及性的操作,转化为常规性的管理(守成)范畴,最终成为一种模式化的流程,并广为流传。当越来越多的企业在同一战略模式下运行(即战略同构),导致同构竞争日益加剧时,新的战略创新需求就变得十分迫切,于是又催生了新的战略……如此不断消长,呈现出阶梯式上升。对组织来说,战略与管理的重要程度视发展阶段而定,或许短时间内有主次之分,但从长远角度看,轻视其中任何一项,都可能带来严重的后果。

分清楚了战略和管理,我们才能给战略下定义。在下定义之前,先看看别人是怎么说的:

哈佛商学院终身教授、世界顶尖的战略管理大师迈克尔·波特说,战略就是创造一种独特、有利的定位,可以涉及各种运营活动㊀;被称为"大师中的大师"的彼得·德鲁克则将战略称为"有目的的行动";特劳特在《什么是战略》一书中总结说,战略是企业在大竞争时代的生存之道,是企业如何进入顾客心智而被选择;加拿大管理学家亨利·明茨

㊀ 迈克尔·波特.什么是战略 [J].哈佛商业评论,2004(1).

伯格在《战略历程》一书中总结了包括设计学派、计划学派、定位学派等战略"十大学派";鲁梅尔特在《好战略,坏战略》一书中提出,好战略包括三大要素——"调查分析—指导方针—连贯性活动";在麦肯锡看来,战略则是一套系统的、完整的、合理的行动方案,包括何处竞争、何时竞争、如何竞争……

诸如此类的定义还有很多,自成体系又相互关联。纵览后,我们不难发现,这些定义无不是西方思维逻辑的典型产物,几乎找不到半点东方式战略的影子。

难道中国人不懂战略吗?当然不是,中国历来有重视战略的传统,在春秋战国时期,战略的得失往往决定着国家的兴衰存亡,但那时的战略带有很强的个人主义色彩,因人而兴,因人而衰,正如《韩非子》中提到的:"有荆庄、齐桓公,则荆、齐可以霸;有燕襄、魏安釐,则燕、魏可以强。"

将战略从个人实践升华为系统理论的,当数孙子。长期供职于美国国会并担任过美国国防大学战略研究所所长的著名战略理论家约翰·柯林斯,可以说是美国战略研究领域的代表性人物,关于孙子,他是这样说的:"孙子是古代第一个形成战略思想的伟大人物,孙子十三篇可以与历代名著包括克劳塞维茨的《战争论》媲美,今天没有一个人对战略的相互关系、应考虑的问题和所受的限制比他有更深刻的认识。他的大部分观点对于我们当前的环境,仍然具有和当时同样重大的意义。"⊖

《孙子兵法》是人类最早的系统化的军事方法论,早在 2000 多年前,孙子就冲破了当时盛行的鬼神论、天命论的束缚,首次认识到了战

⊖ 约翰·柯林斯. 大战略[M]. 中国人民解放军军事科学院, 译. 北京:中国人民解放军战士出版社,1978.

争的本质，并且提出了一整套战略思想和指导法则。《孙子兵法》的智慧之所以影响世界2000多年，正是因为其中所阐述的战略思想，超越了时间和空间的约束，充满了哲学意味。普遍意义上的思想与具体时空背景下的案例相结合，赋予了《孙子兵法》历久弥新的生命力。因此，当我们想在西方战略思想体系之外别出机杼，阐述东方式战略时，同样离不开孙子。

"兵者，国之大事，死生之地，存亡之道，不可不察也。"这句千古名言，是《孙子兵法》的开篇第一句，也是东方式战略的起点。

"怒可以复喜，愠可以复悦，亡国不可以复存，死者不可以复生。"无论我们生存于哪个时代，生与死之间的矛盾都是人类思想中最不可轻忽的一部分。

孙子所在的春秋战国，是一个礼崩乐坏、战火纷飞的时代，在亡国灭种的危机之下，生存成了每个国家的首要任务，高烈度、大范围的军事行动作为冲突的最高表现形式时有发生，而一切军事行动都基于一个基本原则，即尽可能地保存自己的力量，消灭敌人的力量，争取最后的胜利。无数次在生死边缘的行走，无数次性命攸关时刻下的思考与选择，最终凝结成了战略。

孙子所讲的战略以军事战略为主。和定义模糊的商业战略相比，军事战略的概念一直相对清晰，而且在东西方不同文化背景下的区别不大。在克劳塞维茨看来，战略包括精神、物质、数学、地理、统计五大要素。精神要素指精神力量及其在军事行动中的作用。物质要素指军队的数量、编成、各兵种的比例等。数学要素指战线构成的角度、向心运动和离心运动等。地理要素指制高点、山脉、江河、森林、道路等地形影响。统计要素指一切补给手段等。

克劳塞维茨认为："这些要素在军事行动中大多数是错综复杂并紧密结合在一起的。"其中精神要素占据首位，影响战争的各个方面，贯穿于战争始终。"物质的原因和结果不过是刀柄，精神的原因和结果才是贵重的金属，才是真正锋利的刀刃。"⊖

从冷兵器时代到热兵器时代，再到"冷战"时期，国与国的对抗延伸到了政治、经济、文化、技术等各个领域，核武器的出现也使得战争的代价大到让各国都不敢轻启战端。战略的外延大大扩张，从军事领域扩展到了国际政治领域和经济领域。

所谓商场如战场，商战是"孔方兄与孔方兄的战争"，是"和平时期的军事"，是"生意场上的政治"，同样要有"战略"，同样要有"指导思想"。直到20世纪才兴起的商业战略，主要研究的便是企业在商海里的生存与竞争之道。

尽管从军事领域扩展到政治、经济领域，战略的本质始终未曾改变。军队在本质上就是对抗死亡的组织，同样，"生存还是死亡"是商业世界最残酷也是最现实的命题。脱胎于"死生之地、存亡之道"的战略，随着语境变化，逐渐被演绎为"关键时期的重大抉择"。这个抉择按照最简单的划分方式，又可以分为理念和行动两部分。既要有前进的方向和路径，即"做正确的事"，也要有可操作、可落地的行动蓝图，即"正确地做事"。

经过层层剥笋，我们终于得出了关于战略的定义：

所谓战略，就是我们在面临关键阶段的重大抉择时，如何做正确的事以及正确地做事。

⊖ 克劳塞维茨.战争论[M].中国人民解放军军事科学院，译.北京：中国人民解放军战士出版社，2005.

这个定义有三个关键词，我们将接下来一一解释：

什么是"关键阶段的重大抉择"？

从大到小的战略有很多：国家战略、军事战略、城市战略、企业战略、个人战略等，这些被冠以战略名字的说法都有一个共同点，那就是找关键阶段。

历史大潮，稍纵即逝，奔流不回，当转折点来临时，机遇和挑战并存，黑夜与光明同在，是登上高峰，还是坠入深渊，都在一念之间，正如柳青在《创业史》中所说："人生的道路很漫长，但关键处就那么几步"，决定一个人命运的不过是漫长人生中为数不多的几个瞬间而已，但真正能抓住这些瞬间的只有极少数人。企业、区域乃至国家同样如此，其发展过程都是非连续性的，只有少数在关键时刻做对了重大选择的人方能成为赢家。

什么是"做正确的事"和"正确地做事"？

"做正确的事"是一种思维；"正确地做事"是一种能力，战略的本质是一种思维，掌握了这种思维就能动态地做出正确的决策，并最终沉淀为一种能力——并且这不是领导者一个人的能力，而是领导者和核心团队共同拥有的解决问题的能力。

任正非说"不确定性的时代要有确定性的抓手"，那么什么是确定性的抓手？首先想到的就是战略思维和战略能力。有了战略思维和战略能力，才能以不变应万变。

当然，战略不是刻舟求剑式的静态规划，光有定义还远远不够，"做正确的事"和"正确地做事"，这两句听起来很简单的话，为什么只有极少数人、极少数企业和极少数国家做到了，绝大多数却没做到呢？

还有一个非常关键的问题：什么是"正确"？权威正确吗？民意正确吗？直觉正确吗？还是说大数定律正确？人工智能正确？今天正确的事，明天还正确吗？正确是绝对的，还是相对的？其边界在哪里？孙子所说的"不可不察"，究竟该怎么察？察什么？谁来察？这些问题都不是纸上谈兵能解决的。

现实中的问题从来没有标准答案，进一步而言，关于战略的这些理论也并非每一个人看过之后就能运用自如的，没有经验的积累和实战的锻炼，充其量只能停留在"背口诀的阶段"，这样做出来的战略不仅无益，甚至可能对局面产生不可逆转的损害。只有长期的实践，才能得出结论，做出好的战略。

CHAPTER 2 —————— 第 2 章

为什么要谈战略

"所谓战略,就是我们在面临关键阶段的重大抉择时,如何做正确的事以及正确地做事。"这句话广泛适用于任何一个需要做出重大抉择的主体,大到一个国家、民族的继往开来;中到一个利益共同体的价值实现,一个区域的发展,一个企业的转型;小到个人,去判断:如何尽早明晰自己的优劣势,如何找到自己感兴趣、有感觉并愿意为之奋斗一生的事业,如何找到互补的人生和事业伙伴。这些都离不开战略。

关于战略的两类错误认知

世人对战略往往有两大误区:过度高估或者过度低估。这两种误区都不利于对战略的把握。

过度高估战略者,往往会陷入点石成金的幻想,某些来找智库的客户就是这样的。他们表现得很热爱战略、很尊重专业的战略咨询顾问，但基本都是夸夸其谈。这种人往往看上去很爱学习，是"听课狂"，甚至是"策划爱好者"，貌似很聪明，满口都是天下大事、前沿理论，然而缺乏真正的智慧。战略于其而言大约只是"口头禅"。

当一个好的战略真正呈现在其眼前的时候，他反而不以为好，甚至会抱怨："我花这么多钱来找你，你还要我做这么多东西，这么费劲，那我找你还有什么用呢？"这种人往往认为，好战略是灵丹妙药，是一朝成名、一夜暴富，反正不能太费劲。为此，他们到处去学各种新颖奇特的理论、概念，追随各种大师，花大价钱去买点子，一切的出发点都是为了走捷径。其实，越是热爱这样的"战略"，离战略的本质就越远。

对一个企业的发展来说，最重要的发展因素是以企业家本人为核心的内部资源与能力，以及两者的匹配程度。咨询公司作为外脑，只是辅佐性力量。一个项目成功与否，也主要是企业自身操作能力的结果，战略当然很重要，但项目本身的资质更关键，有的项目虽然还没有启动，却已经占尽了先机，注定是个健康活泼的孩子；而有的项目从一开始就注定要被淘汰，只能在错误的泥潭里越陷越深。

企业家要知彼知己，内科病不能到外科就医，战略问题不能从战术层面解决，反之亦然。有些企业家对战略的期望不现实，或找错了"医生"，最终导致合作半途而废、不欢而散，并从此"讳疾忌医"，患上了"战略厌恶症"，从一个"满口战略"的追星族走向了"战略无用论"的极端，这也是不足取的。

战略不是灵丹妙药，但同样不是边角底料。过分高估的另一面，就是过分低估，这是一种更普遍的偏见。在咨询过程中，我们也常常面临客户对战略认知不到位的问题,这一类客户一提到战略,往往就眉头微皱,表情犹疑,在客气的场面话过后,总要加一句:"感觉(战略)还是有点虚。"

在日常生活中,很多人也觉得战略是一种门槛很高的东西,只和金字塔最上边那一小撮人相关,离自己的生活、工作都很遥远。其实战略既是奢侈品,又是必需品,它代表了一个人的层次与格局,人人都需要战略,区别在于需要的程度。你的地位越高、越重要、越全面,就越需要战略能力。如果你还在基层或者担任一些部门的中层干部,需要战略能力的要求相对就弱一点,但同样也是需要。

领导者如果缺乏战略思维,那么他则会缺乏真正的领导力,他只是占据了那个位置而已,大家的尊重也只是对交椅的尊重;员工如果缺乏战略思维,就难以进入一个组织的核心,难以成为未来的领导者与合伙人。

一个人不管他有多么聪明,如果他没有战略思维,终究难成大器,往往只凭欲望、感觉与喜好做决定,或者在错误的方向上越跑越远,或者见风使舵、随波逐流,被命运所驱使,把握不住命运的风帆,人生是被动的、平庸的,甚至失败的。

那些看上去不太聪明但有战略思维的人,反而能修成正果。所谓"大智若愚",正是这个道理。一个人的战略思维越强,就越能发掘与强化自己的长板,"将军赶路,不逐小兔",人生不是短跑,而是一场马拉松,有战略思维的人才能拒绝眼前的诱惑,像阿甘一样跑得很远。

单纯缺乏战略思维还好,毕竟尚有进步的空间,但对那些过度低估战略的人来说,他们往往陷入了某种认知障碍,认为战略是"江湖郎中"用来故弄玄虚的把戏。他们当中的有些人敏于行而拙于思,痴迷于落袋为安的快感，只顾眼前的营业收入与利润，不愿意也不舍得为经营长期价值而投入，自己还美其名曰为"务实"，其实是格局不够。在创业初期这样还可以，但是如果做到一定规模后还如此"务实"，就成了致命伤。

创业初期的企业，生存才是王道，无所谓战略，然而当掘得第一桶金之后，只顾眼前必然导致"路径依赖"，过于依赖现有的发展模式与赚钱方式，它们不愿意做出实质性的改变，那么结果必将错过战略机遇期，不能与时俱进。

另外一些低估战略的人，其具体表现为强烈的机会主义，对环境过于敏感、不能拒绝诱惑、浮躁、投机、跟风，这些都是没有战略定力的表现。还有些老板耳根子软，太容易受他人影响，导致企业这艘船忽左忽右，不能坚守主航道，最终难以远航。

这些低估战略的人往往有一句共同的口头禅，"战略太虚了，一点儿也不落地"，这种说法也不是全然没有道理。在我看来，战略首先是务虚，要有时空观，要有想象力，思接千载，神游八极，然后所有的务虚背后都是为了向实，为了实现落地。

我从来也不否定智纲智库有务虚的一面。我们一直都是在两条腿走路，一条腿是刺刀见红的实际操作，其衡量标准就是项目的成功与否；另一条腿就是指导、驾驭实际操作的理论务虚。

我们务虚，是因为今天中国务实的人太多了，当社会处在浅海时期，人们在赶小海，都只是捡虾米和贝壳，只要眼疾手快和身强体壮，就能有所收获。现在社会进入了汪洋大海的时期，潮涨潮落，天气骤变，太平洋、大西洋、印度洋每个分区各有不同，还能"一招鲜吃遍天"吗？不务虚能行吗？

深海、潜流、暗礁、险滩，这些就属于"虚"，不懂这些"虚"的理论，怎么去务实呢？智库走过近30年用的一个重要法宝，就是"虚实结合，虚实相生，互为因果，相互支撑"。所以我一直坚信，智纲智库只要真正做好"虚"，我们的战略空间将会越来越大。我担心的只是我们今后"虚"的高度、广度和深度不够。"实"就像面粉，而"虚"的理论和战略就像酵母，光有面粉，馒头蒸出来样子不好还难吃，光有酵母也做不成馒头，只有面粉和酵母有效地结合才能蒸出又大又香的开花馒头。

对那些一味追求大规模、高杠杆、快周转而忽视战略的企业，我非常担心。在这些商人的眼里，商业就是一场龟兔赛跑的游戏，大家都想做聪明的兔子，不愿意当愚笨的乌龟。农业与工业相比，农业是乌龟，工业是兔子；工业与大众服务业相比，工业就成了乌龟，服务业成了兔子；服务业与房地产业相比，服务业是乌龟，房地产是兔子；在房地产之上，是互联网和金融，比较之下，房地产业是乌龟，互联网和金融是兔子，商业的模式还将不断迭代，这场互为龟兔的游戏也将永恒地进行下去。

在这样的大背景下，出现那些"艺高人胆大"的金控集团很正常，它们的视野中没有战略，只有龟兔，不当兔子就只能当乌龟，所以它们蹬着四条腿使劲跑，跑成了"冠军"，跑成了"寡头"，跑到了产业链最高端。殊不知中国还有一个成语，叫作守株待兔，撞死的兔子永远是最快的那只，这就是聪明人的悲哀之处。

很多房地产巨头即使已经成了乌龟，还是不甘心，想要努力做一只长着四条兔子腿的乌龟，一边背着厚重的壳，一边要达到兔子的速度。看起来一骑绝尘，其实风险非常大。

我去年和一个广东地产界大佬交流时，他提出几个很有意思的问题：作为先行者的美国和日本，都曾经历过地产狂飙突进的时代，也出现过无数风光一时的房地产巨头，"固一世之雄也，而今安在哉"？它们为什么被淘汰？它们被谁淘汰的？它们被淘汰有必然性吗？

答案显而易见，这列狂飙的列车已经不是老板踩刹车就能停下来的了，股东、高管、员工形成的庞大利益群体裹挟着整个公司朝着末路狂奔，看起来业绩屡创新高，实则积重难返，跑得越快，离死亡就越近，这正是忽视战略的悲哀之处。

在房地产界，对战略有着正确的认知并较好地把握了战略重要性的公司，当数万达。

◎ 案例

万达长白山文旅小镇战略

2008年8月，万达集团的掌门人王健林找到智纲智库，希望我们为万达在吉林省长白山的一个大型旅游项目出谋划策。此前，万达在商业地产领域做得风生水起，万达商业广场开遍全国，但作为一个有雄心的企业家，王健林并不满足，而是"吃着碗里，盯着锅里，看着田里"。商业地产做顺了以后，他很快又嗅到了旅游当中的商机。而在进军旅游的尝试中，长白山无疑是万达的头啖汤[一]。

面对长白山，万达并不缺资本，但有三大困扰：第一，怎么给长白山项目"找魂"，即项目定位；第二，怎么谋求商业模式和业态的可持续发展；第三，怎么设计项目的功能组成，使长白山成为真正有影响力

[一] 头啖汤，广东话，意思是第一口汤。

的名副其实的休闲度假目的地。

面对困惑的王健林，我说道：判断一个未知的项目，要解决四个核心问题——能不能做？做什么？怎么做？谁来做？

第一，能不能做？长白山有没有开发的价值？一定有，随着中国人均 GDP 增长，文旅休闲的大时代即将到来，神秘、悠久的长白山一定是宝贵的绝版资源，打造得好，就极有可能形成"南有海南岛，北有长白山"的双峰对峙盛况，成为中国南北旅游的两张世界级名片。

能做是一方面，这个项目适合万达做吗？在战术上看可能不适合，毕竟文旅项目和常规地产相比，投入大，周期长，短期收益率低，但从战略上看，长白山有可能成为万达发展文旅产业的起点，实现企业二次曲线的发展增长，长白山值得做。

企业的项目分两种，一种是常规型项目，一种是战略型项目。常规型项目按照行业规律程序走就行，但有抱负的企业应该将相当的精力用于打造战略型项目，就是在那种有潜力的，但是别人还没看清楚或实力不够而无法进入的地方，打造能够创造未来的黑马，长白山就是这样的项目，就像当年万达选择商业综合体这个模具一样。用五年的时间，在长白山开一个模具，可能赚不到钱，但是五年以后，走出长白山的万达将会赢得一个时代。

第二，做什么？经过具体长达一个月的团队调研，我们最终定下了"三菜一汤"：**第一道菜——滑雪场；第二道菜——山地运动公园；第三道菜——主题商业街和酒店；一汤——温泉 SPA**。

第三，怎么做？我告诉王健林一个规律：**做旅游，小投入，无产出；中投入，小产出；大投入，大产出**。旅游以前是小老板做的事，现在是大老板做的事。温饱阶段的旅游，受经济能力、消费意识和市场化程度的限制，在政府主导下，旅游资源被切割成很多个小块。这种规模小、市场小、投入小、产出小的小打小闹圈地式的旅游，是小旅游时代的产业。在全球旅游一体化的今天，只有大品牌的旅游才能赢得大市场、才能大产出，而这需要大企业的大投入才能完成。因此万达一旦想做文旅，就要花血本来做。

考察了全世界的文旅项目，有着战略思维的王健林，显然找到了知音。按照这种策划思路，万达在长白山拉开了打造世界级旅游度假目的地的架势，包括滑雪场、度假酒店群、文化商业街、主题演艺等合计上百万平方米的旅游设施，投资 200 亿元，史无前例。

第四，谁来做？常规项目常规团队来做，战略型项目要集合全公司之力来做。这一点上，万达执行得非常坚决，当我们完成项目策划工作的时候，时间已经到了 2008 年 12 月，长白山白雪皑皑，万达副总裁和规划院长等众多高管都来到项目现场，大家惊叹于长白山的美景之余，几乎所有的人都在摇头：老板是不是太冲动了，这深山老林的地方盖房子卖给谁啊？长白山每年才 80 万人的游客，门票收入才 1 亿多元，能支撑起 200 亿元的投资吗？这地方交通不便，几乎没有什么基础设施，建设成本比万达广场可高多了……

但随后几天，万达派到现场的人越来越多，工程部、设计院、测算部、机电部的人，甚至罗伯特·琼斯二世、加拿大和法国的滑雪场设计师等众多的设计人也来了，小小的抚松县宾馆几乎住满了万达的项目团队。长白山项目并没有因为大家的不理解而停滞或者拖延，万达的执行力可见一斑。

从合同的探索到规划设计再到产品的整合和打造，万达在长白山项目上费了很大的功夫，开模具是为了复制。万达从长白山一走出来，就迅速复制到全国：西双版纳度假区、武汉中央文化区、青岛东方影都，以及哈尔滨、南昌、合肥、无锡、广州等万达文化旅游城。

从战略上讲，通过长白山项目模具的打造，万达无疑实现了跨越式的增长，当国内文旅产业大潮兴起之时，万达已经一骑绝尘，依靠众多的文旅城项目成为国内文旅产业发展的龙头。对地方政府来说，也因为万达文旅城项目的打造实现了旅游产业的华丽转身，从观光旅游升级为度假旅游，从门票经济升级为全面的文旅产业，长白山万达打造的度假酒店群常年一房难求，平均开房率甚至高达90%。《纽约时报》评选2013年世界最佳旅游地，中国只有宁夏和长白山两大旅游地入围，长白山入选的理由是这里有全亚洲最大的滑雪场，2015年长白山旅游度假区入选为首批国家级旅游度假区。一花引来百花香，之后长白山鲁能胜地等众多的文旅项目也纷纷落地。

回头来看，当然这个项目也留有不少的遗憾，一是因为项目赶工期，产品比较粗糙，很多项目直接被用了"拿来主义"，比如商业街更像是城市中的万达金街被搬了过来；二是有些项目在落地选址过程中触及了生态红线等问题，后来被勒令拆除，有些项目也因为政策变动的原因受到了一定影响，但总体而言，这些都是战术操作层面上留有的遗憾。万达还是一家以战略驱动的公司，王健林也是中国房地产掌门人中少数极具战略眼光的人。

尽管万达进入高速复制阶段后，出了很多问题：产品比较粗糙，经营上也没有脱离地产思维，偏离了文旅行业的初衷。王健林在批判上海迪士尼的时候，也犯了一个文旅发展阶段认知上的错误，当然他后来也意识到了。旅游产业投资大，回报周期长，尤其讲究文火煲靓汤，慢工出细活，需要精心雕琢、耐心培育、用心维护。迪士尼虽然看起来很傻，却是按照 1.0、2.0、3.0 不断升级的方式来打造的，而且一耗时就是 10 年、20 年，这种创新和精益求精的产品意识是一般地产商不可能具备的。

在故事的最后，我再讲一个小插曲。2010 年，长白山项目完成两年后，我们的财务总监说要把策划服务费的发票开给万达。这个时候我们才意识到当年给万达策划的时候，还没有万达长白山公司，是王健林个人找到智纲智库，甚至那数百万的咨询费也都是从王健林个人账户拨出的。事后我向王健林问及此事，他说：战略的事情有时候不能让集体决策，长白山项目特殊，如果走万达集团烦琐的财务流程，战略时机早就遗失了。王健林的战略决断力由此可见一斑。

最后送给大家一句话：轻视战略是一件很危险的事情，轻视战略要么是盲人骑瞎马，夜半临深池，最后坠入万丈深渊；要么是用战术上的勤奋掩盖战略上的懒惰，今天打兔，明天猎鹰，看起来忙忙碌碌，实则就是在断头公路上折返跑，最后人生到处都是悬崖绝壁。

沧海横流，方显战略本色

我们在第一章中曾讲到，战略脱胎于军事，"死生之地，存亡之道，不可不察也"。因此，越是在面临重大挑战、需要做出重大决策的时候，就越能体现出战略的价值。有了战略，我们才能透过迷雾，看清事物的发展方向，做到心中有数、脚下有路、眼里有光；越是在矛盾丛生、纷繁复杂的时候，就越需要战略，有了战略，才能分清主次，真正找到病源，并且有勇气和决心痛下针砭，敢于用几年甚至更长的时间来谋篇布局。

具体而言，一个好的战略会带来以下四方面的作用：一是抢占制高点，找到项目的唯一性、权威性和排他性，并以此为基点，谋求有利的结果；二是搭建新平台，在新的平台上解决自我认知和定位的问题，包括组织、资源、协同等；三是把握话语权，解决树什么旗、唱什么调，也就是价值主张的问题；四是打造新模具，确定落地的抓手，解决从哪做起和从哪突破的问题。

如果具体到组织的话，好的战略表现为四个建立：

第一，建立新秩序。当固有体系局限了某个组织的发展诉求时，最大的战略就是跳出：通过跳出问题看问题，另起炉灶构建一个新的秩序。

例如，美国的"亚太再平衡战略"，是在美国国力大幅下降却仍然力图维持美国霸权的背景下发生的，其目的在于继续实行对华遏制。在原有的游戏规则被美国人控制的被动局面下，中国领导人提出了"一带一路"的倡议，搭建以合作共处、互利共赢的"一带一路"新格局，通过"一带一路"倡议，以柔和的太极手法化解美国咄咄逼人的战略遏制攻势。

第二，建立新平台。新的平台将解决自身新定位的问题，也就是在新的秩序和态势格局之下，重新寻找一个更有利的定位，以谋求新的增长空间。

2017年，智纲智库曾为石家庄做过一轮城市发展战略咨询。在雄安新区国家战略之下，京津冀的发展格局即将被彻底颠覆，石家庄将何去何从？保定是否依托近水楼台之地利独享发展利好，将石家庄拒于千里之外？

在此背景之下，我们通过对石家庄产业和经济的系统摸查，为其提供了"智能制造新领军城市"的全新城市定位。雄安新区未来必将是智力驱动型城市，未来将会有大量的科技研发从这里走出去，需要大量的应用载体。工业门类齐全的石家庄具备承接的潜质，需要把握5～10年的战略窗口期，根据未来产业链的分工要求，将自身工业基础升级为智能制造产业优势，从而在京津冀产业格局重新洗牌时，谋求一个举足轻重的新角色。

这个项目最遗憾的地方在于，方案提交上去后如石沉大海，杳无音信，近日甚至听闻当时委托我们做战略的领导身陷囹圄的消息，不得不让人感慨一声"时也，命也"，任何一个好的战略方案，如若遇不到好的执行者，最终也只能被束之高阁。

第三，建立新主张。确立新的价值主张是回答做与不做的前提，企业在重新定位之后，不需要过分强调"你是什么"，而是要重点回答"你为什么存在"和"你的价值主张是什么"。价值主张是企业构筑商业版图、厘清商业边界的重要工具。

例如，阿里巴巴的价值主张是"让天下没有难做的生意"。1999年，阿里创立之始，相信互联网能够创造公平的竞争环境，在创办淘宝网之后，陆续上线了天猫、聚划算、全球速卖通、阿里云计算、支付宝、菜鸟、蚂蚁金服等，阿里上市后通过一系列资本运作，成为一个多元化的阿里帝国，形成了一个让生意更好做的产业生态圈，从而构筑起属于阿里的商业版图。

我一直认为，阿里创始人是个很有战略眼光的企业家，但是他性格当中张扬、表现欲强的特征也让他备受非议。他一会儿拍电影，一会儿做音乐，一会儿搞演讲，站在时代的风口上时，他是人人称羡的成功企业家,但等到风口一转,他也会陷入众矢之的的境地,但人是复杂的,这些是是非非并不影响他独到的战略眼光。

第四,建立新抓手。战略落地往往需要一个试验性的新抓手,通过一个项目的悉心打磨实现"开模具",并能将此模具广泛地复制推广出去。

"开模具"是打造超常规的产品与模式,其过程就是企业围绕产品模型、核心能力、资源网络进行持续建设,产品模具要经过市场的不断锤炼才能成型,往往需要四五年甚至更多的时间,才能打磨出市场认可度高的产品。开模具的核心是将产品模型、核心能力和资源网络三者联动起来,才能系统地打造一个可复制的模具产品。

战略从愿景变成现实,要经历量变到质变的过程,既涉及外部环境条件的成熟,又涉及内部自身核心能力与经验的发酵。很多人以为一个好的战略应该立竿见影,如果三年都不见效,就怀疑战略是不是错了,其实这是不对的。

一个战略的呈现通常有三个阶段:第一阶段是从萌芽达到初步落地;第二阶段是模式上打通并建立匹配的支持体系;第三阶段才是市场能量的全面释放。而且,依我多年观察,每个阶段都至少需要两三年。所以,战略的呈现短则五六年,长则需要十来年。我常讲龟兔赛跑的故事,为什么聪明的兔子被愚笨的乌龟超越?这个世界越是聪明人,要面对的诱惑越多。那些一门心思、一条道走到黑的"傻瓜"反而契合了客观规律。通向战略成功的道路上并不拥挤,因为多数人都耐不住寂寞。

十年前我们在西双版纳策划一个项目,叫告庄西双景,企业叫云南海诚集团,是做小楼盘开发的,突然要做一个超大型文旅综合体,难度极大。当时我就和海诚的老板明确说，这是一个"开模具"的战略型项目，一定要耐得住寂寞，"现在10年做1个，才能以后1年做10个"。果然，到了去年，这家企业进入了市场能量全面释放期，1年就拿下10来个大项目。这家企业还是一家中小企业，但之前10年耐住寂寞，认认真真"开模具"，现在反而能拿到巨头们都拿不到的好项目。

◎ 案例

狮城与香港，战略有无的现实写照

我国香港特区和新加坡都位列"亚洲四小龙"，从20世纪60年代开始就享受全球化机遇带来的经济腾飞，成长为金融中心城市。新加坡和香港特区就像一对镜像兄弟，拥有近似的土地面积、人口规模和城市面貌；处于同样险要的地理位置，新加坡地处马六甲海峡核心，是国际航运大动脉的节点，香港则把守着珠江三角洲，其背后是整个广东甚至全中国；面临同样受限于资源匮乏的困境，身处小岛、面积狭小，各类资源严重匮乏，食物和淡水都需依靠从外部输送进来。

在20世纪90年代，两地发展相差无几，并且都是内地人可望而不可即的人间天堂，但进入21世纪后，却走上了不同的岔路。2019年，香港人均GDP 4.87万美元，新加坡则是6.46万美元，香港人的实际财富和生活水平，已然落后于新加坡人一个数量级。究其原因，战略决定成败，两个地区一系列的经济布局、政策制定之间的差异，决定了两者完全不同的命运。

狮城的实业立国之路

在全球重要贸易港口、亚洲能源枢纽等光环之下，新加坡其实还是一个工业强国。其在世界制造业总量排名中位列第30名，占全球比重近0.5%，有着举足轻重的地位。新加坡的四大支柱产业是：石化、电子、机械制造、生物医药，这四大产业在全球产业链中均具备强劲的竞争力。在瑞士洛桑国际管理发展学院（IMD）发布的《2019年世界竞争力年报》中，新加坡取代美国成为全球最具竞争力的经济体。

纵观新加坡的历史可以发现，新加坡抓住了两大历史发展机遇，并针对性地进行了超前的布局：

（1）能源机遇：石化和机械制造抢赚第一桶金。

第二次世界大战后，新加坡政府敏锐地察觉到，日本、中国台湾等亚洲国家或地区的崛起将带动东亚石油产品需求的大爆发，新加坡可利用自身地理优势，通过原油加工获取巨大利润。1960年起，李光耀大力推行，仅用了20年时间，便将新加坡推到了世界中心。没有一滴原油的新加坡，居然成为世界第三大炼油中心、世界石油贸易枢纽和亚洲石油产品定价中心。新加坡裕廊岛是世界知名的化工岛，总面积不足32平方公里，聚集着超过100家化工企业，炼油能力高达6300万吨，工业总产值达590亿新加坡元。与此同时，新加坡顺势发展石化相关的机械制造产业，一度成为全球最大的自升式石油钻井平台制造国，独占全世界70%的市场份额。

（2）科技机遇：布局芯片抢抓未来。

新加坡还是鲜为人知的芯片强国，占全球半导体市场的11%。在1968年之前，新加坡就已经意识到科技时代即将来临，敏锐地锁定到其中的核心领域：芯片。1968年美国国家半导体在新加坡成立了首条封装和测试生产线，1987年特许半导体成立，新加坡成为全球第二个进入半导体代工行业的国家（地区）。如今，从IC设计、芯片制造，再到封装和测试，新加坡的半导体产业已经形成了一个成熟的产业生态环境，全世界的芯片大鳄几乎都已在新加坡设厂。

香港之殇：房地产依赖下的产业空心化

和新加坡相比，香港特区则显得黯然失色。今天香港的社会矛盾和经济放缓，主要原因就是实业空心化，从40年前开始，香港就走上了脱实向虚之路，如今，这个难题还没得到有效破解，它所带来一系列的连锁反应波及社会生活的方方面面。

香港的四大支柱产业是：金融服务、贸易及物流、旅游、专业服务及工商业支援服务，总计占比超过95%，制造产业微乎其微。但香港也曾有过实业和科技梦想，香港特区政府曾经尝试发展互联网、半导体、生物医药等实业，最终均以失败告终。

1998年，时任香港特区行政长官董建华在施政报告中率先提出香港"要尤其是在电子商业和软件发展上处于领导地位"，并在之后推动香港特区政府与李泽楷达成"数码港"计划，但最终该计划演变成房地产项目。此后，香港特区政府又进行了多次尝试，如"矽港"（计划引入台湾半导体教父，在香港建设芯片厂）、"中药港"和"生物谷"等，但最终均无疾而终。

相比之下，香港房地产行业却在经历繁荣而畸形的发展，一方面，房地产催生了无数的富豪，根据福布斯2019年中国香港富豪榜，前十强是清一色的地产商；据彭博亿万富翁指数和国际货币基金组织对香港本地生产总值（GDP）的分析，香港前十大亿万富翁的净资产总和占其GDP的35%，全球同类经济体第一。

2020年福布斯全球亿万富豪榜报告显示，香港4人入围前100，且全部都是房地产商，香港市值超千亿美元的公司除去央企、港铁和外资的恒生银行，其他多是基础生活服务为主的半垄断性集团，科技公司的数量为零。地产、港口、零售、能源、通信、医药……在香港，巨头基本控制了市民衣食住行的方方面面。

豪门云集的另一面，是大众的绝望。2017年，香港基尼系数（可以理解为贫富差距指数）为0.539，位列全球发达经济体第一。地产对政治和经济的裹挟，让香港这条船迷失了航向。

值得思考的是，香港与内地血脉相连，唇齿相依，香港从来拥有发内地财的天然机会，为什么在内地40年的高速增长中，香港企业却没能把握机会，顺势发展，使香港获得广阔的经济腹地，从而为港人开拓就业机会和上升空间？

香港经济最大的战略失误，一言以蔽之，就是沉溺投机，以致错过自身产业技术积累和内地高速发展这两波浪潮。

在第二次产业转移的大背景下，迫于成本和环境的压力，亚洲四小龙纷纷启动了产业链底层的制造环节转移，中国内地成了直接的受益者，而香港将制造产业完全转移到内地之后，直接造成本地实业的空心化。香港精英的目光很快转向了赚快钱的房地产、金融和贸易，而实业则一直停留在代工水平。

按理说，香港各方面的资讯和人才以及国际化的视野和资本，都领先于内地，但是，香港不仅自己错过了这一波行情，甚至都极少参与内地的这一波财富爆炸，连投资都极少。至此，传统产业的技术和品牌，新兴产业的模式和创新，香港基本都完美错过。除了用缺乏危机意识、战略远见来概括，也确实找不到更好的解释了。

没有战略预见和定力，摘下了树上的苹果，却丢掉了地下的金矿，这是香港40年的真实写照。

"因时因地因人"，一代又一代新加坡人凭借地利、把握天时，把新加坡推向了世界产业链的金字塔顶端。相比之下，中国香港地区不缺"天时"也不缺"地利"，缺的是"人和"，香港亟须打破的不仅有高昂的房价，还有陈旧的发展惯性和战略思维。

战略是一种思维，更是一种能力

"做正确的事"是一种思维；"正确地做事"是一种能力。做正确的事离不开战略思维，准确的认知加上科学的方法是突破能力天花板、实现远大抱负的重要工具；正确地做事需要战略能力，持久的定力和高效的执行力是领导者最重要的能力，也是让战略照进现实的必由之路。

1. 战略思维是无限远大的抱负与必然有限的能力之间的桥梁

人皆有目标。没有目标的人生如同行尸走肉，没有目标的企业就像一盘散沙。而目标和能力的适配离不开战略。美国著名冷战史学家和大战略研究家约翰·刘易斯·加迪斯在《论大战略》一书中写道："好的战略，就是目标和手段的协调一致。"⊖华为创始人任正非在讲述自己的战略观时也强调："所谓战略，就是目标与能力的适配。"

我经常和团队讲：我们可以鼓励客户跳起来去摘苹果，但不能鼓励他去摘星星。前者叫战略，后者叫忽悠。好的战略要讲究审时度势，讲究目标和能力的匹配，讲究适度超前原则（太超前不被市场接受，要跳楼；太滞后坐失良机，要饿死）。如何适度超前，其中大有学问。

普遍意义上而言，世界上绝大多数人的资质和天赋都不差太多。那

⊖ 约翰·刘易斯·加迪斯.论大战略[M].臧博，崔传刚，译.北京：中信出版社，2019.

为什么有的人能够脱颖而出，而有的人一生平平？除了野心和抱负之外，战略也起了至关重要的桥梁作用，在目标指引下，战略能帮助更高效地缩短当前阶段与目标的差距，帮助你打破天花板，但如果你所追求的目标远远超出了能力，那这就不是战略能解决的问题了。要么你迟早要调整目标以适应能力，要么你提升能力来达到更高的目标。

人苦于不知足。目标永远是无限的，而个人、企业的能力永远存在上限。无论如何平衡，现实和理想之间，也就是你当前所处的位置和你的目的地之间总会存在差异。只有当你在可操作的范围内，将现实与理想之点连在一起（尽管它们之间存在差距），才能称之为战略。这就好比"田忌赛马"，第一步明确目标，第二步认清现状，第三步设计路径，根据不同的马的脚力，结合出场顺序，进行战略组合，在资源和条件有限的情况下，实现最优解。

2. 战略能力是一种稀缺能力，可以通过刻意学习来获得

如果说战略思维是要学会分析问题，那么战略能力则是要能灵活地解决实际问题。学者可以只具备战略思维，经由分析问题得出结论即可，但对执行者——政府官员、军事将领、企业家和战略咨询顾问来说，必须有很强的解决实际问题的能力，特别是解决极具挑战性的关键问题的能力，如果能力缺乏，战略就会陷入空对空的尴尬局面。

首先，战略能力是一种复合程度非常高的能力，至少综合了把握大势的能力、找方向的能力、抓关键的能力、创新能力、拍板决断的能力、定力和协调力等多种能力，因此它是一种非常高级并且稀缺的能力。这种能力有与生俱来的成分，但同样可以经由后天习得，战略能力是很多优秀领导者毕生修炼的最重要的功课。

修炼战略能力最重要的是培养全局观。制定战略好比围棋博弈，全局观尤其重要，先了解当前局势，分析内外部环境，再定义自己当前的处境，"定而后能静，静而后能安"。

其次，战略能力是界定核心问题的能力。在达成目标前，我需要解决的问题是什么？眼前或未来的问题看似纷杂繁芜，但其中必有一个主要问题，正如毛泽东在《矛盾论》中所阐述的："在复杂的事物的发展过程中，有许多的矛盾存在，其中必有一种是主要的矛盾，由于它的存在和发展规定或影响着其他矛盾的存在和发展。"[一]这种纵观全局、善于抓住主要矛盾、透过现象看本质的能力同样也是领导者必须修炼的能力。

在确认了方向和路径后，还必须要有定力，战略定力是一个人成大器必备的品质。定力不是两耳不闻窗外事，而是能拒绝诱惑。认准方向之后，"咬定青山不放松"。一个人有定力，是因为有抱负，看得长远，沉得住气，十几年甚至几十年心无旁骛。

在执行阶段，协调统筹的能力也必不可少，要对长期目标、关键步骤和主要力量进行全局性的统筹，并分解成阶段性设计。每个阶段最重要的是要有关键性目标、策略、组织、人等统筹保障，做到客观与主观的协同统一。

[一] 毛泽东. 毛泽东选集：第一卷 [M]. 北京：人民出版社，1991：320.

CHAPTER 3 ——————— 第 3 章

寻找战略的历程

越是在不确定性的时代,越需要战略,而战略本身又是一门极其精深的学问,门派繁多,众说纷纭。我之所以敢于尝试这个话题,并非我有什么超人的才华,更不是因为我有多么高明的洞见,又或者是做过多么系统的文献研究,而是拜时代之所赐,要感恩这个伟大的时代,让我在寻找战略的道路上走到今天。

自 1978 年以来,中国在这 40 多年之中的变化远远超越了过去千百年来变化的总和。在人类历史上,还没有哪个国家有过像中国这 40 多年这样的物质层面大爆发,也没有哪国人民像中国人这样承受着剧烈的思想震荡。

回首 40 年,这是一个人性空前解放的时代,这也是一个人人都有机会获得成功的时代,前所未有的矛盾、冲突与机遇交织,在这座超乎想象的广大舞台上,上演着一幕幕关于金钱、人性和命运的悲喜剧。正所谓万里黄河经过历史的九曲十八弯，奔腾着，挟泥裹沙，气势磅礴。时至今日，我越来越强烈地感到，在中华民族的文明史上，就文化和精神层面而言，真正能够与今天相媲美的时代只有一个，那就是群星灿烂的春秋战国。

春秋战国，正是奴隶社会向封建社会转换的前夜。在这个千年未遇之大变局下，才有了小国八百、诸侯三千，才有了合纵连横、诸子百家、百家争鸣，产生了很多伟大的思想和实践。当这些伟大的思想和实践沉淀下来的时候，几乎构成了今天中华民族赖以立于世界民族之林的重要精神和文化财富的基础。

相比起春秋战国的高峰，几千年以降，中国的发展大都是平缓的河流，传承至今，终于又遇到了一个壶口，中国从一个封闭的社会走向了开放的社会，从一个物质极其匮乏和短缺的社会走向了一个相对富裕的社会，从一个几乎只能够纵向传承文明的时代到了一个像喇叭口一样交融互动的、八面来风的新时代。正是在这个大交汇、大冲突、大整合的背景下，人们终于孕育出了一次新的百花齐放、百家争鸣，我个人的命运，也在这时代的激流中一次次跌宕起伏。

回顾往昔，一甲子岁月如放电影般在我眼前流过，从工地里摸爬滚打的少年泥瓦匠，到女篮教练，再到上大学、进社科院、当记者、办智库，从青春作赋到鬓发斑白，一路走来，我要感恩太多的人，但最要感恩的，还是这个时代。

感恩时代，让身为一介文人的我，有幸参与、穿透了中国改革开放和市场化探索的全过程，也成了这一部伟大史诗的亲历者、受益者、观察者甚至推动者，并在其中不断追寻战略的真谛。

我的底层思维框架

近30年的战略咨询生涯,累计上千个政府和企业案例的沉淀和反刍,让我逐渐形成了一套自己的战略观,追溯其源头活水,则离不开王阳明、马克思、毛泽东三位大思想家的精神给养。他们的思想精华,构成了我的底层思维框架。

什么是底层思维?打个比方,我们使用的手机、电脑,除了外形设计和功能之外,底层操作系统非常关键,没有好的操作系统,设计再光鲜都是表面,人也是一样。

底层系统决定了你的认知水平、思维逻辑和思想深度,也决定了一个人的独立思考能力,假如连独立思考能力都没有,那么根本谈不上什么战略思维。没有强大的底层系统,就算读万卷书也只是个书橱,就算行万里路也只是个邮差。

底层系统有着不同的名字,中国古人称呼其为"道",西方则称之为基本规律,巴菲特的合伙人及导师查理·芒格有种说法叫作"普世智慧",现在时髦的提法也有叫"认知"或者"格局"的,其实说的大概是同一个意思。底层系统不是知识,而是哲学和方法论,是认识问题、把握规律的要害,也是所有人建立战略思维的根基和出发点。

在这个自媒体高度发达、信息严重碎片化的时代,每个人每天都会接触大量的信息,这些信息中,很多都是有见地、有启发、有价值的,而且高度浓缩了作者的思想精华和他所理解的某些世界运行规律。但如果你没有建构起一个基本的思想体系,没有一套能够决定自己行为的方法论,那么你所学的知识和浏览的信息基本都是毫无意义的,甚至可能还会有害,那些精彩的知识和见解会退化成毫无意义的噪声,影响你的判断。

无论年轻与否、成就高低，只有形成了一套属于自己的底层系统，你的学习、工作和思考才有价值。人人都有自己的底层系统，区别就在于它强不强大、缜不缜密、高不高级，一个人底层系统的构成和时代背景也有关系。

我自己的底层系统是"王阳明＋马克思＋毛泽东"，这套系统的养成，和我年轻时的际遇不无关系。

我出生在贵州的一个小县城，父亲是当地中学的校长。从小学一年级开始，他每天都会带三份报纸回家，《参考消息》《文汇报》和《贵州日报》，这些报纸让我对山外的世界有了懵懂的认识。通过父亲的讲述，我第一次知道了王阳明和心学。关于心学，父亲告诉了我三句话，"格物致知""知行合一"和"致良知"。

那时我根本不明白这些话的意思，等到年过不惑，阅历渐长，才进一步理解了其内涵，也理解了为什么曾国藩、蒋中正等人杰都如此推崇王阳明：格物才能致知，真正的修行不是在高山大海边放飞心灵，也不是在寺庙里枯坐参禅，而是"人须在事上磨，方立得住；方能静亦定，动亦定"。满口圣贤书的秀才最多只能算是两脚书橱，要想让娇嫩纤弱的双手布满老茧，让弱不禁风的双肩肩负重担，让一惊一乍的内心变得坚韧不拔，只有都在事上进行磨炼，才能真正实现。

王阳明的临终遗言"此心光明，亦复何言"，同样对我影响很深刻。一个人不能选择时代，但可以选择内心的光明。在王阳明所处的那个时代里，宦官擅政，诸侯叛乱，豪强兼并，民不聊生，他又被贬到贵州西北万山丛棘，面对蛊毒瘴疠……但就在这压抑至极的黑暗之中，他迸发出了自己的万丈光明。

今天的很多年轻人，一言不合就抱怨，觉得时代没有给他机会，体制禁锢了他的才华，原生家庭给他带来一生的阴影……当你把失败与蹉跎归咎于时代、体制和家庭这些无法改变的客观环境时，当然没人能反驳，但这有什么意义呢？

这些年来，因为职业的特殊性，我曾与各行各业、形形色色的老板打过交道，也见过不少的成功者和失败者，我从来没见过哪个人是靠抱怨成功的，但凡能成就一番事业的人，不管人品高下、学养如何，都有一个共同特点："平时不惹事，遇事不躲事"，遇到问题就一定要解决，而不是抱怨。凡是选择了逃避现实，怨天尤人，任由问题积累，最后爆发的人，一定是失败者。

谁也不能选择时代，但谁都有追求幸福的权利，我们所处的时代尽管有再多不足，终归是一个伟大的时代，因为只有它真正地属于你，这正是王阳明"此心光明，亦复何言"的要义之所在。

在父亲一次次的"庭训"中，我学到了很多受益终身的道理，家学家风就像是源头活水，滋养我的一生。

1978年，改革开放大幕拉开，一代人冲破了命运的枷锁，我有幸赶上恢复高考的末班车，考取了兰州大学政治经济学系。当时兰州的物质、精神条件都较差，没有美味丰盛的食物，没有鳞次栉比的高楼大厦，没有卷帙浩繁的高耸的图书馆，也没有卡拉OK，没有酒吧，没有浮华的风尚，这种苍凉浩瀚的环境、质朴耿介的民风反而让我扎扎实实地学了四年。

当时我们的主修课就是读《资本论》(主要是第一卷，第二卷也读)，学校围绕资本论开了30多门辅修课，有经济学、经济思想史、剩余价值等。我两年下来总共读了七遍《资本论》，第一遍读的时候苦不堪言，简直就是天书，根本读不懂，很多概念闻所未闻，特别是他喜欢用典，逼得我们从古希腊到文艺复兴这些东西都要了解；再读第二遍，感到这个大胡子简直是超人，知识怎么这么丰富，信手拈来；等到了读第三、四遍就开始渐入佳境了；读到第五遍，才开始把马克思的书当作方法论著作来读，研究马克思写《资本论》的方法；到第六、七遍才觉得自己正站在"巨人的肩膀上"。

《资本论》可以说是对我一生影响最大的书，真理常常是片面的，因为片面才能抵达纵深，但光靠片面的东西是不能宏观地把握问题的。到现在为止，我还没有发现哪一个人的哲学在宏观把握上超过马克思。

在我看来，马克思主义最宝贵的不是结论，而是剖析问题、解决问题的方法。

从分析商品（"资本主义的细胞"）的二重性（使用价值与价值）出发，追溯为"劳动二重性"（具体劳动与抽象劳动），再推出"社会必要劳动时间"，用"抽象劳动"来阐释价值，并得出"提高劳动生产力来使商品便宜，并通过商品便宜来使工人本身便宜，是资本的内在的冲动和经常的趋势"[一]这一结论。

由此推演下来，财富日益集中于少数资本家，中间阶级不断沦为无产阶级而日益消亡，无产阶级则日益贫困但日益壮大，由于生产的无政府状态使经济危机必然出现，从而资本主义生产关系不能适应而必将崩溃，无产阶级革命一定胜利。

这样一条顺理成章的辩证逻辑成了贯穿了马克思理论到策略理论的基础，也成了其整个政治经济学的建构基石。结论的严谨性且不谈，这

[一] 马克思，恩格斯.马克思恩格斯全集：第二卷[M].北京：人民出版社，1972：355.

套推演的逻辑本身就价值千金。

四年马克思主义政治经济学的系统学习，让我成了方法论的坚实拥趸，我坚信方法论远比那些公式、信息、模型重要得多，一个人如果掌握了方法论，无论做什么事情，都能够事半功倍，少走弯路。

如果说王阳明是我幼年时的启蒙导师，马克思是我方法论的奠基人，那么毛泽东就是我们这一代人无法褪去的时代底色。

作为在毛泽东时代成长起来的一代人，我们的行事作风、思考方式、观察世界的角度乃至语言风格，都不可避免地带着毛泽东时代的影子。

在我看来，如果说今天几乎没有谁能在对世界资本规律的认识上超过马克思的话，那么也几乎没有谁能在对中国问题的认识上超过毛泽东。年轻人要想真正理解、把握中国的问题，真应该好好再读一下毛泽东当年对中国革命和世界格局的判断，其中包含着非常丰富、永不过时的战略思想。

在毛泽东的视野里，始终有对宏大格局的整体把握，强调不断革命论和革命发展阶段论，他非常反对研究问题时带有主观性、片面性和表面性："所谓主观性，就是不知道客观地看问题，也就是不知道用唯物的观点去看问题。""所谓片面性，就是不知道全面地看问题。""表面性，是对矛盾总体和矛盾各方的特点都不去看，否认深入事物里面精细地研究特点的必要，仅仅站在那里远远地望一望，粗枝大叶地看到一点矛盾的形象，就想动手去解决矛盾。"⊖

中国革命不是一场工人起义，而是一场漫长的全面的社会革命，要

⊖ 毛泽东. 毛泽东选集：第一卷 [M]. 北京：人民出版社，1991：312-313. 原文中矛盾的形象写作矛盾的形相。

始终把握政治、经济、社会与文化的关系。不仅是生产力决定生产关系，而且生产关系反过来也作用于生产力。经济的长远发展，实际上在相当大的程度上也依赖于先进的生产关系，依赖于上层建筑和人们据此形成的价值追求。如果仅仅强调一点而忽视其他，显然会导致严重的问题。这种错误不仅在新中国成立后屡屡出现，今天同样可以看到。

从王阳明心学中吸收知行合一，从马克思主义里汲取辩证唯物主义和历史唯物主义，结合毛泽东"矛盾论""实践论"从小对我们思维方式的再锻造，这套脱胎于王阳明、马克思、毛泽东的方法论，成了我个人，也是日后智纲智库安身立命的法宝。

作为过来人，我非常建议年轻朋友多读一些经典作品。在这个信息大爆炸、新概念满天飞的时代，啃经典是最有效率的学习方式。毕竟那是我们祖祖辈辈都推崇的好东西，经过了一代又一代的选择，我们应该也去试一下。当然不是说这些经典就一定适合你，但这个"学习、甄别、再认识"的过程是必不可少的。

读经典还有一个特点，就是不要怕慢，坚持才能出效果。曾国藩有句话叫作"结硬寨，打呆仗"，经典之所以为经典，就在于它既能体现时代的风貌，同时又有超脱时代的永恒意义，用我们贵州的方言来讲，叫作"山有多高，水有多高"，它的内涵会跟着你的阅历和见识一同增长，在你人生的每一个重要关头给予指引。因此读经典一定要沉下心，慢慢啃、反复啃，我在大学时翻来覆去地读《资本论》，由半懂不懂到懂，到吃透，再到能活用，虽然过程很痛苦，但是奠定了受用终身的方法论根基。从一个人肯不肯沉下心来啃经典就能看出他能不能成大器。

当然，经典也是因人而异的。有人对哲学（如老子、康德）有感觉，有人对战略学（如孙子、克劳塞维茨）有感觉，有人对经济学（如熊彼特、马克思)有感觉,有人对管理学(如德鲁克、波特)有感觉……不管是哪个学科(社会学、经济学、历史,等等)的经典,都有着共同的指向,那就是背后的方法论和哲学。当一本书越读越薄,薄到最后的时候,那就只剩下哲学和方法论了,读出这些核心后再去重读的时候,书就会越读越厚了,这也就是"半部《论语》治天下"当中的秘密。

我的战略实践

我们这代中国人恰好处在一个极其特殊的时间节点上,短短几十年间,我们见证了中国从落后到崛起,从封闭到开放,从禁锢到自由的时代转折。

在我 23 岁以前,中国虽已经走出帝制,但依旧处于僵化的计划经济体制中,人们完全没有选择的空间,且不说自由择业,连自由迁徙都做不到,这是现在年轻人无法想象的。我父亲当年是被批斗的老知识分子,加之家庭出身问题,我想上工农兵大学完全没有希望,想当兵也只能靠特招。因此我在县女篮做教练,兢兢业业,指望能通过特招改变命运,如此日复一日,年复一年,直到分配指标又一次落空时,20 岁出头的我再也忍耐不住,失声痛哭。男儿有泪不轻弹,只因未到伤心处。我虽胸怀壮志,眼前竟无路可走,不知平庸的岁月何时是个尽头。

为什么我们这代人感恩邓小平,就是因为他为我们推开了不止一扇门,在他的主导下,中国这艘大船扭转了方向,推开第一扇门就是恢复高考制度,我们这代人原先堵死的前路上隐约出现一丝微光,我分外珍惜这次机会。从考大学选志愿开始,到选择职业,最后选择命运,我们逐渐有了人生的选择权。

"别人怀宝剑，我有笔如刀"，我在新华社的10年记者生涯，让我真正做到了"行万里路"，也写出了一些能够给全中国带来影响和推动社会发展的报道。在此过程中，我愈发感到中国要想真正走向市场经济和深度的改革开放，独立第三方智库是必不可少的存在。所以我从体制内走了出来，创办了王志纲工作室（后更名为智纲智库）。

离开新华社时，我可以说是孑然一身，然而我其实充满自信，我是鉴于三个判断才决定离开的：第一，中国既然已经从计划经济转入了市场经济的道路，这就意味着必须按照市场经济的法则运行，这是不以人的意志为转移的，开弓没有回头箭。在此情况下，知识分子的全面介入将是一个必然的过程。第二，我在当记者时就深感很多企业的成功和发展偶然性因素太多，必然性因素太少。它们将面临越来越多的困惑和难题，急需高层次外脑机构的指点和帮助，这是一个非常庞大的市场，对我也是一个绝好的机会点。第三，我想进行一个生存实验，我认为自己在知识分子中属于生存能力比较强的那一批，所以才敢于下海"以身试险"。如果真的溺水，那我也认了；如果我能够生存下去，我相信我能够通过自己的实践让更多的知识分子在这个行业中更好地展示他们的聪明才智。

下海干什么呢？无意中我找到了战略策划——一个身无长物的知识分子进入市场的最佳切入点。正如在序言里说过的一样，我恰好就接触了碧桂园这样一个房地产公司，由此才阴差阳错地进入了房地产业。

1993年前后，在国家主导的铁腕调控下，几乎所有的房地产商都遭遇了致命的危机。坐落于顺德与番禺的交界地的碧桂园，前不着村，后不着店。尽管开发商反复宣传此地为"金三角的交汇点"，又请在广东颇得民心的前省长叶选平亲笔题写园名，前来看楼买房的人仍是屈指可数，1000多亩⊖土地陷于死亡的边缘。当地土生土长的包工头杨国强向开发商索要工程所垫费用时，开发商却让杨国强销售已经盖好的别墅，以销售收入核销建筑成本，杨国强"无辜"地从造房者变成了卖房者。

面对一片沉寂的楼盘，杨国强和他的建筑队毫无准备，而我又急需证明自己，双方一拍即合，精诚合作了三年，以创办名校为切入点，从策划，到营销，到整合，通过轰动羊城的"可怕的顺德人"系列广告，把办学校这步"生死之棋"下活了，"熄火"的碧桂园在人们的心目中瞬间变成了"成功人士的家园"，并且释放出几个亿的经济效益。加上"给你一个五星级的家"的远景提炼和高密度推广，以办学带动楼盘销售的策略立竿见影，碧桂园的楼盘销售终于找到了自己的杠杆和支点。

短短几年的时间，一个不可思议的神话在碧桂园1000多亩的桑基鱼塘上，成为现实。碧桂园从默默无闻到一飞冲天，杨国强从此走上了地产开发的漫漫征途，而我也在这一过程中补上了市场和人性的重要一课，从耻于言利的文人锻炼出了以智生财的本事，顺道成了房地产"流行病"的专家，在之后短短几年内，策划了许多项目，掀起了房地产界的一波波浪潮，虽然项目结束后我和杨老板分道扬镳，渐行渐远，但也算是相互成就的一段佳话吧。

1994～2003年这10年是智纲智库发展的第一阶段，虽然也有一些面向政府和其他企业的咨询服务，但受碧桂园的市场影响，我们主要还是聚焦于房地产企业。

⊖ 1亩约为666.67平方米。

碧桂园、奥园地产、星河湾等项目，都是那10年的代表作，这些项目分别开创了中国"教育地产""复合地产"和"品质地产"的先河，成为中国房地产企业的学习样板和行业的标杆。1996年的《谋事在人》出版发行后，成为一时的畅销书，改变了很多人的命运，也促使很多人进入这个行业，其中有一些人日后成为名噪一时的地产大佬。

到了2002年，在地产行业一片高歌猛进的形势下，我们却开始从传统地产转向新的领域。因为经过一次次实践，我们深刻地认识到，当房地产大盘的体量和价值已经足以影响城市发展格局的时候，如果房地产不能理解、把握（甚至影响）城市的发展战略，其成功是难以想象的。反过来，城市的发展如果只是靠之前的决策方式和依靠行政力量或者政府资源去推动，也是远远不够的。

正是出于对这一趋势的认识，我们毫不犹豫地"抓大放小"，退出常规地产，进军城市战略。通过第三方智库的力量，把政府意志与市场力量有效结合起来。

从2002年开始，以大成都战略策划为发端，智纲智库将业务重心转向城市区域战略，重点从事城市与区域发展战略研究与咨询工作。伴随着中国城市化进程的推进，一系列前所未有的课题突然摆在我们面前，从大北京到大上海，从东北到西南，天津、重庆、西安、昆明、青岛、郑州、烟台、石家庄、长沙、宁波、大连、廊坊……越来越多的城市、区域乃至省级政府开始找到我们。

2008~2013年，伴随着国际经济形势的改变，又一波世界产业转移浪潮兴起，沿边开放的新时代正在到来。从东北的满洲里、黑河、绥芬河、丹东、珲春到西北的新疆，再到西南的西双版纳、红河以及钦州和崇左等，我们几乎走遍了所有的重要边境城市，帮助寻找更为合理的发展路径。令人欣慰的是，很多战略已经变成现实，比如黑河的"两国一城"；比如牡丹江战略使得黑龙江从"哈大齐"走廊到"哈大齐"与"哈牡绥"并举，打通外向型通道等。

在 2003~2013 这第二个 10 年中，我们主要的服务对象是各地政府，业务重点聚焦在城市与区域战略、高新区、开发区、新城等的开发，这大约占到我们业务 70% 以上。这个时期与我们合作的智力型机构从住宅地产时期的广告公司变为全球知名的空间和产业规划机构，如阿特金斯、AECOM、麦肯锡、罗兰贝格、毕马威等。

《城市中国》这本书用真实的案例讲述了我们在城市与区域战略、新城和园区开发等领域的探索和经验，其中有描绘中国第四城成都江湖地位的"张弓搭箭"图，有推动国内文旅区域发展的"曲江模式"，有改变天津城市发展走势的"海河综合开发计划"，有提升上海杨浦区城市功能的"新江湾城"等。

"城市运营"和"城市运营商"是我们这个阶段重要的理论贡献，以市场化的力量推动城市发展的理论得到政府高度肯定，有意思的是，很多房地产商把城市运营商作为企业的发展定位。

智库在政府中形成的深远影响可用几个代表性事件来印证。2002 年，时任西安市委书记委托我们策划了曲江新区，这是中国为数不多的旅游开发区；2007 年，时任重庆市委书记在三峡大坝即将合拢前夜委托我们策划长江三峡区域发展方案。这些标志性的案例也体现出了智纲智库在政府侧的一定影响力。

从 2013 年到今天，智纲智库的业务范围更加广阔。过去的 30 多年，中国经济属于原始积累阶段，以粗放式发展为主。如今中国的旅游休闲度假市场已经出现井喷式增长，中国成为全球最大的旅游休闲市场，智纲智库见证并深度介入了这 20 年旅游业的"狂飙突进"过程，我们有幸为上百个旅游项目"找魂"，扮演着幕后推手的角色。

在移动互联网时代，丰富多元的文化产业正在成为焦点。这背后正是从"平台为王"到"内容为王"的转变，养老、休闲、健康、教育、文化、高科技与互联网、战略新兴产业的高速增长为人们对空间、平台、服务与运营等多元化巨大需求提供了蓝海。面对新形势与新格局，智纲智库也面临着很多全新课题的挑战。从产业战略到企业战略，从文化旅游到区域发展，从制造业转型到数字化平台构建，前沿性的突破和探索将成为智库当今时代的主题。

成百上千次的临床经验才能"喂"出好医生，同样，成百上千次的现场战略咨询经验才能"喂"出优秀的战略咨询顾问。近 30 年来，我们几乎参与过中国所有城市和区域的发展探索和战略制定，从东部到西部，从沿海到沿江，从发达地区到闭塞地区，还参与过众多企业发展战略的制定和推进。很多客户通过智纲智库的策划服务实现了质的突破，我们也在这个过程当中不断成长、蜕变，不断磨炼自己，锻造了自己的方法论，形成了严谨的问题分析框架。

中国有句老话，知易行难。回首 20 世纪八九十年代，适逢中国改革开放激情燃烧的岁月，当我作为一名新华社记者纵论风云之际，颇有几分"铁肩担道义，妙手著文章"的快意，而由此培养的宏观意识使我受益至今。但在经历了市场经济的残酷历练之后，我方感到过去浮在面上的肤浅和局限，那段时期，我也见识过很多老板，与他们打过很多交道，自以为对他们很了解，但直至下到海中，我才发现，原来自己对他们知之甚少。

离开新华社后，我用了 10 年的时间，终于补上了市场这一课。在同这些纵横商界的枭雄深入打交道的过程中，我见惯了商场上的"血流成河，白骨如山"，这些人都是物竞天择的适者，他们的王冠不是封的，更不是谁赏赐的，而是真刀真枪打出来的。他们上的是社会大学，读的是人性之书，千万不要被他们表面上的言笑晏晏蒙蔽，他们永远是一群最理性、最彻底的现实主义者，眼中只有永恒的利益，其他的诸如亲情、友情、爱情等都可以是手段，我在参与他们命运转折和基业建立的同时，对战略的微妙之处与关键节点理解得越深刻，越对人性有刻骨铭心的熟悉与感悟。

回顾记者生涯，我不禁为曾经的轻狂汗颜。社会科学与自然科学最大的不同在于不确定性，前者研究的不是在实验室的确定条件下进行的一次次实验，而是一个个有机、动态的过程，"蝴蝶效应"充斥和主导着这些过程，因此，理论研究并不能直接指导实践，无论是军事实践、政治实践还是商业实践。学者可以根据原则给出理论指导，但给出具体的产业政策建议时一定要慎重，在书斋中做研究，毕竟没有市场一线人士更了解具体情况。没有从全局性、立体性、动态性的视角来看待当时的中国，任何高超的技术建议都将是"按下葫芦，浮起瓢"，以及蜻蜓点水而已。遗憾的是，今天的部分学者仍然在"前赴后继地"犯着这种错误，在他们身上，我依稀看到自己年少轻狂时的影子。

我眼中的好战略

什么是优秀的战略？结合近 30 年的战略咨询实践，我认为：一个成功的战略需要做到"打通学、术、道；纵横官、产、学"。

什么是"打通学、术、道"？

纵观中国几千年来，在知识领域往往有两个极端，一曰学，一曰术。所谓"学者"，以治学为业，追求自成体系、自圆其说。中国自古就不缺少孤影青灯、含辛茹苦地治学的人，其理论虽严密而深刻，但与实际有相当的距离。

当然，我没有丝毫贬低"学"的意思，学者们有科学的思维、令人敬仰的人品，在国家需要时，他们也有着"虽九死其犹未悔"的献身精神。但如果太多人都走纯粹学者这条路，就有些"山阴道上，应接不暇"了。很多知识分子也因此而搞得"满面尘灰烟火色"，挺尴尬的。

"术"，顾名思义，就是功能、应用和操作之术，是"学"的对立面。术之功效在于立竿见影、刺刀见红；其局限往往在于急功近利、视野狭窄。但如果没有术，就无法在市场上生存，这也是一个很现实的问题，以至不少人为术而伤学，因术而弃学，常常是获得了术，但文化人最宝贵的独立精神和操守却成了泡影。

当然，现实生活中也有不少如鱼得水的"术者"，他们大多是治术之人，或者本来就是商人的料，比如在广告、建筑、设计、编程等行业的人，这些行业和操作层面贴得很近，在这些行业中，"术"也很容易变现。

"研究之学"虽然深刻，但距离市场较远，"功能之术"虽有用武之地，但并不能统领全局，只能局限于某一个方面。在学与术这两个极端中间，出现了一个巨大的空隙，这就需要"道"来填补。

所谓"道"，是介于学与术的中间层次，其作用是在学与术之间架起桥梁，并在用动态、辩证、发散的思维把握事物内在神韵与规律的基础上创新，而且还要整合各种相关资源为己所用。既可以取"学"之长、避"学"之短，又能够以虚驭实，整合各种功能之术，从而使战略策划游刃于市场和学问之间，开辟出一个全新的研究和实践领域。

只有从"学"和"术"进入"道"的境界，才能把握好战略的位置，既非纸上谈兵、空谈误国，亦非越俎代庖、陷入事务性操作致劳而无功。如果没有对规律的把握，难以说"道"，大势把握、理念创新、策略设计、要素整合、操作监理，这些东西都涉及对学和术的整合，这是体现战略价值的关键。

从个人学习的角度来看，所谓"学"，就是在学校和书本里学到的学院派的知识，我们称之为"认知"阶段；所谓"术"，就是将"学"与实践相结合，丰富了许多感性的、经验性的东西，从而形成专业性的能力与技巧，我们称之为"感知"阶段；所谓"道"，则是"悟知"阶段，是"学"和"术"在量的积累基础上产生质的飞跃，经"顿悟"产生创造性的知识，并将先前积累的"学"和"术"贯穿起来，表现出超人的洞察力、直觉力和创造力。既要理论指导，又强调可操作性，让操作在理论的指导下走得更远。

当然，没有任何一种"道"能包打天下，智纲智库之所以能够在市场上立足，是因为我们能运用独特的方法论，在"道"这个中观层面发挥作用，实现学与术之间的转化，让战略变得可操作、可落地。换句话说，只有承学之上、启术之下，并运道于中，才能做好战略。

讲完了"学、术、道"，那什么是"纵横官、产、学"呢？

明茨伯格曾说，如果说战略是一头大象，那么以单一视角、单一专业或单一维度为出发点所制定的战略，往往不得其法，不得其全貌。这样对战略形成的认知，就如同盲人摸象，没有审视整个大象的大局观，每个人都只是紧紧抓住战略形成过程的一个局部，而对其他难以触及的部分一无所知。而且我们不可能通过简单拼接大象的各个部分去得到一

头完整的大象，因为一头完整的大象并非局部的简单相加。㊀

我有一句话传得很广："什么是专家？专家就是深刻的片面。什么是领导？领导就是浅薄的全面。"

这句话虽然糙了些，但道理却讲得通。专者，钻也，不片面不足以深刻，做学问的关键就是要先渊后博，抓住一点不顾其余。专家是无罪的，因其专业特点决定了他深刻的见解客观上存在着片面性，而对社会进行综合治理、全面规划设计是政治家或者企业家的事。至于好的领导者，无论是在政府还是在企业，都要有完善的知识结构和开阔的视野，但因其精力有限，掌握全局的同时自然在很多方面不求甚解。这无所谓好和坏，只是社会的分工协作不同。

在咨询生涯中，我常常看到这样有趣的局面，领导和专家坐在一起开会，环保专家拼命讲环保，教育专家拼命讲教育，技术专家拼命讲技术，讲得都很有道理，但领导一脸无奈，如果按照他们的建议去做，非出大问题不可。专家总希望自己的意见得到采纳，但领导却需要为结果负责。还有一种领导，有"专家收集癖"，一股脑建几十个专家的委员会，成天评审、讨论、开会，往往看上去很美，实则劳而无功。

所谓的"纵横官、产、学"，就是要求咨询顾问介入其中，提供"去掉专家的片面，取其深刻；去掉领导的浅薄，取其全面"的折中方案，以期达成尽可能"深刻的"全面，并且能够符合市场的逻辑。这并不是说咨询顾问有多厉害，能够凌驾于专家和领导之上，而是角色所决定的。任何人都难免带有一定的局限性，或多或少都有一些偏颇之处，谁都不能做到完美无缺。但是，作为战略制定者，必须有正确的理念与出

㊀ 亨利·明茨伯格，布鲁斯·阿尔斯特兰德，约瑟夫·兰佩尔. 战略历程 [M]. 魏江，译. 北京：机械工业出版社，2012.

发点，抛开门户之见，博采众长。

因此，智纲智库最核心的原则就是对"思想独立"的坚守，不过独立思考与吸收别人意见不是对立关系。越是能独立思考的人，就越有判断力，且越善于吸收别人有价值的意见。反之，越是不能独立思考的人，面对众说纷纭就越是无所适从。

简而言之，打通学、术、道是一种思维方式，掌握这种思维方式，才能知道什么是正确的事；纵横官、产、学是一种整合手段，掌握这种手段，才能知道如何正确地做事。作为一家专注于战略咨询的公司，智纲智库经过近30年知行合一的历练，不仅为一个个城市、企业和项目提供战略咨询服务，也走出了一条打通学、术、道，纵横官、产、学的东方式战略之路。

CHAPTER 4　　　　　　　第 4 章

战略的两大支点：哲学与人性

"所谓战略，就是我们在面临关键阶段的重大抉择时，如何做正确的事以及正确地做事。"

其实关于战略，除了这个标准定义之外，我还有另一个通俗版本的答案。就在前段时间，一位陪我打球的东南亚华裔老板问我："王老师，我听很多人都说智纲智库很厉害，但你们究竟是做什么的，我一直不太清楚，能不能用一句话给我解释一下？"

我说很简单："当你面对一个难以判断的挑战性项目时，找到智纲智库，我们就能帮你解决'能不能做、怎么做、做什么'的问题。"他一拍脑袋，终于明白了。

其实"能不能做、怎么做、做什么"这三个问题后面，还有一个"谁来做"。同一个项目，面对不同的人，可能要的是完全不同的做法。这四问用来描述战略，或许还不够全面，但胜在通俗易懂：前三问——

"晓事",是战略的出发点,第四问——"知人",是战略的落脚点,说到底,战略是一门起源于哲学、归依于人性的学问,离不开敏锐的、超常的对世界的体悟和对人性的洞察。

战略一道,源远流长,纷繁复杂,大家辈出,但在我看来,如果把战略浓缩为两堂必修课,那么一堂是哲学,另一堂是人性。唯有学透这两门课程,我们眼中的世界才不至于割裂,万物之间的关联才正如它们真实的关联一样被整体认识和考虑;也唯有这样,才能于现实照见未来,于此处照见彼处,于偶然照见必然,走上追寻战略的道路。

在本章中,我们具体解读战略与哲学、战略与人性之间的关系,并提炼出具有普遍意义的战略三段论,供大家参考。

战略与哲学

毫无疑问,战略脱胎于哲学,其定义也反映了这一点。

"做正确的事",是人类在对客观世界的认识过程中不断选择的主观世界的结果;"正确地做事",是人类在对客观世界的改造中不断演化出来的能力;想要跨越认识与实践之间的鸿沟,就需要一套打通主观世界与客观世界的科学方法,这些都属于哲学的范畴。

谈及哲学,很多人都觉得离自己很遥远。但如果仔细研究不同历史时期哲学观念的流变,我们会发现,哲学不是从"天上"掉下来的,也不是某些哲学家突发奇想的结果,而是有着深厚的实践根源,有着广泛的历史、经济、社会基础,伟大的哲学无一例外都是从"地里"长出来的。

在我看来,杰出的哲学家有两种,一种代表了时代最核心的认知,对时代提出奠基性或总结性的表述和论证；一种洞察了未来将要发生的根本性转变，对当下被认为天经地义的某些存在提出疑问、挑战和批判。前者的代表性人物有古希腊时期的柏拉图和亚里士多德、中世纪的托马斯·阿奎纳、近现代的康德和黑格尔等，后者的杰出代表则是古希腊时期的苏格拉底，近代的马克思、尼采和海德格尔等。

战略与哲学的关系就像是果实与大树的关系，战略是哲学的广泛应用，战略过程无处不体现着哲学的认识论、方法论、实践论的思想。一个人在哲学层面如果懵懵懂懂，就一定做不好战略。

战略是智慧之学，反映认知深度，体现了哲学的认识论思想。

所谓哲学（philosophy），在古希腊文中由 philia 和 sophia 两个词组成，philia 的意思是爱，sophia 的意思是智慧，哲学就是爱智慧的意思。哲学是在根本层面上追问的，是对自然、社会和人本身，以彻底的态度反思已有的观念和认识，从价值理想出发把握存在的目标和历史的趋势，展示了人类理性思维的高度。⊖

同样，战略充分体现出了哲学对智慧孜孜追求的态度。尽管不少哲学家都声称，其他任何一门非哲学的学科都不能被称为"智慧之学"，但战略的确是一门智慧，战略旨在穿透事物的表象，探索其本质，通过对人们知行过程的把握，而达到对世界的本质、发展的规律、人的思维与存在的根本认识。

千百年来，无论东方西方，但凡被称为战略思想家的人，无不有着仰望星空、上下求索的智慧，有着认知世界、把握世界、改造世界的勇气。

⊖ 周濂. 打开：周濂的100堂西方哲学课 [M]. 上海：上海三联书店，2019.

战略是思维之法，讲究思辨精神，体现了哲学方法论思想。

一直以来，哲学都是在自我批判和自我否定中发展，一部哲学史就是一部哲学家们相互批判、相互推翻和相互取代的斗争史，但哲学的价值就是用来解放人、解放人的思想的，这是目的，也是方法。○

每一个时代都会有束缚人思想的东西，因此哲学本身就是方法论，哲学就是要让人自觉认识到究竟是什么、是谁束缚了人的思想，应当怎样摆脱这种束缚。只有摆脱了思想上的束缚，认识的视野才能更加宽阔，思维的空间才能更加广大，创造力才能得到更充分的释放，正是这种哲学思维提供了认识世界和改造世界的方法论。

战略继承了哲学的方法论，战略就是用哲学的思维体系来审视、发现、反省、辩驳、求索人们司空见惯、习以为常，或不置可否、迷茫困惑的那些问题，是对现实和经验的反思，以独立之精神、自由之思想来审视当下，探寻未来。

战略是行动之术，指导行为发展，体现了哲学实践论思想。

当巴士底狱的枪声传到凡尔赛宫，惊慌失措的法国国王路易十六问："造反了吗？"波尔多公爵回答："不，陛下，是革命。"造反与革命一词之差，不仅是词语的转换，更是观念和理念的变革。路易十六在深陷囹圄之时，讲过一句话："是这两个人摧毁了法国。"他说的这两个人一个是卢梭，一个是伏尔泰，都是哲学家。"改变观念就是改变世界"，哲学是无用之大用。

同样，战略是更广泛的哲学思想的应用，以国家战略为例，几乎每一种国家战略背后都有某种哲学作为基础。戴高乐说，在亚历山大的

○ 尤瓦尔·赫拉利.人类简史：从动物到上帝[M].林俊宏，译.北京：中信出版社，2017.

行动里，我们能够发现亚里士多德。同样，在拿破仑的行动里可以发现卢梭和狄德罗的哲学；在希特勒的行动里可以发现尼采和特赖奇克的哲学；在东条英机的行动里可以发现福泽谕吉的哲学和神道教。而在美国的国家哲学中，实用主义一直占据主导性地位。^㊀

一个国家战略水平的高低首先取决于对国际形势认识的深刻程度，而如何认识国际形势，归根到底又取决于用何种哲学思维作为指引。因此，国家战略竞争实际是战略境界——哲学思维方式的竞争。以什么样的世界观统领我们的思想，关系到国运的兴衰。

战略与人性

职业使然，我这几十年可以说是阅人无数，上到高官巨贾，下到贩夫走卒，最深刻的感受就是"演戏的人是疯子，看戏的人是傻子"。

大多数人都是在看戏，台上哭，自己也跟着哭；台上笑，自己也跟着笑。很多传奇他们信以为真，其实未如其然。演戏的人是疯子，自己很陶醉，但也许知其然，并不知其所以然。

作为战略咨询顾问，我给自己的定位既不是演员，也不是观众，可能是编剧、舞台监督或艺术指导。我既可以看见台下看戏者的情绪起伏，又可以看到台上演员们脱掉面具之后的本来面目，也见证过他们在特殊的国情环境中太多的沉沉浮浮、生生死死，这一切兴衰成败的背后，都离不开人性。

㊀ 林海红，田文林. 失去的十年：美国中东战略失败的理论探讨 [J]. 和平与发展，2011（5）：64-69.

从古至今，随着时间的推移，人们的政治立场、艺术审美、科学技术、社会上的流行理念时时都在变迁，唯独人性变动极少，足以击穿时空。从原始的非洲部落，到贫困的第三世界，到资本主义意识形态横流的发达国家，从印第安部落，到古罗马，到近代帝国主义，到现代商业社会，绝大部分人类群体的历史都是由人性主导的。

《圣经·旧约》中说"太阳底下无新事"，唐太宗说"以铜为鉴，可正衣冠；以古为鉴，可知兴替；以人为鉴，可明得失"，都是在讲人性。说来讽刺，恰恰也是因为人性的永恒，才让"以史为鉴"成了一句空话。所有发生的，皆有理由，已经发生的，终将一次又一次地发生，真正能做到"以史为鉴"的，可谓少之又少。可见一个优秀的战略家，一定是洞察人性、驾驭人性的高手。

和哲学一样，人性也是全人类的共同课题。天主教说人有七宗罪，它们是傲慢、嫉妒、愤怒、懒惰、贪婪、暴食和淫欲。佛教说众生之苦，皆因贪、嗔、痴三个字。儒学的开山始祖孔子讲得最多的是仁，然而孔子所论的仁主要局限于仁本身，人性不是孔子讨论的重点。孔子论人性，只限一语："性相近也，习相远也。"性何以相近，习何以相远，却没有明言。

孔子之后的孟子和荀子，对于人性的探讨各执一词，孟子认为人性本善，荀子认为人性本恶，两者都认为人性秉受于天，但荀子将人与动物所共有的趋利避害的本性当作人性，孟子虽也承认这一本能，却认为人异于动物之根本，在于人先天具有恻隐、羞恶、辞让、是非之心，这才是所谓的"人性"。在后世的儒学体系中，人性被愈发摆在了负面的位置，在程朱理学"存天理，灭人欲"的禁锢下，人性被抑制到了极点，中国传统文化特别推崇沉稳，讲究喜怒不形于色，其实这都是人性压抑的表现。

14世纪以来，伴随商品经济的发展，从最早出现资本主义萌芽的意大利开始，文艺复兴的思潮逐渐蔓延。人性摆脱传统宗教的束缚，个性张扬成了时代主流，这也为西方科技、文化、艺术的大繁荣提供了肥沃的自由土壤。

进化论从自然选择的角度重新诠释了人性，在进化论者看来，人性是根植于基因中的生存和繁衍冲动，是文明进化、社会发展的不竭原动力。没有汹涌澎湃的人性，人类不可能进化到如今地球霸主的地位。

每个人都有人性，关于人性的理解也各自不同。著名的历史学家伊恩·莫里斯认为："驱使人类进步的，正是三种负面情绪——懒惰、贪婪和恐惧。"斯大林在流放期间读马基雅维利的《君主论》，曾留下批注："人的恶习只有三个，软弱、贪婪、愚蠢，除此之外都是优点。"结合我这些年的江湖阅历来看，**人性无非三大特点：贪婪、侥幸和虚荣，所有人概莫能外**。

其他弱点，如懦弱、懒惰、嫉妒、傲慢、自负等，都能从这贪婪、虚荣、侥幸的"人性三原色"上找到解释。所谓懒惰，无非是逃避努力的贪婪；所谓懦弱，无非是一厢情愿的侥幸；所谓嫉妒，无非是求而不得的虚荣；所谓傲慢，无非是贪婪加虚荣；所谓自负，本质上是虚荣加侥幸；等等。

和别的说法略有不同的是，我不认同"贪婪、侥幸、虚荣"是人性的弱点，我更喜欢称其为人性的特点，它们是普遍而恒定的，并且同时具备积极和消极的两面性。当消极一面发挥到淋漓尽致时，有些人被虚荣绑架，汲汲于名利，渴望镁光灯下的鲜花与掌声，生怕别人不关注他，登山、约会、当网红代言人，不断搞出些大新闻，一次次用超常规的方式做出吸引大众眼球的事情。说到底，都是虚荣作祟。这种人往往把面子和排场看得比什么都重要，活得很累。有些人被贪婪绑架，把企业的规模当作唯一的目标，高周转、高风险、高杠杆，半夜惊醒时想的都是如何成为首富，殊不知撞树而亡的兔子永远是跑得最快的那只。有些人被侥幸绑架，沉迷于资本的魔力，一次次成功空手套白狼，用讲故事的方式给自己的企业加杠杆，在资本市场呼风唤雨，到头来风向一变，资金链一断，几十年爬上神坛，跌落只需要一瞬间。

而一个人如果能够把握人性的边界，把贪婪变成雄心，这个人不成功都不可能；如果能把侥幸变成胆魄，敢于冒险，弯道超车，这个人就能把坏事变成好事；如果把虚荣变成珍惜羽毛，爱惜名节，这个人就会走得长远。无法驾驭贪婪、侥幸、虚荣，死亡只是早晚的事。

如何驾驭人性？我总结了两个词"要我做"和"我要做"，一个是拽牛尾巴，一个是牵牛鼻子，力度相同，效果却天差地别。

多年来，我最喜欢看的影视剧就是越狱类的，从《基督山伯爵》到《肖申克的救赎》，一直到《越狱》，我都看得津津有味。监狱是一个极其特殊的场景，有强度极高的压迫，也有永不停歇的反抗，囚犯想要越狱，就要把智慧与潜能发挥到极致，"我要做"的冲动和"要我做"的高压不断摩擦碰撞，迸发出强大的火花，也成了影视作品永远不过时的精彩题材。

改革开放为什么能够彻底改变中华民族的命运，就在于解决了从"要我做"到"我要做"问题。

在过去短短几百年内，生产力得到了极大的解放，推动了人类有史以来的数次产业革命，造就了人类文明诞生数千年来最伟大的光辉与繁荣。人类文明中，现今让我们引以为豪的所有东西，科技、制度、文化、思想，或多或少都离不开"我要做"的原动力。一个伟大的出发点不一定能够成就光明的现实。恰恰相反，看似丑陋的出发点却往往在最后成就了伟大的现实。

改革开放以来波澜壮阔的历史，是大江大海40年的峥嵘岁月史，也是一部人性力量的见证史。支配中国社会几十年的治理逻辑从"要我做"扭转到"我要做"上来。被约束了几千年的中国人，突然遇到了某种程度的机遇。"我要做"给了芸芸众生一条改变命运的"活路"，这颗种子最后却结出累累硕果：人民群众将它变成了无数种"活法"，从"活路"到"活法"，一场伟大的奇迹就此诞生。

多年以来，我接触了成千上万个各种各样的企业家，其中不乏许多草根出身的巨富。他们早年有的是洗脚上田的农民，有的是裁缝、修鞋匠等小手工业者，有的是靠摆地摊发家的商贩。尽管来路各异、生意不同，但他们有一个共同背景：普遍家境贫寒、兄弟姐妹众多、文化水平不高。苦难的生活、强大的压力、卑贱的地位，不仅没有磨灭他们的斗志，反而让他们产生了更加强烈的出人头地的愿望。

这种强烈的愿望在鼓励"我要做"的社会环境中彻底挣脱了束缚，得到了解放。他们依靠自己的勤劳、坚韧和胆识，一步步走向财富之巅，勇立商海潮头。

他们或许并不知道未来之路通往何处，也对自身命运去向无所适从。但他们唯一知道的是：无论用怎样的手段，都必须在那混乱而野蛮的年代里，从失败者的尸骸堆中杀出一条血路来。这背后的本质，就是释放了人性，就是"我要做"的力量。

深圳的崛起和华为的成功，都是人性伟力的体现。

改革开放之初，在广州、深圳之间100多公里长的走廊地带出现了前所未有的民工潮。我在做记者期间曾深度调研其发展全过程，并最终写成了一部报告文学《百万移民下珠江》。

作为"百万移民"的主角，农民工背井离乡，绝非为了伟大理想，而是为了解决切实的生存问题。他们在家乡只能面朝黄土背朝天，耕地种地，在地里找食吃，甚至连自由迁徙的权利都没有，人与土地被强行绑在一起。改革开放之后，他们终于迎来了一个能够改变命运的选择：背井离乡，到遥远的珠江三角洲打工。这看起来很可怜，离开了老婆、孩子、热炕头，夜以继日地挥洒汗水，但一个月这两三百块钱的工资，或许是他们种地一年都挣不到的钱。他们付出了很大的代价，但收获的是未来。

更何况，伴随着粤语文化的"北伐"，劲歌金曲风行全国，远在内陆的青年们有足够的素材和想象力来编织自己的广东梦：车水马龙、城市不夜、灯红酒绿……"东南西北中，发财下广东"，就是这一点微小的期待，让他们成群结队地走向充满未知的珠三角。

与做着朴素的发财梦的农民工类似，香港商人也不是活雷锋。之前从珠三角游水逃到香港去的人，作为第一批港商开始回来了，在本乡本土办厂，并且探索出了"三来一补"（来料加工、来件装配、来样加工、补偿贸易）的发展模式。香港商人只要有订单，就不用给钱，村集体拿出土地来入股，借钱找包工头把厂房盖好，港商只要把设备拿过来，就可以开始生产，最后利润两边对账。港商的成本之低简直无法想象，土地不要钱，厂房因陋就简，还有取之不尽、用之不竭的劳动力，最大的成本就是那些二手的设备。只要有订单，工厂就可以运转。一个个香港大小老板，把欧美订单拿到手后，跑到老家珠三角，找到当地的农民租块地建厂房，不断地扩大规模再生产。

这些港商几乎没有什么道德水准可言，为了一己私利，对工人无所不用其极地剥削与压榨，甚至引起严重的社会问题。"三来一补"企业中有不少是塑料厂、玩具厂、人造花厂，这类企业的拌料工、喷漆工、印花工几乎天天要同有毒气体打交道，却毫无保护措施。但不可否认，当时整个东莞从村到寨到区，崛起的成千上万的"三来一补"企业，为日后世界级企业的诞生提供了得天独厚的温床。

珠三角本地的农民，想法同样很简单。只要在地上建好厂房，转手租出去就能挣钱。伴随"三来一补"企业和乡镇企业的大发展，诞生了数以万计的厂长、经理的新职位，以至于出现了咄咄怪事：即使一些乡村干部（包括原生产队会计、粮库保管、记分员）、派出所干部、知识分子（小学毕业生也算）悉数出任官职，人数也不够用。在一个村拥有几十上百家企业的情况下，每一个村里面的男人都可以在厂里面挂个副厂长的名，名利兼收，何乐而不为？

从1980年开始到1988年的短短8年间，珠江三角洲就成了中国的新兴制造业高地，建起了成千上万的工厂；一个小小的东莞，从只有60万人口的县级市，变成了容纳1000万青壮年人口的超大型城市。40年过去了，珠三角顺利地实现了工业化，形成了在全世界极具竞争力的产业集群，无数民营企业蓬勃发展；深圳成为世界级城市，东莞成为世界工厂，等到深圳要实现产业升级、腾笼换鸟的时候，东莞自然成了最好的产卵地，华为等一大批高新科技企业花落东莞，这是之前谁都想不到的。

作为开放前沿门户的深圳，向所有希望改变命运的人打开大门。深圳提供了一个沧海横流方显英雄本色的大舞台，在深圳这片谁也不认识谁的土地上，突然出现了某种程度的放纵。

这种机遇不是纲纪废弛、打砸抢掠，而是有限度、有前提、可控制的放开，是在对和错之间、好和坏之间、红和黑之间寻找共识，是对灰色地带的极大容忍。

这样的容忍让深圳在一段时间内广受批评，成为众矢之的，这里面也的确发生了太多听起来不人道、不人性的故事，但也正是在中间地带的不断探索，使人的欲望得以最大限度地张扬。

深圳并不完美，人性在这块土地上得到了充分的张扬与释放，无数充满活力与欲望、希望改变命运、生命力极其旺盛的年轻人，像潮水一样涌向深圳，鱼龙混杂，大浪淘沙。于是，千百万农民从田间地头走进厂房车间，摇身一变成为现代产业工人，在不知不觉中悄然推动了工业化；成千上万渴求知识的有志青年，通过参加高考改变命运，成为寒门贵子，跃入龙门，成长为当今社会政商学界的中流砥柱；不甘平庸的芸芸众生，一头扎进市场经济的汪洋大海中，翻滚浮沉，成就了无数富商巨贾、草莽英雄。最终"欲望"创造出了"辉煌"。

深圳的成功，归根结底其原动力就是人性。创造这一奇迹的每个人都是俗人。无数普通人的贪婪、侥幸、虚荣所汇成的浩荡洪流，如水载舟成就了深圳。

华为同样是一个把握人性的典型案例。

关于华为成功的秘诀，众说纷纭，但我认为，对人性的激发和控制贯穿了华为的发展史。在任正非看来，企业管理遵循的是人性和欲望的逻辑，华为能一路披荆斩棘，屹立于行业之巅，就是因为团队既能激发人性，也能节制人性，集众人之私，以成大公。

华为的一位高管曾对我说，华为是"同路人"文化，自然淘汰挑选，留下来的多是家境不太好的年轻人，华为内部称之为"一贫如洗，胸怀大志"。

伴随华为的成长,无数一贫如洗但又胸怀大志的年轻人找到了施展才华的舞台,改变了命运,成就了自我。华为在海外开疆拓土,在全球各地落地生根,枝繁叶茂,离不开对这批优秀年轻人的激励。

高额的海外补贴,加上回国之后升职加薪的机制奖励,华为的年轻人可以在极短的时间内,依靠自己的实力积累到远超同龄人的大量财富,获得社会的认可。许多驻守海外的华为客户经理,年纪轻轻便是所在国权贵的座上宾,惯见三教九流,出入高端场合,这种价值感的实现,非一般的平台所能及。

正如深圳的一位老领导所说:"华为不是培育出来的,是自己长出来的。"这种成长背后有其深刻的必然。

当时特朗普还在任时举全国之力绞杀华为,都未能遂愿。试想,如果当今中国有成百上千个任正非式的企业家,有成百上千家华为式的世界级企业,又有谁能够打倒我们呢?

但感慨人性伟力的同时,我们也要看到,人性既是澎湃的动力,也是一朵"恶之花"。我见过,不少老板获得一定成就后,面临的最大挑战就是,人性长期压抑之后全面释放带来的放纵与迷失。房子一栋接着一栋买,物欲横流,道德沦丧,时间一长,问题就像海底潜流一样,大量积聚,最终爆发。

中国社会今天存在的诸多问题,也是由人的欲望无限扩张、非理性释放、失控带来的。40年的成就和问题同样警醒着我们,承认、肯定、激励人的欲望同时,也要构建法制的防线和道德伦理的底线,一方面对"要我做"——激励人的自主性与创造力,一方面对"我要做"——设定边界与规则,把自由框定在秩序的框架之内。

"要我做"和"我要做"就像天平的两端,人性的双重性让天平永远不可能彻底平衡,天平的每一次轻微摆动,都有可能滑向深渊,也有可能带来天翻地覆的改变,每一次砝码的加注,都考验着领导者的战略勇气和智慧。

认识论、方法论、实践论

作为一门脱胎于哲学、归依于人性的系统学科,战略绝不是仅仅出一个点子、耍一个花招就解决问题的事情。

所谓战略,就是我们在面临关键阶段的重大抉择时,如何"做正确的事"以及"正确地做事"。 与哲学的认识论、方法论、实践论相似,一个战略目标的实现也应当是三论合一的结果,"做正确的事"属于认识论,"正确地做事"属于实践论,打通两者的正确思维是方法论,知是行之始,行是知之成。"知"既是对事物的认识,也是对方法的认识,"行"既是对方法的推行,也是对认知的践行。

历史的进程一次次表明,无论是在认识世界,还是在改造世界的过程中,既没有脱离认识论的方法论,也没有脱离实践论的认识论。战略"三论"环环相扣、由浅入深,推动战略螺旋式上升,循环往复,直至无穷。本书的后续章节也正是按照这"三论"的框架来详细展开的。

需要说明的是,认识论、方法论、实践论这"三论"之间不是互相割裂的关系,而是相互影响、相互促进的关系,认识论是方法论的哲学基础,方法论是实践论的技术指导,实践论反过来又修正和完善了认识论与方法论。

打个比方，认识论相当于基础科学，方法论相当于技术科学，实践论相当于应用科学。这好比造原子弹，原子弹的爆炸原理是核裂变，是以基础科学中的物理学为理论根基的；引爆原子弹的方法有内爆式或枪式，属于技术科学领域；由此展开的爆破试验则属于应用科学。只有通过一次次的爆破试验来检验之前的理论指导和技术路径，最终才能制造出一颗原子弹。整个原子弹的制造过程就是在认识论、方法论、实践论相互作用之下进行的。

不只是造原子弹，任何一个复杂项目的推进过程，都无不体现着认识论、方法论、实践论的互相影响、互相推进的关系。

具体而言，想要理解战略三论，必须深刻认识以下四点：

第一，认识论是战略的源泉与根基，它推动方法论与实践论的产生。认识论看上去最"虚"，甚至只是一种理念、一种思想，但非常重要。思想是人类特有的精神之花，"思想有多远，我们才能走多远"。如果没有认识论作为基础，方法论与实践论就会陷入空谈的境地，制定的战略将会是一堆毫无意义的混乱之物。

认识论贯穿于战略的全过程，是战略制定的出发点。伟大的战略家以其善于发现的眼光、敏锐的判断力与洞察力，预先看到了前途趋势，往往能更大概率地把握事物发展的轨迹，从而提出较为精准的应对之策。

认知的高低将直接作用于后续方法论的产生和实践活动的开展，并深刻影响最终追求的战略结果。从这个层面来说，认识论甚至决定了战略的最终走向。

第二，方法论是工具与手段，生发于认识论，作用于实践论，是战略路径的选择。如果说认识论是一种思想，那么方法论就是基于认识论的思维模型,是对认识论的工具化与模型化。当代投资大师查理·芒格认为:"思维模型是你大脑中做决策的工具箱,你的工具箱越多,你就越容易做出最正确的决策。"㊀

在通过"认识论"确定了事物发展的前途趋向后,如何在战略制定过程中合理规划可行路径,并指导战略走向预期的道路?这就必须运用合适的思维模型和工具,做好战略的细化、分解、承接工作,引导事态向既定的方向发展。否则,只有正确的认识论,缺乏方法论指引,不通过工具化或模型化,再完美的战略判断也将会变为一纸空谈。正确的战略部署关乎生死存亡,方法论的决定性作用常常大于认识论。

第三,实践论是验证、反馈、检验和校正认识论与方法论,是战略目标的执行。

马克思有句话:"哲学家们只是用不同的方式解释世界,而问题在于改变世界。"㊁在马克思之前,西方哲学界多是以形而上的思辨为主;在马克思手里,哲学才真正变成手术刀。实践是马克思主义的本质特征,也是马克思主义哲学区别于其他旧哲学的根本标志。

在前文中,我们系统地谈了战略与哲学的关系,而战略与哲学最大的差别在于,哲学没有标准答案,而战略需要谋求答案,衡量答案好坏的标准就是实践。实践是检验真理的唯一标准,也是检验战略的唯一标准。所有的战略都没有唯一性,但一定有结果,战略以结果论英雄。

实践论是以方法论为指导进行行动的艺术,它所强调的是在实践过程中所积累的实际经验,这些成功或失败的经验、教训,会印证与校正

㊀ 彼得·考夫曼. 穷查理宝典[M]. 李继宏, 译. 上海: 上海人民出版社, 2016.
㊁ 中共中央马克思恩格斯列宁斯大林著作编译局. 马克思恩格斯全集[M]. 北京: 人民出版社, 2006.

之前的认识论和方法论，进而为优化和提升战略认知提供实践基础。正所谓一个成功的实践胜过一千打纲领，实践是检验真理的唯一标准。这也就是毛泽东在《实践论》中所指出的，"通过实践而发现真理，又通过实践而证实真理和发展真理"㊀的过程，推动着战略目标的实现。

但需要说明的是，实践论和实践不一样，实践论是用来指导实践的理论，是包括"一个中心、三个基本点"的系统工程。

所谓一个中心，是指以"人"为中心，对人性的洞察和把握至关重要；所谓三个基本点，是指"战略抓手""节奏""权变"。战略实践是"一个中心"和"三个基本点"相互作用的过程，是主观与客观的统一，是认识与实践的相互验证，是外部世界与内部团队进行能量交换的过程。

很多人没有搞清楚内在的逻辑关系，认为当下的困难只是因为实践不到位，成天研究细节，学习很多关于运营和管理的先进的经验，比如丰田管理模式先进的 OA 系统、ERP 管理、流程再造、精益管理、阿米巴等，这些管理理论在二战之后这几十年内日新月异，互联网出现之后就更不用说了。但是光有这些是不够的，虽说细节决定成败，但这句话是有前提的：在战略方向没确定之前，是战略决定成败；在战略方向确定之后，是细节决定成败。如果战略方向错了，细节再完美也没用，执行力越好反而败得越惨。

第四，战略不以"实践论"为终结，而是一个不断运动的过程。我们必须深刻认识到，战略是一个历经"认识—方法—实践"的知行合一的循环过程，从预先认识到前途趋势，到用科学的方法制定具体方略，再到躬身入局的实践，这个战略仅仅算是有了开始，而后还要经历再认

㊀ 毛泽东. 毛泽东选集：第一卷 [M]. 北京：人民出版社，1991：296.

识、再实践、循环往复的过程。一个"三论"的结束标志着下一个"三论"的开始，如此反复推动着战略的提升。如同中国古代"世间万物周而复始，循环往复"的哲学思想一样，体现的是一种绝对运动的状态。

明者因时而变，知者随事而制。一个好的战略家必须学会依据时局、事态来调整战略的方向，必须做到与时俱进，同时也必须警惕不能因为某一时间的小成就便停止继续认识、继续探索的步伐。

正是因为从认识到实践不断循环的特性，让战略变得不那么平易近人。或许有人会问：有没有基于认识论，并绕过方法论，直接进行实践的？纵观历史，这种类似于朴素的农民智慧的确存在，一些文化程度很低的草根企业家，直接以个人的智慧和经验生成经营战略。但当企业做大，面临重大的战略抉择时，没有方法论作为支撑，仅靠朴素的经营智慧而拍脑门的那种战略，不仅有风险，也难以服众。

在战争年代，这种缺乏理论的战略实践就体现为李云龙式的干部，拿来鼓励士气可以，但李云龙的成功是建立在极高成本的淘汰基础上的。传奇之所以成为传奇，就是因为无法复制，那些浮在水面上的所谓成功人士和幸运儿背后，不知有多少无谓的牺牲者，可谓尸骨成堆、血流成河。想要打造一支战无不胜的军队，还是要选择西点军校、黄埔军校里那些经过系统培训的士官生。作为美国第一所军事学校，西点军校曾成功地栽培过无数世界性的领导人才，其中包括1000多名世界500强企业的董事长和副董事长，比如可口可乐、通用电气等数十家大型企业的总裁，甚至首度登陆月球的三名太空人中，就有两名出自西点军校。换句话说，团队里需要的是成建制的楚云飞，而不是野路子的李云龙，毕竟一个个"楚云飞"成才的概率更大，成本更低。

"三论"在战略的运行中不是单独发挥作用的，它们需要形成一股合力，其中自然离不开"人"的因素。思想家长于认识论，咨询师长于方法论，企业家长于实践论。任何一个领导者之所以能荣获今天的地位，他本身就具备极高的战略素养，就像一个好的导演同时也常常是好的编剧一样。他之所以能不断地从一个成功走向另一个成功，肯定是因为把握住了战略的某种规律。但趋于完美的战略家毕竟少有，一个好的领导者并不是样样都要精通，而是要知道自己哪方面有短板，找外脑来进行补充。

战略的执行需要雄才，战略的判断需要大略，如果雄才大略能集于一身最好，但如果一人有雄才，一人有大略，就像刘备和诸葛亮一样，让专业的人来做专业的事，两者密切合作，同样是天作之合，这也是智纲智库作为一家战略咨询机构常常在市场中所起到的作用。

CHAPTER 5 —————— 第 5 章

如何进行战略认知

　　这是一个纷繁庞杂的时代，机会频生而又扑朔迷离，规律无所不在。人生如此，企业如此，社会如此，国家亦如此。从 1994 年智纲智库成立以来，我们见证了太多"一夜成名"和"流星稍纵即逝"的故事。有些人把行情当能力，把偶然当必然，行情一消失就被打回原形；有些人随波逐流，见异思迁，没有定力，最终一事无成；有些人怀有赌徒心态，方向不明而决心大，心中无数想法，自己孤注一掷，还拉上别人一起殉葬；有些人故步自封，不能与时俱进，最后不是被同行干掉，就是被变革的大时代湮灭。这些都是对社会规律和趋势缺乏认识带来的严重后果。

　　这是一个信息爆炸的时代，人们在越来越小的问题上知道得越来越多，而在越来越大的问题上知道得越来越少。如何分清小道理和大道理，在大和小之间搭建平台和桥梁？怎么把偶然归纳到必然，怎么透过现象寻找到本质，怎么从微观感悟到宏观，怎么用主体结合客体，怎么对时代、国情、区域、行业、组织和个体进行深层次把握？这些问题，都要从"认识"的层面来解决。

在"三论"中，认识论是战略的根基和要害，正确的认识是战略制定过程的出发点。面对种种变局，人们总是感慨世事纷扰、人心叵测，其实万事万物的走向的背后，皆有某种规律，关键在于你有没有穿透舞台抵达幕后、穿透现象抵达本质和穿透偶然抵达必然的力量，这种力量就来源于认识。认识的高低，直接作用于后续方法论的产生和实践活动的开展，并会深刻影响最终追求的战略结果。没有认识论作为基础，方法论与实践论就会陷入空谈，从这个层面来说，认识论甚至决定了战略的最终走向。本章所讲的，正是"战略三论"中的"认识论"部分。

发现、关联、一分为三

关于如何更好地掌握"认识论"？我有三句受用一生的箴言。

第一句是罗丹的名言：**"这个世界上不是缺少美，而是缺少发现。"**

同理，世界上不是缺少价值，而是缺少对价值的发现。那么如何发现价值？从某种意义上讲，战略源于发现，只有在更大层面上有深刻发现的时候，你才会发现美和发现价值。

一方面，发现需要敏锐的洞察力和判断力，它们往往来自直觉，甚至是天赋，表现在对事物发生细微变化的敏感度。阿基米德在浴缸洗澡时突然发现"浮力定律"，达尔文在阅读马尔萨斯《人口论》著作时提出"自然选择理论"，魏格纳在看墙上的地图时突然闪现出"陆地漂移"观念等，这些都是直觉思维的典型例证。事实上，创造力强的人都有很强的直觉。这种洞察力和判断力后天很难培养，它们和一个人的学历高低也没有必然的联系，所以在某种程度上，战略家都是天生的。

另一方面，发现还需要丰富的经验和阅历，经过长期实践和行动之后得来的知识储备和经验总结，能让你在事情发生时以更大概率判断出事物发展的轨迹，从而更好地做出应对，所以预见都是发生在实践演化过程中的应对反应。谁也不敢说某一个战略一定是对的，或一定是错的。但就像老中医一样，根据积累的大量临床经验，通过望、闻、问、切，可以在具体的"治疗"之前判断，这个战略在很大程度上正确与否。

真正厉害的战略家往往是天赋与经验的结合，他们观察问题常常能在一瞬间直达核心，几乎不需要任何逻辑的推演和阐述，顷刻之间就能化繁为简，甚至提炼为仅仅一句话就概括了最根本的战略思路。这就是发现和认识的力量。

当然，我所说的"发现"并非全知，更非全能。一直以来，我们总认为这个世界的变化是可以预知的，但事实并非如此。在宏观方向上，世界的发展确实有某种趋势，但是中观发展和微观发展却几乎不可能被设计，现实是由许多偶然与巧合一次又一次碰撞而成的，我们能做的就是在枯燥的日常中发现问题，并在棘手的问题中发现价值。

对战略咨询师而言，在发现价值之前，更重要的是发现问题。有很多人说，战略咨询的根本在于创造性地解决问题的能力。其实在解决问题之前，首先要发现问题。

找我们做咨询的客户，绝大多数都是带着问题而来的，或许是正遇到危机，或许是要转型升级，或许是要开拓新领域。如果在客户的诸多问题中，我们寻找、梳理和界定出真问题，客户的战略就成功了一半。

有些问题是表面问题，不是本质问题；有些问题是战术问题，不是战略问题；有些问题是伪问题，不是真问题。找到真问题是做战略的前提。任何客户委托智纲智库做战略时，我们考察的第一步就是要分析其问题的真伪，并找到隐藏在背后的核心的真问题是什么。

假如我们光听老板或者企业说，其实事实不是他（它）说的那么回事儿，一是可能有隐瞒，二是可能他也不清楚，还有第三种可能，老板本身就是公司最大的问题，公司内部的高管就是企业转型最顽固的敌人。如果遇到这种情况，战略就非常难做。要想做成，就一定要大换血，需要领导人断臂自救的勇气，企业很难不伤筋动骨。

因此，在做战略之前，一定要梳理清楚最终要达到的根本目的是什么，要以终为始，不要在伪命题和旁枝末节上浪费调研与分析的时间。

我们在梳理出真问题后，往往要和客户沟通，说我们认为这个才是需要回答的问题，和你以前提的不太一样。有些客户很快就确认，而且非常高兴，并高度认可我们的专业水准，这就是真正有判断力的表现。但也有的客户认为不行，在这个问题上难以达成共识，如果不能达成共识，我们就要按照他的"命题作文"去做，但其实没有什么意义和价值，我们也不愿意接手这样的项目。但如果你在一开始介入项目时，没有发现真问题，或者在实践的过程中偏离了真问题，麻烦就会很大，推翻重来不说，还可能引发一系列很严重的后果。

咨询师要具备"发现"的能力，而领导者更要具备。合生创展集团（亦可简称为珠江合生）的老板朱孟依和我打过多年交道，他是典型的广东人，为人极其低调，也不善言辞，走在街上俨然一副邻家阿伯的模样，但他的过人之处就在于有着极其敏锐的商业嗅觉。

2001 年，北京申奥成功之前，在广东房地产界风生水起的珠江合生突然掉头，一口气斥巨资在北京四环之内圈了 5 块地，宣布进京。当时，几乎所有的人都对朱孟依的排兵布阵深表疑虑——5 个大盘齐头并进，现金流如何解决？如此大的体量，如何安排销售？回款如果不能及时到位，届时如何解决下一阶段开发所需的资金？管理团队来自五湖四海，彼此的行为方式、思维模式大相径庭而冲突不断，短期之内又该如何整合？甚至有人认为，珠江合生崩溃在即。

我的看法则与众不同——朱孟依不但不会崩盘，而且还会迎来发展的黄金期。之所以做出这样的判断，是因为我知道朱孟依的算账方式。正所谓"杀人一万，自损三千"，他算的是以时间换空间、占据时代制高点这一笔大账，管理学上的其他问题都是成本。

朱孟依的商业直觉在这次战略选择中起了极大的作用。他预感到城市化的浪潮正在深刻地改变着泱泱古国的方方面面，而北京、上海这两座国际性大都市，即将迎来一轮投资高潮。此外，随着经济的深入发展，房地产受到的负面影响开始显现，届时，中央政府一定会采取措施更加严格地控制土地的转让与开发，央行也会紧缩银根，因此只有进攻才是最好的防守。所以，当北京的经济学家们争论经济是否过热时，当北京的地产"侃爷"们大谈"居住改变中国"等哲学命题时，朱孟依已经开始进京布局。直到北京市颁布了停止经营性划拨土地协议的 4 号文件以及上海市大力推行土地公开招投标政策时，绝大多数的发展商才追悔莫及。可惜的是，朱孟依虽然发现能力极强，但更多靠的是商人的直觉，他是一个天才的商人，他在战略定力和战略执行上，尤其是在企业目标与团队能力的适配上，尚有路要走。

我受用终身的第二句话，是已故时事评论家阮次山先生说的："**世**

界上貌似不关联的东西都是关联的，关键是你有没有能力发现其内在的相关性，并且打通它。"

战略是一门复合性、交叉性、边缘性的学科，其本质是思维的科学。它的精妙之处在于不同思维方式的运用。它是将单线思维转变成复合思维，将封闭性思维转变成发散思维，将孤立的、静止的思维转变为辩证的、动态的思维，将传统的量入为出的思维转变为量出为入的思维。形而上的思考容易，形而下的打通很难，一个好的战略需要能上接天，下接地，中间市场能通气。整合天下资源，为我所用，使之产生新内容、新火花。

今年是智纲智库成立的第 27 个年头，这 27 年来，我们可以说是在善意的不解、恶意的攻击甚至残酷的排斥当中一路走过来的。其中一个突出的具有代表性的说法就是"智纲智库是一支不怎么专业的队伍"。

但是，就在漫骂、不解、污蔑当中，这支不怎么专业的队伍却越走越远，越做越大，越来越有旺盛的生命力，加入这支队伍的人也越来越多。而许多自称专业的队伍，要么中途夭折，要么日渐式微，要么彷徨歧路，真是造化弄人，让人一言难尽。

那么是不是说，不专业的能够生存，专业的反而生存不了呢？显然不是这样的，要回答这个天问，首先必须解答，什么叫"专业"？专业有狭义的专业和广义的专业之分，有小专业和大专业之分。智库的专业跟常规理解的不同，常规理解的专业，比如学校里按照数、理、化、文、史、哲分科，细分还有医、农、生物、制药、计算机、建筑、规划、经济、管理等，不一而足，每一大类当中还有若干小类。再比如产业部门中根据产品生产的不同过程而分成的各业务部分都属于常规专业化的范畴，这些专业化一般而言都是纵向的，它们是商品生产与市场经济产生的先决条件。

智纲智库当然是专业的，但我们不是纵向专业化，而是横向专业化，我们的专业就是战略。以城市运营为例，有的专攻城市规划，有的致力于城市竞争力研究，有的醉心于城市形象设计和推广，有的倾力于挖掘城市的内涵、城市的文化及城市的差异性，这些都是专业公司，它们好比是城市运营这张桌子的一条条腿，属于纵向专业，而我们是提供操作平台。如果只有一条条桌腿矗立在那里，而没有桌面，那么根本没办法使用。正是从这一点来讲，市场呼唤和催生出了智纲智库这样特殊的机构，貌似不怎么专业，其实我们在战略层面非常专业。

在今天的社会，分工表现得越来越精细，同时分工必然要求合作与协作。各个行业之间，有上游、中游、下游的关系，有战略、策略、战术的关系，更有广泛的合作者之间的关系。在这个过程中，就需要变压器，把这些不同电压的电流整合成相同电压的电流去推动工作。

很多事情之所以不能成，是因为做事的人之间不能认同，他们对事物的认识有分歧，就不能齐心协力，当你能把这些人没看到的东西关联起来，把认知的障碍打通，让政府和企业之间、投资者和消费者之间、这个复杂博弈游戏的各方之间能够相互理解，问题就迎刃而解了。

第三句话是我自己总结的：**"世界不是非黑即白、非此即彼的，在两极之间有着广阔的灰度地带。要学会一分为三地看问题。"**

这个理论并非我独创，华为创始人任正非把它叫作灰度理论，他曾说："我们将保持灰度和妥协，有灰度、不执着，才能开阔视野，看清未来的方向。灰度和妥协不是软弱，恰恰是更大的坚定。战略要用10年甚至更长的时间和眼光去规划，不可能是黑白分明的、完全清晰的，过程中间难免有许多变化，甚至推倒重来。大的方向不能错，大框架要更宏观一些，甚至更虚一些、灰色一些。"

哲学上还有一种类似的理论叫作"模糊哲学"，它建立在模糊数学的基础上，用来描述和把握混沌态，我管这套理论叫作"一分为三"，大致意思都是一样的。

越是在不确定性的时代，战略就越要有弹性。就像盖房子，战略就是搭个大框架，不能细到精装修。有了大框架，之后的很多东西是在动态过程中逐步呈现出来的。在对与错、是与非、白与黑之间，有着99%的混沌地带，在两极之间寻找最大公约数是一门大学问。非黑即白的事情在现实世界少之又少，而且根本没有决策的必要。领导者真正需要决策的问题，往往都在黑与白之间的灰色地带。没有妥协就没有灰度。

凡是从人性丛林里冲杀出来的成功者，都是妥协的高手，懂得在恰当时机接受别人的妥协，或向别人妥协。在整个人类的发展史上，妥协是常态，甚至可以说，斗争本身也是妥协的特殊形态。要摒弃非黑即白、爱憎分明、一分为二的认知方式与思维模式。未来到底怎么样谁也无法预测。方向是不可以妥协的，原则也是不可妥协的，但是，实现目标过程中的一切都可以妥协，只要它有利于目标的实现，就可以妥协。

在多数情况下，妥协是一门艺术，小范围的冲突是为了更大范围的妥协。当对峙双方存在根本矛盾时，妥协更是一门大学问。很多现实问题不是只有"是非"那么简单，很多人也不能单纯用"好坏"来评判，不是所有问题都值得拿来辩证和讨论的。实力不够的时候，一定要尽量避免决战，找到最大公约数，妥协再妥协，合作再合作。在动态、辩证、发散的模糊地带中，关键要看你的拿捏能力。

【我受用一生的三句箴言】

- 这个世界上不是缺少美,而是缺少发现。
- 世界上貌似不关联的东西都是关联的,关键是你有没有能力发现其内在的相关性,并且打通它。
- 世界不是非黑即白、非此即彼的,在两极之间有着广阔的灰度地带。要学会一分为三地看问题。

认识自己与认识世界

做战略咨询几十年来,我服务过成百上千个客户,有各级政府官员,有富豪,也有"引车卖浆者流",不得不说一个老生常谈的普遍存在的道理,那就是"知人者智,自知者明"。

"知人者智"是针对当领导的人来说的。任何能当领导的人就相当于一个木匠,他手下的人才就相当于木匠的工具箱。有人相当于斧头,他可以大刀阔斧地往前走,如果领导没把他当斧头,把他当锯子用,最后领导也亏了,他也毁了。有人相当于推刨,就要用在刨平的地方;有人相当于凿子,就要用在深凿的地方。所以知人善任是当领导的一个基本能力。

知人很难,知己更不容易。人才分两种,一种叫自用之才,一种叫被用之才。一个人最重要的就是认清自己是哪一种人才。良禽都会择木而栖,而只有等待被"伯乐"相中的"被用之才",才会有所谓的"怀才不遇"之感。自用之才是具有独立人格的、寻求自我实现的人才,他们小则敝帚自珍,扬长避短,任何诱惑和忽悠都不能打动他,他认定了自己是某一方面的天才,就不会被外面的东西所吸引和限制;大则会为身边优秀的人创造一个世界级的舞台，集众人之长开辟一片新天地。

我在生活当中遇到很多"被用之才"，他们把自己当成"自用之才"，弄错了定位。本来是唱戏的人，非要自己去搭台子。虽然很聪明，很努力，最后一辈子一地鸡毛，说到底就是弄错了。只有弄清楚自己是"自用之才"，还是"被用之才"，才能客观地定位，实现最适合自己的发展。

认识自己的另一个层面，是要保持空杯心态。最容易说服自己的那个人一定是自己。诚实地面对自己的优点与缺点，在鲜花和掌声的包围中保持清醒，在充满未知的迷雾前保持初心，是通往战略的第一步。

而且越是成功人士，越容易认不清自己。中国历史上往往有这样的有趣现象。汉高祖刘邦在危机之时可以当机立断地筑坛祭祀，拜流浪汉韩信为大将，甚至可以在战火正酣之时封之为齐王——生怕韩大将军临阵罢工。需要时，西楚霸王、后主刘禅可以分别封他们的军师为亚父。为了笼络人心，稳定脆弱的皇权，光武帝刘秀甚至可以让当时著名的隐士严光与之同榻而眠，睡梦中张狂的严隐士把脚放在皇帝的肚皮上，刘秀只是一笑了之。就连窃国大盗袁世凯见辛亥领袖、民国元老、大学问家章太炎赤脚在新华门叫骂而手下人欲杀之时，也只是笑笑说："章疯子，随他去。"

这些时代枭雄，在尚未取得大一统的辉煌时，几乎没有一个人愿意与穷酸文人计较，相反，还会表现出超常的气度、超常的仁慈乃至种种超常的美德。

但是夺位之后，几乎所有的开国皇帝都会磨刀霍霍、大开杀戒。如果哪个大将、谋士还自以为劳苦功高、沾沾自喜，那他就离死不远了。"飞鸟尽，良弓藏；狡兔死，走狗烹"，这是千年不变的真理。

老板也是这样，尤其是在中国这块土地上出产的老板更是如此。当他身处生死存亡的紧急关头时，他眼中、心中、脑中盘旋着的只是生存。名誉、鲜花、掌声这些虚无缥缈的"劳什子"对他而言，一钱不值，甚至是累赘，此时的老板是最虚怀大度的。

当企业走上坦途之后，在左右抬轿子、吹喇叭、擦鞋子的"忽悠"之下，他们几乎都自认为是禀赋卓异、天命所归，成功是必然的。此时的他，要名利兼收：我的是我的，你的也是我的。若有不识相者还想去分光环，大多没有好下场。

我有一个老板朋友，做事实在，在政商两界的口碑也不错，行动力极强。当年我与他合作取得了巨大的商业成功，他也一举成为行业知名人物。拜访的、请教的、寻求合作的、慕名来访的，从早到晚，络绎不绝，银行大佬与之促膝倾谈，商界中人与之拱手作揖，各种机构也纷纷请他出任要职，可谓胜友如云、高朋满座，他也在各种阿谀奉承中头大了起来，我在为他担心的同时，更想起了一句伟大的俗谚："世界上只有一种屁不臭，那就是马屁。"

多年合作下来，我深知他的优点和缺点，他是一个非常优秀的鲍鱼师傅，善做精品，一旦看准了方向，执行力极强，而且能做到极致，但他最大的缺点就在于大方向的把握。在当初的合作中，我始终扮演着预警飞机的角色，帮助他把握战略方向。但他在鲜花和掌声中沉醉太久，开始认为自己高瞻远瞩、无所不能，把当初的成功案例拿来全国复制，在喜欢吃牛羊肉的地方坚持做鲍鱼，结果因水土不服而折戟草原，我当初的担心全部化为了现实。我们后来再见面的时候也聊起过这件事，我问他："对于区域价值的判断是智库的强项，你为什么不找我们呢？"他苦笑不答，其实答案尽在不言中。

光认识自己不够，还要认识世界。 一个人的战略观的形成，和他对世界的认识有着直接关系。有些人把所处的世界当成一片简单、稳定且有着严谨规则的市场，有些人视其为一片适者生存的黑暗丛林，有着无穷无尽的竞争和无法预料的不确定性，还有些人将其视为政治、经济和社会相互交织的复杂综合体。你如何理解你所处的世界，将深刻地影响你的战略观，同时影响你对世界的判断。**每个人都是时代的产物，每个人所看到的世界都是他内心的投射，每个人所依仗的思维体系和决策方式背后都有着时代的深刻烙印。**

想要准确地认识你所处的世界，就离不开宏大的格局和世界观。我们所立足的视角和思考的高度，决定了我们的认识。只有超越现实世界的蝇营狗苟，在更大的时空尺度上，看待项目所扮演的角色和所拥有的机遇，在这个大坐标、大背景之下，再来分析整个中国的产业演变、区域竞争及特定市场与行业的微妙变化，最后认真思考：市场需要什么？那么我们最适合做什么？什么才是我们的核心竞争力？经过这一系列的思考，才能做到对国情、地情、政情乃至人情更深刻的把握。

毛泽东有一首《贺新郎·读史》，我印象非常深刻。这首词神驰八极，思接千载，扬东海之波以注其杯，将时空高度浓缩，充满了强大的思想张力。

> 人猿相揖别。只几个石头磨过，小儿时节。铜铁炉中翻火焰，为问何时猜得？不过几千寒热。人世难逢开口笑，上疆场彼此弯弓月。流遍了，郊原血。

全词最精彩部分，就是第一句，像闪电划过夜空。人猿一揖过后，从此分道扬镳。短短五个字的背后，是人类祖先惊心动魄的刀耕火种的历史。毛泽东的这首词和他的战略观看似并不相关，但这种宏观的格局和视野是战略家必备的基本素养，而单纯就事论事不可能做好战略。

《劝学》中说："登高而招，臂非加长也，而见者远。"越是大的战略咨询项目，越依赖于对项目之外的宏观环境、经济走势、地域文化乃至风土人情的全方位把握，这也是智纲智库一再强调的所谓"功夫在诗外"。

小道理服从大道理

认识论最核心的原则是小道理服从大道理。

天下的事情再大都不怕，最怕的是平均用力——"眉毛胡子一把抓"，甚至颠倒轻重主次。无论是个人、企业还是国家，一个好的领导人一定是牵一发而动全身。毛泽东引用过一句至理名言，叫"纲举目张"，即做什么事情首先把最根本的问题抓住了，其他的问题先别急，最后庖丁解牛，游刃有余，层层推进，何愁解决不了问题？

很多事情看起来复杂，就是因为利益相关方太多，每一个人从自己的利益角度和专业知识出发，各吹各的号，各唱各的调，劲不往一处使，思路不往一处想，形成不了一致的纲领。大家各有各的道理，无所谓好或坏，但在众多道理中，一定有一个牛鼻子，是各个"小道理"必须服从的"大道理"，一旦抓住了它，方向就正确了。

什么是大道理？其实就是主要矛盾。马克思主义唯物辩证法强调，事物的性质是由事物的主要矛盾的主要方面决定的。在复杂事物自身包含的多种矛盾中，每种矛盾所处的地位、对事物发展所起的作用是不同的，总有主次、重要非重要之分，其中必有一种矛盾与其他诸种矛盾相比较而言，处于支配地位，对事物发展起决定作用，这种矛盾就叫作主要矛盾。只有抓住并解决主要矛盾，战略内在的复杂联系才能被揭示出来，才能带动次要矛盾的有效解决，进而推动战略的整体实施。

18世纪的一位法国战略学家曾说过，"真正的战略家必须有在一举之下将主要矛盾完全解决的本领"。这种"攻其一点不计其余"的方法看似剑走偏锋，但对战略而言，有时候面面俱到、平衡各方矛盾、包容各门各户的"道理"反而意味着平庸和失败。领导人太优柔寡断、耳根子软、拍不了板，自己又没有判断力，往往会请一批又一批的专家，从各种角度讨论来讨论去，把各种专家不同声音都囊括起来，让大家都满意。这个时候，看上去似乎很民主，集思广益，但其实极其平庸。

真正优秀的战略是面对总体目标和繁重任务的，要从整体出发，总览全局，综合考量各种因素或矛盾之间的相互制约关系，正确认识各部分的属性、特点及其对整体的价值和意义，进而在众多领域和环节中分清主次、把握重点，并找到能够快速产生市场效应的突破点和引爆点。最终让决策人和关键的核心层达成共识，然后着手实施。

即使是这样，也还是有一大部分群众持反对意见。真正做战略大决策必须是民主集中制，最后还是要有人拍板。不同时代有不同的大道理，在大道理面前，一切小道理都要让路。毛泽东时代的大道理，就是打倒帝国主义，结束分裂，让中国人民站起来；邓小平时代的大道理，就是"以经济建设为中心，坚持四项基本原则，坚持改革开放"。从毛泽东到邓小平，伟大的战略家都是抓大放小的高手。

另一个关于大道理和小道理的典型例子，就是台湾问题。

西方国家搞不懂为什么中国从上到下、从政府到人民，会在台湾问题上一直保持极其强硬、毫不妥协的态度，这对拥护"民主自由"的西方人来说是不可理解的。但这其实恰恰是小道理服从大道理的表现。对中国人民来说，台湾问题是民族伤疤，是近代以来民族屈辱血泪史的现实写照。因此台湾问题背后的大道理是民族情感、民族尊严、主权与领土完整，没有任何谈判余地。

在这样的大道理面前，所谓"小民尊严""民主自决"都是需要靠边站的小道理，不可能左右全局。

对美国来说，台湾问题是一张制衡和遏制中国的底牌，充其量是一个重要的战略筹码。但对中国来说，台湾不是一张牌，是务必要收回的领土，无论哪一代领导人都不可能在这个问题上退缩，否则就是千古罪人。小道理与大道理，孰轻孰重，一目了然。从这个角度说，台湾问题一定会解决，这是民族复兴路上的大势所趋，也是小道理服从大道理的体现。

很多人一辈子分不清楚小道理跟大道理，因此抓不到本质，找不到必然。成功时是风口上的猪，甚至不明白自己是怎么飞起来的。还以为自己本来就有翅膀，一旦风向转换，就立刻掉下来也是必然的，这样的人在生活里面占了八九成。我这些年走南闯北，为无数企业和地方政府做战略咨询，接触、见识过大大小小无数领导者。好的领导人都是善于抓主要矛盾的高手，并且勇于直面矛盾，解决问题，进而继续往前走。而失败的领导者往往遇到矛盾躲避推诿，分不清主次，在管理时事无巨细。其实，领导人的"大道理"和"主要矛盾"，无非就是十二个字：看方向、搭平台、选人才、做服务。除此之外，没有其他的要求。

东方战略思维的复兴

在我看来，所谓东西方战略的对比，其实有点像中医和西医的对比。人们谈到中西医之争，总的看来中医处在下风，吃了一些亏，受了一些窝囊气。在我看来，中西医最起码有以下几方面的区别：

第一，西医讲究科学和逻辑，以解剖学、生理学和病理学为基础，先对病症进行客观分析，然后再做针对性治疗，但难免存在"头痛医头，脚痛医脚"的倾向。中医把人当作一个整体，考虑其阴阳是否平衡、血脉经络是否通畅，因此，只要具有丰富的临床经验，然后望、闻、问、切，把握问题的根本所在，辨证施治，运用疏通经络、滋补调和等方式解除病情。

在中医看来，人体内外部环境的变化都会引起失衡，只要不是器质性的病变，都可以从调理阴阳、重建平衡来入手，所以中医擅长治"未病"和慢性病。但如果一旦发生了器质性病变，或者严重的急性病变，需要立刻抢救，就还是乖乖找西医做手术。

这同样也是西方战略与东方战略的差异。西方咨询公司试图用一套工具和方法解决所有的问题。刚从大学校园走进咨询公司的年轻人，就可以用几个模型、几个数据给中国大企业做战略，指点中国企业几十年打下的血汗江山。他们往往发现了一个小问题，就以为找到了万能钥匙。尽管这套工具已经在不断迭代，但它对问题的深层次原因，特别是人的因素，始终关注得不够，而关注"人"恰恰是重要的中国特色。

西方战略更多的是"立即变革""马上到位""一刀切"，因为西方人是为事做事，领导的调整在内部的震荡相对较小。而中国讲究"先做人，后做事"，更喜欢折中方案，喜欢春风化雨润物无声。任何破坏组织元气、损害组织精气的战略变革，在东方式战略中，都会被也应该被非常谨慎地考虑。

第二，经过系统培训、标准选拔的西医，但凡能拿起手术刀出现在手术台前的，水平总不会太差。而在中医群体里，庸医的比例远高于西医，但不排除有极少数药到病除的神医。

这种区别的背后，是人才评价体系的不同。中医靠的是临床经验，奥妙存乎一心，这也给了骗子可乘之机，他们学个一招半式，搞一套仙风道骨的门面，就可以行走江湖了，很多人还偏偏认这种"大师"。

而西医有着完备的培养体系，就像流水线一样批量生产人才，这些刚刚"出厂"的西医或许还很稚嫩，离不开仪器设备和检查化验单，但他们毕竟有标准化的流程、量化的数据和带可视功能的治疗设施作为辅助，治疗效果也相对稳定、可预期。

第三，中医讲辨证施治，望闻问切，看起来是一种感觉，但这种感觉第一离不开丰富的知识储备、大量的时间积累，第二离不开天分，第三离不开独特的预见能力，这种感觉不是科学能够解决的，不是教育能培养出来的，也不是三言两语就能讲清楚的，但它确确实实是存在的，并且能解决问题。

我曾经有一次去中医院看病，坐堂大夫是一位二十多岁的中医学博士，我吓得扭头就跑，心想，这种嘴上没毛的小伙子怎么会看病呢？经过我强烈要求，换成一位七八十岁、白发飘飘的老中医来诊断，我心中才踏实下来，可能这位老中医根本没有文凭，也可能学术水平还不如那个年轻小伙子，但在中医这个领域，相比文凭的力量，我还是更信任时间的力量。

而西医讲文凭，讲学历，讲医疗仪器设备和诊断报告，讲对症下药和参考病例。

西医擅长解决专业的问题，但不一定能治疗中国特殊环境中的疑难杂症；中医的方法虽然有效，但缺乏系统的数据和专业的理论支撑。我相信并非中医本身不科学，而是我们的认知还达不到那个层面，还没有深入去做系统的研究和提炼，是"行"走在了"知"之前。中医也好，东方式战略也罢，其真正的精髓是从量变到质变，是一项辨证施治的系统工程，是一个动态、辩证、发散的过程。这其中一定潜藏着巨大的能量等待着我们去挖掘。

穿越历史的长河，纵观全球的发展，我们可以看到，科技迅猛进步带来史无前例的全球化进程，不同种族、不同社会、不同阶层、不同职业的融合也将继续深入到众人难以想象的地步，但你会发现无论世界呈现出多少张面孔，国家的起伏兴衰有多么波澜壮阔，当前整个世界的主流仍然是东方和西方的博弈，不仅仅是经济、政治和军事的博弈，还有最根本的文化之间的博弈。

有人说，读懂希腊，参透中国，就能了解人类和历史的本源，纷繁复杂的表象之下是两种文化的本质区别。这种区别带来了东西方哲学体系、生死观念、伦理道德、政治认知、社会运转逻辑、科学态度的巨大分野，在发展的不同阶段，各自都有绽放光芒的高光时刻。

黑格尔在《历史哲学》中说过，希腊世界从阿喀琉斯开始，由亚历山大完成。西方文化的源头以哲人和史诗开启，在漫长的古代文明史上，西方文明古希腊的哲学大家与中国先秦时期的诸子百家可以说是并驾齐驱，在中世纪结束之前，都是西方长期落后于中国。然而，文艺复兴、科学革命，特别是资产阶级革命和工业革命，使得西方在科学、技术、经济、文化等方面全面领先，尤其20世纪美国崛起之后，西方文明更具压倒性优势。

然而，思维方式上的差异并不代表思维层级上的高下，只要能更好发挥各自的优势，开创适合自己的战略理论指导自己的战略实践，都是成功的。这不是东风压倒西风的问题,而是东西方思维互补、并存、共生的问题。只是区别在于,自鸦片战争以来,我们一直是谦卑好学的好学生,孜孜以求,日夜精进,而西方世界却昂着高贵的头颅,对其他文明不屑一顾。低头才是上坡人,一俯一仰间,隐藏着中国加速前进的密码。

美国政治学者、著名汉学家白鲁恂曾说:"中国其实不是一个国家,而是一种伪装成国家的文明。"回顾中国的历史,我脑海中时常会浮现出这样一幅图景——在四千多年前的渭河平原上,有两个"面朝黄土,背朝天"的酋长,一个叫炎,一个叫黄,各自带着几百户父老乡亲,长年累月地交战、议和、会盟、通婚,慢慢走向融合。从炎黄到尧舜,最终以周克商为标志,这个融合过程终于彻底完成了。中国不再是若干个部族竞争的战场,而是形成了统一的文化核心。

从此,这个核心像滚雪球一样,顺着黄河流域一路往下,从秦晋、郑卫、燕赵到齐鲁,滚遍了整个黄河流域,形成了华夏文明的雏形。在这个过程中,向心和离心同时发生,有的地方被吸纳进来,有的地方被甩了出去。《史记》里面说舜"迁三苗于三危"就是这个过程的真实写照:所谓的百夷、百苗、百越,都是当初被华夏核心圈甩到外围的部分。随着雪球越滚越大,从黄河流域滚到泛长江流域,它们又都被一一吸纳了进来。

历史上无数次政权兴替、强敌入侵,中华民族不仅没有面临亡国亡族的灭顶之灾,反而凭借强大的内生力将各民族融合同化,不断海纳百川,大浪淘沙。近代以来,伴随西方列强从海上入侵,中华文明停滞已久的雪球又开始重新翻滚,经历百年天地翻覆之变,终于滚成了今天的偌大中国。

如今伴随着中国的崛起,世界都在探讨一个问题。四大文明古国中的另外三个都已经消失。今天行走在金字塔下的埃及人已经不是法老的后代。两河流域打得天昏地暗，那些辉煌的历史同空中花园一样早已不复存在。印度更是一个多灾多难的文明，在长达三千年的历史中，印度曾多次遭受外族入侵。雅利安、伊斯兰文明先后入主南亚，波斯人、希腊人、突厥人、蒙古人在这块土地上来了又去，留下诸多蹂躏的痕迹。漫长的历史中，印度这块土地上绝大多数时间都分布着众多蕞尔小国，它们相互杀伐攻战，将不同种文明建立勃兴，尔后又撕破揉碎。仅有的几个相对统一的王朝，也都仅仅持续了两三百年就分崩离析。那为什么唯独中国生生不息，一脉相传，不曾断绝，而且时至今日，我们的孩子们依旧读着两千多年前的《论语》和《诗经》？

关于这个问题的解释有很多，从地缘政治学角度来看，我国西部的山脉和荒漠屏障，东南部隔绝于世的大洋，成就了中国疆域的相对封闭性，但这不能作为我们文明延续的唯一解释，更有说服力的理由，是我们文明内在的生命力。

今天的中国有14亿人口，比美国、日本、韩国再加上欧洲的人口总和还要多。人口变化的历程也是文明演进、生成和沉淀的过程。数千年文脉绵延不绝，千古文明一脉相承，这种全世界绝无仅有的文化现象，其背后的强大向心力和内生力可以总结为四个词语——周礼、秦制、汉习、唐风。

此处所说的"周礼"不仅仅指《周礼》这本书，而是指周朝对中国人的民族认同、政治制度、文化理念乃至美学等方面一系列的重大影响。

夏、商两代是中华民族的幼年时期，直到周我们才真正长大成人。到了周代，历史上才开始真正有了"中国"的概念。周克商之后，天下一家的文化观的确立，使"中国"这一概念终于正式形成，黄河流域不再是若干个部族竞争的战场，而形成了存续的文化核心。周通过《周礼》把饮食、起居、祭祀、丧葬等方方面面都纳入了礼的范畴，严格地控制着各级诸侯。与黄土地上的农业生产活动相关的祭祀仪式，是周礼诞生的基础；分封、世袭、井田、等级观念等，都是周礼的延伸与拓展。

被称为"圣人"的孔子，不同于其他诸子百家。他一辈子没有著书立说，只是一再说"吾从周""述而不作，信而好古"。孔子生于鲁，鲁是周公的封地。孔子一生都在做梦，梦想恢复西周大一统，这个梦叫周公之梦。周公之梦也是中国的第一个梦，以至于日后各种解梦书都打着周公的旗号。在孔子眼中，他自己不是一个开创者，而只是一个践行者，把周公的道理讲好、做好就够了。到最后，孔子也成了他一直加持的那个"周公"。周礼流传下来的礼教、礼仪、典范，成了所有中国人的文化基因。

以前我们总是批判"克己复礼"，如今我越来越能感受到"礼"的强大。悠悠万事，唯此为大。周礼背后的规矩、纽带和社会自治传统，不仅奠定了中国人几千年的基本道德规范，对当今的社会治理来说，也有很强的借鉴价值。

继周礼之后，中国文化的另一场重要变革就是秦制。秦制繁杂，其中最重要的有两条，一是改分封世袭为以战功授爵，打破贵族阶级对权力的垄断，二是商鞅实行的田制改革——废井田，开阡陌，大幅促进农业经济的发展。从封建分封制到大一统郡县制，这可能是中国历史上最深刻的一场变革。如果说从商到周，中华民族褪去了青涩，那么从周到秦的这场"周秦之变"，则彻底让中华民族走入成熟，在接下来近两千年内占据世界文化高峰。

尽管秦仅经历了二世就亡了，但书同文、车同轨、度量衡统一、郡县制以及中央集权这些秦制，影响了后世几千年。尔后数千年的中华文明版图，或开或合，或统或分，都离不开秦朝建立的大一统框架。

史学界常有"汉承秦制"的说法，秦、汉常统称为中国历史上的第一帝国，和欧亚内地另一端的罗马帝国相提并论。秦制伟大则伟大矣，但毕竟是"草创者"，汉朝实际上成了秦制的"补锅匠"，最终把制度改革从尝试正式确立为惯例，并绵延两千多年。

汉初制度承袭秦法，后学黄老，出现了所谓的"文景之治"。汉武帝这个少年天子登基之后，又放弃了所谓的黄老之道，他内树权威，强化中央集权，外治边患，退匈奴于千里之外，保证了边境的安全，威加海内，令天下始知有汉，中华民族的基本版图得以确立。

提到汉朝的制度改良，离不开"罢黜百家，独尊儒术"。所谓"罢黜百家"所独尊的"儒术"，其实是披着儒家表皮的法家，汉武帝通过董仲舒的手，把孔孟和韩非嫁接在了一起。

汉武帝之后的汉朝，兼用霸、王之道，以温情脉脉的儒家为表，以法家的君王术为里，让原本冷峻的大一统制度变得刚柔相济。这种治国之道，不仅行于汉王朝，也成为后世历代王朝的指导思想。所谓"半部《论语》治天下"，其要义并不是说《论语》读一半，而是说用一半，半儒半法治天下。

历经四百多年的汉朝，不仅在政治制度上走向成熟，还形成了汉民族基本的生活方式和文化特征。文化、饮食、服装、建筑、音乐等在兼容并蓄中逐步定型，产生了强大的民族凝聚力。如今汉朝虽已远去，但"汉"作为一个民族、一种文字、一种文明的标志性符号，在世界依旧名声响亮。

中国文化的另一场重大转折，就是在唐朝时期。唐朝的夜市、诗歌、音乐、歌舞、绘画等至今还在世界上传颂。盛唐，是中国人对大国辉煌最生动的想象。

唐风究竟是什么？是"自古皆贵中华，贱夷狄，朕独爱之如一"的胸怀，"九天阊阖开宫殿，万国衣冠拜冕旒"的格局，以及"五花马，千金裘，呼儿将出换美酒，与尔同销万古愁"的风流。

在唐朝这个舞台上，一茬一茬的文人墨客陆续登场：骆宾王在《帝京篇》中写道"山河千里国，城阙九重门"；十六岁的王勃写下"海内存知己，天涯若比邻"；落魄的贾岛写下"秋风生渭水，落叶满长安"；赶考士子崔护失落地写下"人面不知何处去，桃花依旧笑春风"；进士及第的孟郊则兴奋地写下"春风得意马蹄疾，一日看尽长安花"；王翰边塞思乡，写下"夜听胡笳折杨柳，教人意气忆长安"……

天才的诗人，寥寥几笔就给了盛唐气象一张张定格。单从某一首诗来看，它可能只反映了某一处风光，但它们汇集在一起，就为我们展开了一幅完整的盛唐画卷。这种气象在中国历史上再没出现过，不仅是我，许多稍有文化的中国人，内心都有一种情愫，那就是"梦回大唐"。盛唐给我们留下来的遗产，不只是政治制度、生活习俗、文艺作品，更是一种融化在血液里的气质。当我行走于全世界，每每抚今追昔，触景生情，这种感受和精神的愉悦是外国人很难想象的。这是中国人最宝贵的精神财富。

现代文明日新月异，飞速发展，传统文化仿佛已经褪色为遥远的剪影，但实则已经深入每一个中国人的骨髓，潜移默化地影响着我们。

举一个简单的例子。这些年我走过很多省市地区，有迈入发达地区行列的东南沿海，也有经济相对落后的中西部地区。我每到一个地方，与当地的官员交谈，都会发现一个很有意思的现象：在中央财政政策的引导下，东部省份每年有成百上千亿的财政税收转移支付给中西部省份，但它们对此却毫无怨言。在它们看来，这是天经地义的事，就像兄长帮扶弟弟一样自然。

近几年，全国上下扶贫工作如火如荼，脱贫原本是中国人的千年夙愿，历朝历代的明君都以消除贫困作为国富民强的千秋功业。而且本届政府近年来的脱贫攻坚，堪称前无古人，后无来者。

作为社会观察者，二十多年来我行走中国，也见到了政府消除贫困的强烈意志。许多东部省份对口支援西部时出钱、出力、又出人，这在西方是根本无法想象的，也是西方人所根本无法理解的。

这种大规模的转移支付，可以从中华文明的传统中找到线索。乡土中国里豪绅大户的乐善好施，儒家礼制里的"老吾老以及人之老，幼吾幼以及人之幼"的愿景、"一方有难，八方支援"的传统，这些都是传统社会所极力倡导的准则，是长期大一统和中央集权下产生的集体主义，是来自漫长历史积淀下的文明。

文明的力量，在疫情时期也生动地体现了出来。疫情以来，我观察到一个十分有趣的现象。凡是东亚国家，疫情控制得都相对较好，对社会经济的影响程度也较轻。凡是典型的西方国家，比如美国、英国，在这次疫情中表现都不尽如人意。究其原因，我想这在于东西方文明的差异。

这次抗疫表现较好的中、日、韩，本质上都属于儒家文化圈。

儒家文化讲究"克己复礼"，强调集体主义而非个人主义，追求秩序与和谐。在危急存亡之秋，个人让渡一部分权力给集体，这在中华文明史当中是屡见不鲜、天经地义的事。而大一统与中央集权作为中华文明的一体两面,是相辅相成的两部分。在漫长的历史进程中,二者占据了中国历史的大多数时间,进而强化了这种集体主义意识。

集体主义的另一个侧面则是凝聚力与认同感。当国家、民族整体遭受灾难时,这种凝聚力和认同感就会爆发出奇伟磅礴的能量。于是,一方有难,八方支援,中国人万众一心,众志成城,没有无法攻克的磨难。

西方则恰恰相反。启蒙运动以来的西方文明,建立在对个体自由的解放之上,强调个人主义、人本主义。

个人自由凌驾于集体利益之上,甚至于政府都无权干涉。我们看到美国、英国在面对疫情时手足失措,民众拒绝戴口罩,理由是其侵犯个人自由;政府表面上宣传的"群体免疫",骨子里却是极其残酷的"社会达尔文主义",病逝者大多是老弱病残和社会底层的人。

这场疫情的泛滥,正是个人主义走向极端的恶果。而集体主义的匮乏,直接导致了国家和民族意识的淡漠,进而带来了认同感的缺失。他们宁愿信奉物竞天择,也不愿牺牲个人利益施手相救。从这个角度来看,政府防控不力、族群矛盾凸显的美国,本质上在文明深处有这样的弊病。

文明的本质差异,客观上加剧了中美之间的冲突。特朗普对中国疫情防控的成功,百思不得其解,因为这根本不符合西方人的认知。思来想去,认为中国必然是撒了谎。于是意识形态成了其攻击中国的合理工具,在舆论场中将中国无限妖魔化成了西方政客推卸责任、转移内部矛盾的最佳突破口。

但并非所有的西方精英都像某些政客一般短视。在 20 世纪 80 年代初,我看了一本书,叫《展望 21 世纪:汤因比与池田大作对话录》,英国学者汤因比被誉为"近世以来最伟大的历史学家",书中就对中国的未来作出预言。这本书写成于"文化大革命"后期，在汤因比看来，过去五百年，在西方的推动下，全世界已经在除政治以外的各个领域（经济、技术等）实现了统一，但他也认为，西方将难以完成全世界的政治统一，"将来统一世界的大概不是西欧国家，也不是西欧化的国家，而是中国"。

按照汤因比的设想，未来世界的统一不是靠武力征服，而是和平统一，"一定是以地理和文化主轴为中心，不断结晶扩大起来的"。而这个主轴，汤因比认为不在美国、欧洲和苏联，而是在以中国为领导的东亚。而那时的中国，尚深陷"文化大革命"的泥潭，国力与现在完全不能比，汤因比却能在那个时期就提出这样的论断。我看到这本书时，作为一个30岁不到的年轻人，真是感到非常震撼。今天回头来看，越发感慨汤因比不愧为大师，他坚定地看好中国的未来，这一远见着实惊人。

在当今黑天鹅频出的时代背景下，西方的线性思维受到局限，更加多元、包容、均衡的东方战略思维将有望展现出新的魅力。随着中国在全球影响力的不断提升，现在整个亚太地区，围绕中国，成了全球关注的热点。不管世界愿不愿意，在未来相当长的一个时期里，中国都将成为整个世界经济发展中非常重要的一分子，中国文化、中国历史、中华文明将是全球哲学家、政治家们争论不休、乐此不疲的话题，东方战略思维也将越来越被重视。在大国复兴、走向全球化之际，五千年文明古国的文化自信将得到极大地彰显，根植于中国传统文化、悠久历史和独特哲学的东方式战略，也必将大放异彩。

CHAPTER 6　　　　　　第 6 章

如何进行战略分析

在我看来，所有的战略都是靠一套科学的方法论和思维方式来支撑的，而方法论的探索和实践是最艰难的，也是最令人着迷的。从事策划咨询工作二十多年来，通过在实战中不断摸索，我提炼出了这套战略方法论。这是我一直以来能在江湖中与各大老板斡旋而始终斗志昂扬的独门秘籍，也是我创办智纲智库二十多年来安身立命的唯一法宝。

中国有句古话："工欲善其事，必先利其器。"光靠砖头瓦块等建筑材料盖不成高楼大厦，想要立起四梁八柱，就离不开方法论这个工具箱。

方法论当然并非某个人专属，谁都有自己的"工具箱"。随着技术的进步和新型商业模式的不断拓展，西方许多战略咨询公司和咨询顾问也在不停地修订自己的工具，但那些分析工具始终没有抛离工业时代的核心特征：线性、计划、以规模经济为基础，旨在控制投入，追求效率最大化。

在我看来，西方咨询公司这一系列的理论模型和分析工具，只有在一个成熟的社会环境中才有用武之地，在中国这样一个快速迭代的大环境中，一旦拘泥于某项分析工具，必然会犯刻舟求剑、盲人摸象的错误，甚至还会南辕北辙。

不管是波特钻石模型理论，还是麦肯锡 7S 模型、波士顿矩阵，还是特劳特的定位理论，越是被追捧，就越有可能演化为僵化的套路和模板，沦为批量生产的流水线作业。反复套用高大上的套路和模板，再加上常规的数据收集和分析，一份咨询报告就这样生成了，这实质是一种偷懒行为，如果客户采用，对客户来说，甚至是慢性自杀。

因此，掌握一套方法论远比掌握公式和模型重要得多，而方法论的最高境界是哲学，说到底就是一种动态的、复合的、辩证的思维方式，是从实践到理论再到实践的循环，是对事物本质和变化规律的洞烛探幽。

要想真正掌握这种思维方式并做到运用自如，在任何书本中都找不到答案，也非一朝一夕之功，需要读万卷书、行万里路、历万端事、识万般人，只有在经历和掌握大量实践的经验教训之后，才能总结出理论性与实用性兼容、框架性与灵活性兼具的方法论。在方法论的指引下，即使是做同一件事，针对不同的角度、不同的操盘者和不同的利益诉求，所制定的战略可能也会完全不同。

说到这里，你可能会越来越困惑：战略一路变化万千，到底有没有一些基本的法则，如同物理学中的基本原理一样，能够指导我们进行战略思考和战略决策呢？当然有，那就是本章中所讲的战略分析法则。

经过多年的战略咨询实践，我将战略分析总结为三大法则："三因"法则、"阶段论"法则、"哑铃"法则。这三大法则是方法论的底层操系统，它根源于对世界的认识，是战略体系中相对固定的思考原则与框架，也是战略制定和实施的前提。

"三因"法则指凡事都需因时、因地、因人制宜。"阶段论"法则需要我们站在大历史观和发展的视角，找到事物发展的规律与所处的阶段，以便抓住每阶段的发展方向、特点和驱动力来源。而"哑铃"法则指我们需要权衡全局与局部、整体与部分、中长期和短期，以便于进行战略与战术的全面统筹。

本章中阐述的"战略分析三大法则"，是洞察本质、思考战略的基本框架，是驱动战略方法论产生的逻辑原点与框架。在动态多变的世界里，因时、因地、因人看待和思考事物是面对所有战略问题都必须遵守的思维原则；在循环发展的世界中，遵守世间万物的生命周期与规律，尊重"阶段论"法则，才能在因时、因地、因人的基础上准确地发现事物的现象与本质；而在复合混沌的世界，运用"哑铃"法则，可以用辩证统一的思维看待战略、制定战略。

在运用"三大法则"的过程中，要讲求历史性、宏观性和整体性的全面关照。它们是环环相扣的，也是相互映照的，面对纷繁复杂的世事时情时，要从战略分析三大法则的整体入手，进行深度思考和有机分析，切忌刻舟求剑式地运用"三大法则"（见图6-1）。

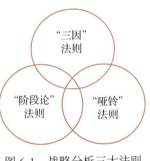

图 6-1 战略分析三大法则

"三因"法则

2000多年前，中国的先哲就讲过"上乘天时，下接地利，中应人和"的重要性。在智纲智库的战略分析方法论中，把这个法则总结为"三因"法则，即"因时制宜、因地制宜、因人制宜"。

需要特别指出的是，因时、因地、因人这三者的地位和重要性是不同的，以"因人"最为关键。因时、因地多为客观基础和条件约束，因人则是主观因素，人既是战略的统帅，也是战略实施的主体。每个对象都是不同的，根据独特的对象，制定出一个"此人"想做、可做、能最终做成的战略，才是战略最终能落地的关键所在。

如果说"天时、地利、人和"讲的是客观条件，那么一个"因"字，反映了强大的主观能动性，因时制宜才能"成势"，因地制宜才能"成事"，因人制宜才能"成功"。

因，始见于商代甲骨文，其古字形好似一个人躺在席子上，后引申为凭借、依靠。由凭借、依靠引申为沿袭、承接。由沿袭、承接引申为缘由、缘故。此处所采用的意思是"依靠、凭借"。即在进行战略分析之前，要先对"天时、地利、人和"等外部资源做出准确的分析和判断。

在传统的中医理论里，也非常强调因时、因地、因人制宜的治疗方式。所谓因时制宜，是指不同季节的治疗、用药要有所不同，比如夏暑之季用药应避免过于温热，寒冬之时用药应避免过于寒凉；所谓因地制宜，是说要根据不同地区的地理环境来考虑不同的治疗用药，比如西北高寒地区，病多寒症，寒凉剂要慎用，东南地区天气炎热，雨湿绵绵，病多温热，故温热剂要慎用等；所谓因人制宜，是指治疗用药应根据病人的年龄、性别、体质和生活习惯等不同而不同，比如一般来说，成人药量宜大，儿童则宜小，形体魁梧者药量宜大，形体弱小者宜小。同样，智纲智库在做任何一个项目的时候，也十分注重因时、因地和因人的分析原则。

一个人不能两次踏进同一条河流，因此做任何项目的时候，一定要据天时、观地利、重人和，结合实际情况，活学活用，才能一举切中要害。

1. "三因"之一：因时制宜

"三因"的第一因，就是因时，即战略需要因时制宜。这个"时"指天时，包括全球局势、经济社会基础、科技变革趋势等宏观面的形势，也包括国家经济社会发展阶段、人口形势、宏观经济政策、行业政策以及行业发展阶段、行业竞争格局、市场消费变动趋势等。

这里说的因时，不是要学会"算命"，而是要学会审时度势。在目前的状态下，审视事物的前世今生、来龙去脉，找到时代的潮流乃至背后的趋势，甚至底层真正的驱动力量。只有做到因时，才能更好地掌握行业基本面，切中市场主航道，抓住当下面临的主要矛盾和主要矛盾的主要方面，进而更好地预设此阶段最适合的定位与方向，从宏观上把握趋势，找准战略。

因时的"时"往往与"势"有关，那么什么是"势"？孙子的解释很精彩。《孙子兵法·势篇》中这样说：

> 故善战者，求之于势，不责于人，故能择人而任势。任势者，其战人也，如转木石。木石之性，安则静，危则动，方则止，圆则行。故善战人之势，如转圆石于千仞之山者，势也。

小米的创始人雷军为这段话做了一个精彩的解释："一个人要做成

一件事，本质上不在于你多强，而是你要顺势而为，在千仞之山上推千钧之石。"

石头还是那个石头，你是拿着石头站在原地，还是像西西弗斯那样推石上山？抑或是像孙子那样，在千仞之山上推动了千钧之石？其中的区别就在于势不同。

战略要懂得造势、借势，面对时代的快速变革，一个企业能否持续发展、能否打造百年老店，不在于它一时的技术领先或市场占有率，关键在于它能否因时制宜、审时度势，在一个时代的转折点上及时调整企业的航向，让时代大势推动自己不断向前，真正做到"好风凭借力，送我上青云"。

一个典型的"因时制宜"案例，是 IT 界的启蒙期领跑者瀛海威，可能很多年轻人对这个名字并不熟悉，但对于 20 世纪 90 年代初刚刚接触互联网的中国来说，这是一个躲不开的名字。其在中关村南大街零公里处（即起点处）竖起的"中国人离信息高速公路有多远？向北 1500 米"广告牌，成为当年国内最受关注的商业事件之一，瀛海威虽抢到了互联网的头啖汤，与其他领域的众多领跑者一样，最后却淹没于看不清方向的大雾中。20 世纪 90 年代，瀛海威是国内第一个提出打造"百姓网"概念的公司，采用付费上网的模式来盈利，只要付费登录，就可以在这里读报纸、聊天、收发邮件，还可以玩论坛。在初期，公司高速发展并得到大笔的投资，但由于进入的时机太早，导致其每一步都是在探索。所以瀛海威虽然先发，但其没有任何优势，与一个伟大的时代擦肩而过。1997 年底，瀛海威更是遭遇了一记重拳，国家启动全国多媒体通信网，上网的途径开始多元化，上网价格也大幅下调，靠着会员费盈利的瀛海威业绩暴跌。随后不久，瀛海威便淡出了中国互联网行业，中国第一家互联网企业,也是第一家互联网巨头,就这样消失在滚滚的浪潮中,成为过去时。

抢跑成了先烈的瀛海威,经历了行业成熟过程中的所有阵痛,充当了"因时制宜"的反面教材。但同样我们要看到,瀛海威开启了一个时代,成了一个时代的筑路人,自它之后,无数想要改变世界的人,纷纷踏入了互联网这片战场,并最终把中国推上了信息时代的潮头,使中国和美国并立。如今,在人工智能和5G时代,一定还会有大批像瀛海威一样"出师未捷身先死"的企业,它们的累累白骨铺就了通往未来的阶梯,如何让自己免于被时代淘汰,就在于"因时制宜"。

2. "三因"之二:因地制宜

"因地"就是战略需要因地制宜。"橘生淮南则为橘,生于淮北则为枳",一方水土养一方人,不同的地域文化造就不同的地域性格,不同的地域性格决定着不同的思维方式、行为方式和生活方式。

百步之内必有芳草,任何地方都有自己的可取之处,一无所长的地方是不存在的。关键是你有没有一双发现美的眼睛,能否找到事物之间的普遍关联,能否成功建立起连接。

当然,"因地"的这个"地"并不仅仅是简单的地域空间概念,也不仅是市场领域的范畴。"地"可以是我们能够借势和利用的资源,包括自然地域资源、行业资源、产业链(集群)资源、企业生态圈资源等,也可以是资源关系网、行业价值链,还可以是经济与自然关系网中的职能角色等。

放眼中国乃至全世界,因地制宜的例子比比皆是。

以深圳为例。深圳是一座包容性极强的城市,整个广东都在岭南文化的浸染之下，而深圳则是一块"飞地"。深圳与广东有比较大的隔膜，却与整个内地有着千丝万缕的联系。以至于有这样一种现象，不管是来自北京、上海、陕西，还是贵州，人们到了深圳就像回到了自己的家一样，没有疏离感。而到了广东其他地方则感到处处不适应，语言上、生活习俗上都大不相同，甚至格格不入。这就出现了第二种现象：广东人把深圳当成了内地，而广东以外的国人却对深圳有很强的亲近感。这也给深圳带来了源源不断的人才。

从产业结构上来说，从20世纪80年代，是部委企业进驻、"三来一补"的贸易时代；到90年代，是民营企业开始起步，以华强北为代表，家电、消费电子的元器件需求引爆催生的电子时代；再到进入新千年后，中国"入世"，通信产业开始爆发，工厂经济向楼宇经济转型，山寨产业迎来巅峰，深圳经历一轮又一轮的产业升级，形成了全世界最完备的产业链，也直接催生了一大批世界级的公司，小小的一个粤海街道办，被美国倾全国之力打压，这种产业集群效应，是别的城市想学都学不来的。

同理，在浙江这个全球最大的小商品海洋、民营经济的大本营中，阿里巴巴的诞生是有其必然性的，随着互联网时代的到来，小商和电商天生就是同盟军。"一个战士不是战死疆场就是回到故乡"，创始人曾经在北京、上海都漂泊过，最后又回到了杭州西湖边疗伤，他终归离不开浙江，就像安泰俄斯离不开大地母亲的怀抱一样。

当时和阿里齐名的慧聪网销声匿迹，除了创始人郭凡聪的性格特点外，也和慧聪网继续坚守北京也不无关系，北京可以说天然不具备单独发展电商的基因，但当阿里想要拓展多元化业务的时候，就必须回归北京。毕竟北京才是中国当之无愧的政治、金融、文化中心，阿里巴巴于

2016年正式启动"杭州 + 北京"双中心、双总部战略。截至目前，其主要核心业务已全部在京落地，覆盖科技、金融、电商、文娱、健康、物流、新消费等领域。以大健康领域为例，全中国 60% 以上的健康资源集中于北京，所以阿里健康想要蜗居于杭州是不现实的，杭州的健康资源充其量只能服务浙江，只有北京的健康资源才能辐射全国。与此同时，很多媒体类的互联网公司也是在北京起家，北京在文化娱乐领域也处在全中国的核心地位。

中国另一座一线城市上海，最大的特点是什么呢？是高度的国际化和规范化，欧风美雨浸染上百年的上海滩，顺理成章地飘洒或渗透着无法遮掩的"剪不断，理还乱"的舶来的遥远却不可抗拒的西洋味。上海是中国最讲究规矩和契约精神的城市。这与它深受欧美法制文化的影响有关。这大概是长期以来和"洋人"打交道必须养成的和"国际惯例"接轨的习惯的结果吧。因此大型跨国公司想要登陆中国，第一站必然是上海。

不管是哪一个区域，要想迅速发展起来，说到底关键在于能否抓住区域的核心竞争力。对企业而言，因地制宜则是关乎"战略布局"的重大选择，不是每个产业在每座城市都能落地生根的，全国一盘棋、"一刀切"则更不可取。只有根据当下当地的形势、格局和地位，利用各种资源要素，搭建起上下通气、左右照顾、前后呼应的互动关系，找到资源关系、产业连接、经济联系和生态网络之间的内在规律，这样才能独占鳌头，聚人气、地气、财气，推进战略的落地实施。

3."三因"之三：因人制宜

"三因"之中，最重要的就是因人制宜。"人"是制定和实践战略的主体，三因之中，因人是核心，是起点，也是宗旨和依归。

一个人的性格决定他会如何去面对社会，如何去整合资源。没有对任何人都适用的战略，只有最适合你的道理。很多人的成功看似是水到渠成，因缘巧合，其实背后起到决定性的作用是他的性格。

"人"除了指个人的个性、习惯、行为特点之外，也包括自身的资源、能力、组织文化、团队特点，还包括资金实力、技术水平、品牌商誉、市场渠道、社会关系等。除了战略主体之外，也可以是战略实施过程中的利益相关者，如领导者、执行者、互补者、竞争者、颠覆者、促进者、搭车者等。

在当今社会，"人的本质是一切社会关系的总和"这一马克思主义的著名命题体现得更加明显。知道什么样的人应该以什么样的方式去对待，知道如何选择人、培养人、使用人、激励人，这是人类永恒的话题，所以任何成功的战略，最后都要落脚到人的层面。以人的需求为依归，扬长避短，最大限度地调动出"人"的超级能量来实现战略的实施。

因人是战略最核心、最个性、最具变化性的模块，是认知和行动的统一，是战略思维、竞争偏好、资源能力最集中的表现。正是有了因人，战略才得以千变万化，才能更好地反映出战略执行者的智慧，才能融合长期的经验积累与直觉天赋。相较于因人，因时、因地的维度就"简单"和"客观"得多了，尤其是在技术不断升级的时代背景下，对因时、因地的判断和选择我们可以大部分交给算法和人工智能来做，但因人这一维度，或许永远都找不到代理人。

最后，需要特别指出的是，"三因"法则是浑然一体的，切忌割裂应用，特别是不能忽视因人。关于三因运用之妙，我有一个窍门，就是必须先因人，再因时因地，而非相反。先对"人"有透彻的把握，然后再有针对性地对"时"与"地"进行判断，这样才能切中关键，事半功倍。

制定战略，最怕陷入漫无目的的"因时因地"分析而忽视对人的把握，其恶果是：貌似运用了最先进的行业与市场数据库，运用了最先进的分析工具与模型，貌似把相关资源都挖地三尺调查得一清二楚，最后拿出的战略，本质上依然是经验主义或就事论事，如果没有做到因人制宜，无论什么战略最终都还是会水土不服的，也谈不上有什么精妙之处。

◎ 案例

"三因"法则：宋城黄巧灵、碧桂园杨国强和星河湾黄文仔

"三因"法则，说一千道一万，最关键的还是因人制宜，即因时、因地搞清楚以后，还得涉及对"人"的深刻把握。智纲智库打造的战略是非标产品，而不是简单的模式、框架等标准品。在特定的时间、空间、主客观条件下，作为"卫星定位系统的核心"，人的因素特别关键。

在这里，我们通过宋城黄巧灵、碧桂园杨国强和星河湾黄文仔这三个案例，解读智库是如何运用因人法则的。

这三家企业，在其发展的最关键时刻，智纲智库都扮演了重要的战略推手角色。

总结他们三位的经历来看，"因人"是至关重要的。每个成功的企业家，之所以能行走江湖多年而不倒，肯定有其过人的一面，他们的长板很长。为其做战略规划最为关键的就是读懂他们的长板，即找准其核

心竞争力，同时还要规避其短板，以市场整合的方式来进行补充，从而使其在某一历史的特定阶段里，能脱颖而出甚至横空出世。

比如宋城集团掌门人黄巧灵一开始做文旅的时候，其实是通过演出的这道配菜来拉动游客人入园参观，是典型的门票经济思路。但是在我和他策划合作的过程中，我就发现黄巧灵其人最大的能力和优势，不是简单地做个度假园区和旅游场景，而是做演艺这台戏。原来他早年在文化馆工作，一直有个导演梦，故而能不计成本、百折不挠地静下心来打造自己的这台戏。由此，我们因人制宜，强化了其长板，鼓励他接着去做自己感兴趣的事，去做自己有感觉的事，并且持之以恒地做下去。现在来看，黄巧灵十年、二十年地打磨这台戏。十年磨一戏地做下来，其拳头产品《千古情》与各地景区结合，顺利系列化地走遍了全国，企业也成了中国旅游演艺第一股。

第二个"因人"的例子就是碧桂园老板杨国强。在策划碧桂园的时候，经过系统的梳理，我们对整个碧桂园的整体战略思路已经清楚了，但还缺"临门一脚"。也就是说其战略方案要解决"我是谁，我从哪里来，我上哪里去"这一问题。马上要对市场讲碧桂园的诉求是什么，我和杨国强约定各自回家去想一句画龙点睛的话。当时他说："王老师你想好了你先别说，明天我也讲一个，我们一块儿来对。"

第二天，我让杨国强先说。他想了半天用顺德话说一句，翻译过来叫"平过自己起屋"，意思就是比你自己盖房子还便宜。杨国强的个性特点、企业特征和产品特性都通过这句话显现出来了。我听了后说："杨老板，真了不起！但这个不是广告词，是你的经营理念。你这个理念作为一种商业哲学、商业逻辑和商业核心竞争力绝对是成立的，我建造出一个既便宜又好，性价比最高的房子，客户你凭什么会不买呢？但是作为广告语，这句话是不成立的。"我提出的是"给你一个五星级的家"，我告诉杨国强，这才是一种理念，一种诉求，一种展望，跟现代社会的精英阶层的需求能对接的东西。杨国强一拍大腿，说："行！"

"给你一个五星级的家"如今已成为大众皆知品牌语。但其实碧桂园能走到今天，最核心竞争力还是"平过自己起屋"：城乡接合部最便宜的地价，最快的速度，最到位的性价比，最好的资金周转量来实现扩张。

事实证明，杨国强坚守这条路，平过自己起屋，在很多城市的郊区，通过创造市场的方式做大盘，一千亩、五千亩甚至到上万亩，最后顺势做成了一个名列前茅的房企。

但话说回来，因人也是把双刃剑，所谓成也萧何，败也萧何。当碧桂园在这条路上狂奔的时候，如果还把以前的规律当成铁律，战略上不升华、不迭代，那么不管规模再大、钱再多，一样也会遇到不少危机。因此，因人也有"寸有所长、尺有所短"的意思，这是战略的最为要害之处。

第三个因人制宜的例子，就是黄文仔。1999年，我和黄文仔合作，打造了广州番禺星河湾项目。这个战略的最大成功就在于因人制宜。面临同样的天时和地利，如果换个老板，很难说会有星河湾式的成功。

熟悉黄文仔的人都知道，他是一个典型的完美主义者，在广州番禺华南板块的八大开发商混战中，黄文仔拿到了珠江边上的1200亩地，他曾说过这样一段话："这块地是番禺的门户、番禺的脸面。我是番禺人，我一定要把它开发好，建设好，决不辜负家乡父老的期望!"

我第一眼看到黄文仔的时候,就看出面前的这位企业家是一个要么不做,要么做到极致的"另类",我对他说:"你是最优秀的鲍鱼师傅,不要做满汉全席,小的就是美的,要做就要为中国地产做好一道主菜。"这是因为我深知,有什么样的市场就有什么样的发展商,有什么样的发展商就有什么样的开发模式和产品。做项目就好比做鲍鱼,关键在于你的调味和火候,差别在于你的心思和心血。这也就是我一直跟黄文仔强调的,奉行"鲍鱼哲学"。

黄文仔知道自己要什么,但不善言辞,只会翻来覆去说,未来星河湾的房子"靓到不知怎样讲"。他对我说:"王老师,只要你能说出最好,我就能做到最好。"但什么是最好的呢?我带黄文仔到处考察,终于找到了样板——花园城市新加坡。一天,我俩在圣淘沙逛,那边海面很宽,海边有水上栈道。黄文仔突然很兴奋:"王老师,我终于找到破冰点了。""我本来就是木材商,肯定会做得比它(栈道)好。"没有尺子量栈桥深度,黄文仔就一下跳下海,把裤腿拎起来,用照相机拍照,看水没过腿多深,回去再量。

在星河湾的建设过程中,黄文仔对质量极其严苛、对细节极度敏感。有一次,五星级会所大堂的巨型观景玻璃安装没有达到标准,黄文仔当场举起大铁锤将其击得粉碎,连四周的铝合金凹槽也未能幸免,然后,他马上召集工程人员开现场会,重新施工。要知道,这一铁锤就使几十万付之东流了。

这样的事例,还有很多,在黄文仔身上,我第一次体会到后来被称为"匠人精神"的那种对产品和服务的偏执与专注。因此,当所有的开发商都在追求"短、平、快"和高周转时,我一直和黄文仔建议"鲍鱼哲学"的理念，不用着急，慢工出细活，文火炖靓汤，反弹琵琶，做出品质。

星河湾项目用慢火足足"炖"了三年，在所有人都以为楼盘烂尾，提出各种质疑和猜想时，最终星河湾掀起了她的红盖头，让所有人都为之一惊。通过现房式体验营销，星河湾在强手如林的华南板块里成了一匹黑马，异军突起，不仅取得了成功，而且最令人欣慰的是，中国香港的地产大佬李兆基、郑裕彤来星河湾看了之后说："内地的地产终于超过香港了。"黄文仔一盘定天下，星河湾也成了很多地产商模仿和学习的对象。

当然，后来星河湾遇到的挫折也和违背了三因法则有直接关系，因时因地和因人方面与其战略错配，最终兵败鄂尔多斯。

同一个人，同一个产品，为什么有时"时来天地皆同力"，有时却"运去英雄不自由"？为什么他们会成功，后来也可能出现问题呢？这就是涉及现象和本质、特殊和普遍、偶然和必然的问题了，这也是"三因"法则中最难把握的地方。

"阶段论"法则

战略分析的第二大法则，是"阶段论"法则。这是一种运用非常广泛、使用非常频繁的分析问题的方法。

在智库内部的项目讨论会上，我经常讲"不断革命论"和"革命发展阶段论"的问题。"不断革命"很多人都做得到，但"革命发展阶段"就不是所有人都能把握的了。

"阶段论"法则就是强调寻找事物发展的阶段特点，事物演变的量变规律和质变特征，以重要因素、重要节点、重要特征为基础，往前溯源，往后预见，通过对发展阶段的界定，特别是对趋势转折点的精准把握，促进战略共识的生成，这是一种非常实用的分析方法。

在使用阶段论进行分析时，需要把握如下五个关键点。

适度

运用阶段论，既需要对尺度、分寸的科学分析，也需要眼光、胆识并存的艺术创新。任何事物的发展都有一个阶段性，既不可操之过急，也不可落后于时代，如果我们把握不住这个阶段性，就可能进退失据，同时也可能好心办坏事。要知道，太超前"会跳楼"，太滞后"会饿死"，随大流只能赚个辛苦钱，唯有适度超前，才能吃到"最后一块奶酪"。如何把握好发展阶段，找准"踩线而不越位"的临界点，是战略艺术性的体现。

实践

在阶段论的使用过程中，切忌人云亦云，更不要盲目崇拜。新阶段并非靠空想臆测，而是要发现潜藏在趋势背后的力量。新阶段刚刚浮现的苗头，往往不在专家学者的成果专著中，而在那些"春江水暖鸭先知"的先行实践中。

先后

阶段论一般用在有明显的时间先后顺序的事情中，这是阶段论最主要的适用性特征，也就是说只有在时间线上形成了相应的先后序列，才能适合用阶段论进行分析。

标准

阶段的划分一定要按照相同的标准，不能有的按要素特征，有的按地理空间，有的按价值意义，有的按商业逻辑划分等，这样就会产生混乱，让人找不到方向。在制定战略时，如果脱离主体自身所处的发展阶段，也很容易找错对标对象，这个主体可以是国家、城市、企业或者其他组织，如小企业不重视阶段论则很容易误把行业巨头当标杆，从而很容易制定出错误的战略。在相同的标准体系下，再形成清晰的关键结论，才是阶段论运用的要点。

预判

阶段论的运用，除了清晰地概括事情发展的历史脉络外，最主要的目的在于帮助我们预测未来的发展走势，让我们对事物下一阶段的变化有相应的判断。运用阶段论，本质是预见和管理未来。战略是基于未来看现在的预设倒排计划，"阶段论"是从时间的全局看问题，从历史、现状对未来做合理的预判。

阶段论的本质就是从全局的角度看问题，从大历史观的角度看世界，保持战略的预见性和阶段性，这是好战略的基本要素之一。

一家企业如果不重视阶段论，看不到新旧交替的趋势，将直接导致其沉溺于眼下的辉煌，故步自封。它所做的战略，也只是依据对现有环境、资源与能力静态把握而做的僵化安排，经不起风浪，也起不到前瞻的作用。昔日的手机制造行业巨头诺基亚，就是因为对未来发展阶段的认识不足，故步自封，最终被苹果、三星等企业超越。

"阶段论"法则的应用非常广泛，比如区域与城市发展阶段、市场发展阶段、行业发展阶段、企业发展阶段、产品发展阶段、个人职业生涯发展阶段等。

1. 时代旋律：区域与城市发展阶段

改革开放40多年以来，中国就像一条巨龙，龙头已经进入信息时代昂首腾飞，龙身正在工业时代的旋涡里挣扎辗转，而龙尾却依然在农耕时代的深潭里徘徊。即便是在经济发达的沿海地区，这种现象也依然很明显。今天的中国，正处在一个至关重要的转折点。三个根本性的转变，正推动中国发生影响深远的变化：一是政策理念上，真正开始了以高水平开放促进高质量发展；二是发展模式上，全行业、大规模的过剩，迫使政府和企业不得不深度思考和探索精细化运营、创新驱动等模式转型问题；三是互联网革命从技术、渠道深化到思维与模式层面，推动了社会组织与市场组织的深刻变革。这三点将导致从政府到企业，从经营者到消费者一连串根本性的变化。

因此，面对复杂的国情，对于每一个以区域与城市为主体的战略，首先要把握清楚它们所处的发展阶段，才可能寻找到正确的区域对标，对症下药。工业化水平、城镇化率、信息化指数、GDP总量、人均GDP、三次产业比、基尼系数等均是区域和城市发展阶段的重要指标。

回顾中国的城市化进程，大致可分为三个阶段：第一个阶段是从新中国成立到1978年，主要是按照政府的指令建设城市；第二个阶段是1978~1992年，城市依然在国家的指令计划下发展，但市场经济的因素多起来，可称之为管理城市；第三个阶段是从1992年至今，随着市场经济的深入和城市化进程的加速，才真正进入了经营城市的阶段。

在中国，城市化、产业化的推进都与土地息息相关，可以说整个中国的所有发展都是基于土地改革。在时代大阶段的划分下，我们再来看深圳特区、上海浦东、雄安新区，不同阶段标志性城市的建设，可以将其总结为以下三个阶段：

市场化的深圳阶段。深圳经济特区自1980年正式成立起，其发展道路上的一座里程碑就是1988年修改《中华人民共和国土地管理法》。其中增加了规定"国有土地和集体所有的土地的使用权可以依法转让"，对土地使用权出让进行了改革创新。这使得土地从计划经济的无偿划拨模式走向了市场经济的有偿使用模式。

资本化的浦东阶段。上海浦东新区成立于1993年，正处于中国经济对外开放进一步发展的新时期。浦东新区创新性地利用土地开发权向银行融资，使得土地具有资本属性，从而保证了土地整理和基础设施建设的顺利进行，推动了中国园区的发展，打造了一种资本化的土地开发模式。

社会化的雄安阶段。时隔浦东新区二十多年之后设立的雄安新区，不是过去任何一个特区的复制品，其发展规划也不是基于现有的土地法律法规和有关政策等条件来制定。雄安新区的土地问题需要站在一定高度来审视和研究。从目前发布的《中华人民共和国土地管理法（修正案）》（征求意见稿）中可以看出，国有土地的征地比例越来越少，只征收基础设施用地、政府行政用地、公共用地等，而基本上农民对其所属土地还拥有较高的自主权。所以雄安模式的核心就是不做土地财政，不做房地产产业，让土地回归社会属性。

从原来的市场紧缺到产能过剩，从政府扶持到政策限购，从税收宠儿到政府宏观调控，随着土地和人口红利的消失，毫无疑问，以土地资源为生产力的房地产黄金时代已经过去。回归居住属性，助力实体经济，将是未来中国房地产行业发展的大趋势，只有看清时代跳动的脉搏，才能看清中国城市发展的方向和路径。

2. 潮起潮落：市场发展阶段

不论是国家战略、区域战略还是城市战略，把握市场发展的规律与阶段都是关键。结构性的变化和机会，如购买力水平的阶段性变化，人口结构、家庭结构等市场结构的阶段性变化，不同时代的人群观念与生活方式的阶段性（代际）变化……这些决定了战略的经营重点以及节奏打法。

单纯就市场阶段而言，根据市场发育程度还可分为小众市场、大众市场、分众市场和杂合市场四个阶段；根据市场接受产品的程度可以分成如尝试者、早期采纳者、早期大多数、后期大多数和保守者等市场阶段。作为拥有 14 亿人口的世界超级市场的中国，随着经济发展水平的不断提高，人口结构、消费水平、消费偏好的变化，特别是中产阶级的崛起，互联网、智能化的发展，中国将从过去大众化时代，过渡到品质化时代再过渡到个性化、智能化、小众化的市场发展阶段。

我们和杨国强合作帮助碧桂园起死回生，其核心策略就是准确把握市场的发展阶段。至于江湖上沸沸扬扬的"给你一个五星级的家"，不过是面向市场的远景提炼和推广语而已，很多人以为一句话就能救活一个项目，其实这是肤浅的理解。

1993 年，在严厉的宏观调控下，房地产市场陷入一片死水，广东更是成了重灾区。位于顺德北滘的碧桂园项目也陷入了僵局，杨国强所在的北滘镇建筑工程公司为原开发商垫资建造了近 4000 套别墅，因后续资金缺乏，当杨国强向开发商索要工程所垫费用时，开发商却让杨国强销售已经盖好的别墅，以销售收入核销建筑成本。杨国强"无辜"地从造房者变成了卖房者。

面对一片沉寂的楼盘,杨国强毫无准备,为了摆脱困境,他曾多次邀请专家、学者进行实地考察,希望出奇制胜,但都没什么高招。一番折腾无果,杨国强邀请我去。

那时候从广州到顺德还没有高速公路,摇摇晃晃地坐了两三个小时的车,一路上看,周边的几十个楼盘都死掉了,去到碧桂园现场一看,天大的一个楼盘,黑压压的,死气沉沉。

到了售楼部,一个年龄跟我差不多,但看起来很苍老,略微秃顶的人出来迎接,正是杨国强本人,大家握个手后就坐下来聊。

因为包工头出身的原因,杨国强的兴奋点全在建筑上面,一直讲他的工艺如何如何好,讲到动情处,他说:"王记者啊,上帝老天对我不公平。"我说为什么呢?他说:"我这么好的产品,这么低的价格,70万元一套别墅,居然卖不掉,这老天不公啊。你看什么时候市场能火起来?"

面对长吁短叹的杨老板,我说的第一句话是:"杨老板,千万不要把偶然当必然,捂盘惜售是死路一条。政府不可能再任由房地产的泡沫持续下去,泡沫一定要出清,经济才能发展。"

彼时的很多老板心存幻想,以为经济形势再这么下去,政府肯定不会坐视不管,这样他们就可以乘上船,直挂云帆济沧海。我首先要做的,就是打消杨国强的幻想。

其次我又说:"虽然很艰难,但天无绝人之路,做市场有三种做法,找市场、跟市场、创造市场。在停滞期,市场很难找,也没人可跟,唯一的路叫创造市场。阳光灿烂时,所有人都赚得盆满钵满,那不叫本事。当99%的人都偃旗息鼓,以为到冬天就活不下去了,其实还有一缕阳光，这缕阳光不可能普照天下，但只要你抢到这缕阳光，它对你就是100%，这叫创造市场。"

"针对目前的情况，就地产搞地产必定熄火，跳出来才能搞活。房地产不等于钢筋加水泥。既然（搞住宅配套）要办学校，那就要把它当作一个系统工程进行策划定位，如果仅仅把办学当作住宅的配套设施，注定失败。办学不是权宜之计，而是围棋上的'生死劫'。要反弹琵琶，退一步进两步，让广东新兴的富豪认识到教育的重要性，说清楚、打动这些新富豪的命脉，即使生意再好，如果孩子不成器，你挣了半天也是白挣。家财万贯，不如孩子成才。这些富豪想通以后，你不仅能把房子卖出去，更能收到海量的教育储备金。"

"作为新生事物，教育储备金是否合法合规，上面也正在观察。日后或许会有相关文件出台，来规范或者限制这一行为，但你有两到三年的政策窗口期，只要把握住，你就有了打持久战的本事和资源，就可以熬过冬天，迎来春天。"

一顿饭下来，杨国强完全接受了我的观点，当场邀请我做项目总策划。至于之后如何以创办名校为切入点，从策划、到营销、到整合，通过轰动羊城的"可怕的顺德人"系列广告，打出"教育牌"，都是具体操作层面上的问题，"前人之述备矣"，这里也就不多讲了。但这次见面之初关于市场发展阶段的重要交流，却被很多人忽视了。

3. 乘风破浪：行业发展阶段

市场的发展决定了行业的发展，不同的市场发展阶段也会影响行业的发展阶段。时至今日，一个全新的时代正迎面扑来，我把这个时代叫作"吃饱了撑着"的时代。转变到这个"吃饱了撑着"的时代，人们从

"吃饱"到"吃饱了撑着",消费品质在升级,群众购买力在提升,观念与生活方式在转变,社会的浪潮必然带来新的风口。

以文旅行业为例,从严格意义上来说,中国旅游掀起热潮,形成产业也就是近十几年的事情。在三十多年前的中国,能够享受真正旅游的顶多是一些有钱人。他们大多利用公务出差,顺道爬一趟黄山,或登一次八达岭,零零星星,不成规模。

只有在经历了四十年的改革开放,尤其经历了最近十多年的飞速发展之后,整个民族从百年贫困中走了出来,从温饱逐步进入了小康,人均 GDP 超越了 1000 美元以后,真正意义上的旅游才在中国大地上渐渐展开。随之而来的,则是一个全民旅游的浪潮。

在这个时代,传统注重规模和体量的行业增长乏力,大规模创意、美学与精神的消费乘风而至,各类新玩法层出不穷,不同行业面临着社会进入富裕阶段带来的不同的机遇和挑战,文旅休闲行业也不断火热,蕴藏着巨大的市场潜力。

对于文旅休闲行业的发展,如果我们套用西方的理论,自然会像许多专业机构一样,用一种简单化的思维方式,按照 GDP 水平划分旅游人群,按不同类型的资源特征划分产品,再加以组合,轻易给出一套看似规范合理的规划方案。然而事情远非那么简单——中国旅游产业的发展,20 年来一直呈现出三个方面的复杂性:一是需求的复杂性,这是由于中国区域与社会发展呈现出不均衡、多样化形态,使不同阶段、不同层次的需求搅在一起;二是文化冲突,传统文化与原住民文化、正在迅速分化成长的各种圈层文化之间的冲突;第三是多元角色的短期逐利风暴,地方政府的发展冲动、地产商的短期暴利冲动、经营机构的"宰客"冲动,甚至原住民的暴富冲动,被民众强大的需求与快速增长的购买力所诱导和激发。这一切与中国稀缺的旅游环境资源、脆弱的文化传统、敏感的社会秩序，形成了强烈而复杂的矛盾。因此，单纯套用西方的旅游发展理论只会南辕北辙。

通过对中国旅游发展阶段的分析，我们总结出了"观光游、休闲游、体验游"三个阶段，简要地概括了旅游发展的几个典型阶段特征。

第一个阶段是观光游，即最传统的旅游方式。"白天看庙，晚上睡觉，回去什么都不知道"，主要收入来源于门票，旅游业对其他相关行业的带动作用微乎其微，观光客多为"潇洒走一回，一去不回头"，游客是来一批少一批。观光旅游在中国沿袭了十几年，最大的问题是"旺丁不旺财"，"赔本赚吆喝"，结果常常是吃子孙饭、造子孙孽，搞得脆弱生态遭破坏，得不偿失。观光旅游在云南最典型的地方像石林、滇池等，它对当地的经济只能有补充性的作用，不可能产生根本性的变革。

我曾把观光游比作"农民式的殷勤"。当然，"农民式的殷勤"并不是贬义词，只是表示一种接物待客的方式，是指乡村农民兄弟接待城里亲戚时那种超常热情好客的接待方式。这些年我走到哪里，都会遇到"农民式的殷勤"，好吃、好喝、好招待。

"农民式的殷勤"典型的表现就是：生怕客人吃不饱，生怕客人吃不好，生怕客人喝不足，客人吃一口，立刻添两口。城里亲戚面对农民兄弟不断地添酒、添菜、添饭，很是尴尬。吃吧？吃不下。不吃吧？对不住他们的热情。其实，这种待客之道就是没有准确把握住客人需求的变化，而只是从自身角度出发的一厢情愿。

第二个阶段是休闲游。观光没有目的地，休闲才有目的地。观光旅游是不可产业化的，只能对解决脱贫和提高知名度有所贡献，很难带动当地经济有效持久的发展。而休闲旅游则可以成为支柱产业，富民兴邦，有助于区域和城市的经营发展，产生巨大的关联效应。休闲旅游所获回报与观光旅游有着天壤之别。休闲旅游的目的不仅是为了观光，更要追求全然放松的自由心境，如农家乐、自驾游等，其形态较观光旅游上了一大台阶。休闲旅游有可能成为当地的支柱产业，比如海南的三亚、河北的北戴河，人们一年可去两三次，每次待上一两周，而早期的丽江也具备休闲旅游的特征。

第三个阶段是体验游。当观光旅游的时代已经结束，往后的旅游将向休闲、度假方面延伸。相对于休闲游，体验游是更高级的境界，它提供给游客的是一种看不清、道不明的独特氛围。在特定的环境下，个体完全融入其中，任何感受都是心灵的体验，所有周围事物包括清风、阳光、月色，都成了道具。可以说，体验旅游是人类社会发展到一定程度的最高阶段的旅游形态，是社会经济高度发达的产物，是进入知识经济时代后旅游消费的必然需求，它强调游客对文化、生活、历史的体验，强调游客个体的参与和融汇，强调游客对自己生命的更新。

要想真正发展好体验旅游，关键在于怎样把硬件做成软件，怎样把死物变成活物，怎样把地下的呈现到地上，怎样让历史可以穿越到当代。这是一系列需要解决的问题，许多还与我们的文物保护政策以及我们的传统观念意识相关联。

未来社会最大的消费是什么？就是体验。体验者愿意为琴棋书画、为诗酒田园、为文化底蕴埋单，这就是新的时代，主体就是那些吃饱了撑着的人。有了这样的主体才会有相应的客体，它不再只是硬邦邦、冷冰冰的文化遗产，而是一切可以纳入体验并消费的产品。

这套关于旅游的"三段论"，广泛适用于不同阶段的需求变化，推动着区域与项目资源、产品、服务以及经营方式的不断提升,同时也使区域旅游资源与旅游产业体现出不同的价值,也得到了市场的广泛认同。

4. 生老病死:企业发展阶段

一个企业的生长就像蛇蜕皮一样,每一次蜕皮对于企业都是一场惊心动魄的考验。任何一家民营企业的发展一般都要经历四个阶段,而在不同阶段驱动发展的因素也各不同。

企业在起步阶段,往往企业统帅的人格、梦想、价值观造就了众人追随他的重要原因,我们称这一阶段驱动因素叫"人格力"。无论是宋公明的"他日若遂凌云志,敢笑黄巢不丈夫",抑或乔布斯和马斯克的"改变世界",还是"让天下没有难做的生意",皆如此。

企业处于成长阶段,组织的"管理力"开始奏效。泰勒制管理的前提是假设"人之初,性本恶",人就像牛马一样,要用鞭子抽打才能卖力干活,只能靠严格的管理、人盯人的管理,把人当成机器的一个零部件,当成流水线的一部分,强调分工、定量、程序、规范,从而提高产量和生产效率。无论是《华为基本法》,还是阿里巴巴的"六脉神剑",本质上都是将企业的发展实现制度化、标准化,保证战略实践的每个节点都能保持稳定。

企业到了成熟阶段,"机制力"开始发挥举足轻重的作用。这时候,江山已经打下来了,大家便开始考虑如何分钱了,任正非也说"钱分好了,管理的一半问题就解决了"。如果老板总是去和员工说"吃亏是福",只能产生伪君子,这是害人的公司,迟早要灭亡。2000多年前的思想家那时还没有经济学吧?后人赋予其定义管子说得已经很明白了:"衣食足而知荣辱,仓廪实而知礼节。"所以,企业发展到这个阶段,谁的功劳大、谁的功劳小,如何去衡量,"不让雷锋吃亏",单靠人格力、管理力已经玩不转了,必须要建立健全的企业机制,"以众人之私,成众人之公",这样大家吃了定心丸,才能齐心合力地向前走。

企业渡过成熟期,开始走向衰落或者寻找第二曲线再度腾飞的时候,"文化力"(也就是价值观)开始发挥巨大的作用。但价值观究竟是发挥正向的推动作用,让企业破茧重生,还是发挥负向的阻碍作用,沦为"道德绑架",归根结底还是要通过机制力来判断。

以智纲智库的发展为例,我们的最终目标是打造中国最好的战略思想库,但基本的发展阶段是不能够躲过和绕过的,从一个人单打独斗,到企业协同作战,最后到智库形成网络,每一个阶段都有自己的发展任务和使命。

在创业初期,我们以房地产策划为主,我带着手下的几员干将去跟那些老板成天"厮混"在一起,从房地产的土地评估、规划、设计园林、成本预算、营销到传播整合这些全部参与。但我时常和团队说一句话:"我们今天拼刺刀,就是为了明天不拼刺刀,千万记住,我们是为战略而生的。"这句话支撑着我们一路走到了今天。

我长年与各种老板打交道,老板挣钱同样也有一个"阶段论":第一个阶段是人找钱,是一个原始积累的过程,非常辛苦。第二个阶段是钱找人,如果你会经营,有知名度了,别人会拿钱请你帮他打理。第三个阶段是钱找钱,信用有了,实力有了,平台渠道有了,就可以以钱生钱。

与此对应的是,老板们致富也大多经历了三个阶段。第一,原始积累阶段：靠拼搏打拼，用健康换取财富，以生命为代价实现原始积累。第二，享受金钱阶段：不惜健康，奉行及时行乐的哲学，甚至有靠不良嗜好来刺激和麻醉自己的。第三，返璞归真阶段：曾经沧海难为水，取次花丛懒回顾，由奢至简，善待生命，呼唤生命的质量，注重回报社会。当然，能到第三个阶段的老板少之又少。

数字经济和产业互联时代，企业的发展同样受到阶段论的考验，传统企业面对互联网冲击逐渐丧失优势，僵化于体制机制，保守于战略和创新，最终被时代抛弃同样也会经历几个阶段：看不到市场变化，看不起创新萌芽，看不懂新生力量崛起，学不会，因为核心刚性和资源诅咒阻碍进步，由于路径依赖和发展惯性转型不力，来不及跟上时代节奏，活不下去，最终逃不出被淘汰出局的命运。

5. 不进则退：产品发展阶段

产品的发展阶段往往随着市场、行业、技术发展阶段的变化而变化。产品的生命周期是从其投入市场到更新换代和退出市场所经历的过程，一般分为引入期、成长期、成熟期、饱和期、衰退期五个阶段。产品处在不同生命周期所应采取的战略是不同的。特别是随着人们的消费升级和精神文化消费不断崛起，对产品的需求也在不断更新迭代。

以服装产业来说，中国是全球规模最大的纺织品服装生产、消费和出口国，也是纺织产业链最完整、门类最齐全的国家，但当前仍然处于纺织产业链的低端。服装产品的发展分三阶段：第一阶段是出卖劳力，广东的服装厂看起来是做服装，但是其实是卖劳力，比如说生产一件衬衣，可能西方卖1000元（折算过来），我们就赚了1元，这就是卖劳力；第二阶段是卖产品，现在全世界很多国家，比如说韩国，卖的是产品，占据了产业链的高端，回报率比较高；第三阶段卖的是品牌，卖的是生活方式，卖的是服务，卖的是时尚，随着全民消费升级的到来，传统服装的一种设计可持续3~4年长销的时代已经过去，服装从"满足温饱"正在过渡到追求品质与潮流的新阶段。特别是新世代群体涌现出来的个性化消费特点（例如悦己、社交），倒逼服装企业的快时尚变革。例如李宁和太平鸟，这两大传统品牌，通过"讨好"年轻消费群体，针对90后、95后群体推出了时尚主力品牌、少女品牌、街头潮流品牌等全新系列产品，实现了大反转甚至登上了世界舞台，这正是产品随着消费者和市场的变化不断升级的结果。

6. 三窍理论：个人发展阶段

中国人夸人聪明，往往会说这个人"七窍玲珑"，讽刺一个人愚笨、不堪教化时，则会说"一窍不通"。窍——在中国文化里，是一个很有意思的存在，指的是一个人内部主观世界和外部客观世界之间的桥梁，桥梁越宽，人自然就越开阔。

智纲智库关于个人的职业发展，有一套名为"三窍"的方法论，即出窍、开窍、归窍。

一个人要想充分适应当前的职场环境，"三窍"是可以对照的重要参考，而如果想在一个环境中取得长足的发展，"三窍"也是必须要经历的。

所谓出窍，是指进入职场的第一步，要先从原先熟识的环境中跳脱出来，暂时忘却之前引以为傲的东西，以一种完全开放的姿态，去迎接新环境的一切挑战。

很多年轻人，名校毕业，工作也不错，个个踌躇满志，立志要在职场上干出一番大事业。但没到半年，差别就显现出来了。有的人适应得很好，一步一个脚印地稳步前行，而有的人则开始有怀才不遇式的抱怨。究其原因，原来是有的人把学生时代的那股单纯和傲气带到了职场上，认为眼前的工作太过简单又十分琐碎，自己寒窗苦读的高学历无用武之地，公司是大材小用了。

而那些稳步前行的人则恰恰相反，他们从一进职场开始就调整好心态，丢掉了学生时代的优越感，做好了从最简单的事情做起的心理准备。要知道，把简单的事做好从来都不一定是容易的事。做任何人之前，首先要做一个靠谱的人。有了这种铺垫，他们反而比较踏实，自然也受到上司和同事的青睐。

无论昨天多么辉煌，当你进入现在的工作环境的那一刻起，都要从零开始，就像学武功的人进了少林寺一样，首先必须把原来的那些拳脚功夫撇在一旁，在挑水打柴当中融入当前的平台，用"衣带渐宽终不悔，为伊消得人憔悴"的姿态，在实践中学习和领悟现在的工作方式、方法和组织文化，这就是出窍的道理。

第二个阶段，叫作开窍。

当你终于丢掉之前的经验、方式甚至偏见时，出窍阶段就已经完成了。在这个过程，你会逐渐发现现在工作的有趣之处，并且找到自己为之奋斗的目标。

经过一番努力后，可能有一天你会有一种豁然开朗的感觉，觉得自己悟出"道"了，甚至有种"昨夜西风凋碧树，独上高楼望断天涯路"的意境。这就是开窍了。

比起出窍，开窍更像重新适应新环境的结果。"战略哥"这些工作状态比较稳定的朋友，无一不是说自己慢慢喜欢上了现在的工作状态，觉得自己上了道，找着了感觉。最大的表现，就是处理事情从原先的手忙脚乱，到现在逐渐总结出章法，做起事来得心应手。这实际上就是开窍阶段的显著表现。大部分人，如果想衡量自己究竟在现在的岗位上称不称职，可以先问问自己，到底开窍了没有。

第三个阶段，也是一般人不容易达到的境界，叫作归窍。

比起前两者，归窍更加玄妙，难以描述，也更难以体会。甚至很多人毕其一生，可能都无法达到这重境界。如果说出窍是灵魂出了窍，那么归窍便是开窍后，魂魄再回到自己的躯壳中。即新的思路和方法与自己原来掌握的知识融会贯通。

这样你会慢慢发现，常人往往视而不见的那些东西，在你手中却变成有价值的资源，可以为你所用；原先自己自以为用不到或者早已丢掉的知识和经验，这时可以信手拈来，皆成妙趣。就像一个侠客，掌握了所有高深的剑法之后，就能海纳百川，把一切资源为己所用，创造出奇迹。这就是"那人却在灯火阑珊处"的道理。

对年轻人来说，短时间内想轻易实现肯定是不可能的。如果认定了自身努力的方向，那么经过三年五载的历练，经历一个个痛苦的否定之否定的过程，或许可以在坚持中慢慢找到这种归窍的感觉。

到那时，所谓的升职加薪，都只是顺带的结果，最重要的是，你已经具备了最丰富的经验和掌握了最深奥的"心法"，你到任何一个行业都能施展一番拳脚了。

《倚天屠龙记》中有一个很经典的桥段，太极宗师张三丰在向张无忌传授太极剑法时，接连为他演练了三遍，并要求其忘记所有剑法，才算最终学成。而张无忌学了三遍，在第三遍将所有招式全部忘掉之后，才算真正学会。

这其实很像"三窍"的过程。出窍是将过往掌握的剑法招式全忘掉，开窍是在学习新剑法时模仿并逐渐领悟，而归窍则是学招式时再全部忘掉，看似无招，其实是"无招胜有招"。

◎ 案例

阶段论法则：国酒茅台战略

抢占白酒发展阶段的制高点：文化酒

1998年，随着短缺经济的结束，国内白酒市场竞争极大加剧，各路品牌群雄逐鹿，昔日"皇帝女儿不愁嫁"的茅台竟也出现了滞销。

首先是川酒、湘酒、鲁酒等对手异军突起，尤其老对手五粮液。五粮液不仅价格比茅台高，产量也比茅台大，还推出很多子品牌，包括五粮液、五粮春、五粮醇等，发展得非常火爆，利润是茅台的四倍之多。他们进而找到中央有关部门，希望能够取代茅台的地位，成为国酒，他们还在厂里竖起一个标语，叫作"国酒没有终身制"，潜台词就是誓把茅台拉下马，剑指茅台对"国酒"的垄断地位。

除了外部因素，茅台自身的品牌形象老化也是一大原因，五粮液大兵压境之下，茅台居然出现了时间过半、销售任务没过半的窘境，这是从来没有过的。所以他们有点手忙脚乱了，认为问题就是品牌太单一，于是想学习五粮液搞多品牌化，闹出了很多笑话。同时市场上假茅台横行，借茅台镇打"擦边球"的新牌子也在蚕食茅台的蛋糕。

1998年末，茅台集团找到我们，当时最迫切的需求就是如何保住茅台"国酒"的地位。后来，我带团队到赤水河谷待了15天，对中国白酒的历史和市场进行了研究分析，我们为茅台提出了发展"文化酒"的战略，其中最主要的就是运用"阶段论"去分析茅台的问题。

纵观中国白酒千年一脉的历史长河，我们发现，中国的白酒业可以分为如下五个发展阶段。

第一阶段是作坊酒。在传统的农业社会，地处乡间的酿酒作坊，规模小、产量低，销售靠的是民间口碑，酿酒技术靠的是师徒之间的口口相传，即便因朝廷钦点或文人歌咏而一时闻名遐迩，其所产的作坊酒却仍只能行销于当地一隅，很难扩大市场。古代茅台镇是个码头，从四川来的盐帮时常在此落脚。有码头就有商人，有商人就有消费力，所以就会有酒肆，也就形成了酿酒的传统。茅台酒是在作坊酒时代就已成名的典型代表。

第二阶段是工业酒。新中国成立以后，很多地方公司决定要做规模了，工业时代到来了。计划经济时期，在公有制改造下，通过对传统作坊的改制、合并、扩充，全国引入一些机器设备，成立了大批工业化的酒厂。相较于酒作坊，这些酒厂在规范生产工艺、稳定酒品质量、扩大产能规模上获得了质的飞跃，但在统购包销的举国计划体制下，它们只需埋头生产，丝毫不必操心市场销售的事情。

第三个阶段是广告酒。进入改革开放初期，一批小酒厂率先觉醒，尝到了广告营销的甜头，于是一时烽烟四起，白酒业的广告大战愈演愈烈。以山东的秦池酒业为例，1995年秦池以7000万元夺得央视标王，经过一番炒作，秦池由一个山东区域性小酒厂一举成为天下皆知的著名品牌，销售网络面向全国急速扩张，打遍天下，风生水起。于是，在秦池的示范带动下，整个中国白酒行业进入了豪强并起的纷乱时代，小酒厂遍地开花，新品牌层出不穷，市场被搅得天翻地覆，同时造假之风屡禁不止，市场上不免鱼龙混杂，沉渣泛起。这个时候的茅台反应慢，第一次受到冲击，只能仓促应战，不免落于下风，在喧嚣的广告舞台难以争到焦点。

第四个阶段是品牌酒。广告酒缺少市场美誉度，业绩大多靠炒作，与历史名酒拥有稳定的市场根基不同，广告酒一旦不做广告，销售业绩必然直线下跌。秦池酒在这时也已跌落神坛。而五粮液、酒鬼、古井贡为代表的一批企业开始回归品牌打造路线，在品质上下功夫，走"名牌战略"，形成了很多家族化的子品牌，借此开疆拓土，攻城略地。茅台在这一时期依然我行我素、"肉大身沉"，没能跟上市场节奏，遭到了来自市场的第二次冲击，茅台就算超然也面临着前所未有的巨大危机。

我们判断，白酒行业未来还有一个阶段，也是历史给予茅台的最后一次机会，就是文化酒阶段。这个机会如果茅台把握得住，就可以永续青春；把握不住，就可能会被彻底淘汰。

品牌的核心其实也是文化，品牌比拼到最后一定是比拼文化内涵的价值与张力。未来，随着中国的崛起，谁能够成为中国大中华文化的代言者，谁就能拥有最广阔的未来。

尽管当时的茅台看起来四面楚歌，但如果反过来，人们也会发现一个有趣的现象：市场是无情的，如果换成其他任何一个白酒品牌，身处内忧外困之险地，可能早已岌岌可危甚至垮掉，而茅台就像一株千年古树，虽然遭受蛀虫（假冒侵权酒）的咬噬，遭遇其他树木（五粮液、酒鬼）与之争享阳光雨露的生存竞争，经受过暴风雨（白酒业滑坡）的摧折，但还是屹立不倒。

究竟是什么为茅台注入了如此顽强的生命力呢？

答曰：独一无二的生产酿造工艺；源远流长的酒文化；独特的地理环境和自然条件；神奇的药用功能；脍炙人口的传奇故事……也就是说，茅台生命力的源泉就是茅台酒文化，即茅台文化。

这种文化不是空洞的概念，而是茅台本身所具备的不可移植、无以替代、唯其独享的人文底蕴与天生丽质的综合，是茅台酒具有唯一性、权威性、排他性的依托，更是茅台能够摆脱同构竞争、卓然挺立、长治久安的超级武器。

因此，我们认为，无论是转换经营思想、理顺自身机制，还是调整营销体制、建立销售网络；无论是制定市场制度、规范市场秩序，还是清理销售渠道、杜绝假冒伪劣；无论是调整价格体系、丰富产品系列，还是统一布局规划、大力宣传……这些措施固然会起一时之效，但毕竟都只是营销层面的常规武器。常规问题解决之后，茅台依然无法摆脱国酒地位受到威胁的困境，正如茅台所面临的品牌问题、销售问题、广告问题、产品问题并非自身所独有一样，解决这些常规问题的手段也非茅台所独有。

面对同样的市场板块，各个白酒品牌无论是在销售渠道的选定上还是在宣传攻势的手段的采用上都将有极大的相似性，区别只是"质"的精与糙、"量"的多与寡。而且，由于许多企业比茅台更早地掌握了这些武器的使用方法，因此经验更丰富、操作更灵活。特别是五粮液，介入市场早、动作规模大，在一段时期内，茅台要想在"兵种"和"装备"上与之抗衡难以有大的改观。

当时茅台有一个非常大的误区，就是学习五粮液，搞很多子品牌，比如茅台王子酒、茅台成龙酒，甚至是搞茅台啤酒，我坚决地说不行。因为茅台本身就是个天之骄子，就相当于一个大小姐，去当丫鬟，手来脚不来⊖，最后肯定什么都不是。我们最后建议茅台，与其往后竞争，不

⊖ 意思是指笨手笨脚。

如向前抢占，集中精力一门心思，坚定不移地打造中国的文化酒，讲好茅台的文化故事，真正树立茅台的国酒文化形象，最终目标是能够成为与中国的瓷器、丝绸和茶叶一样，成为中国白酒执牛耳的代表性符号，永远站在这个平台上，这样的话别人根本没法跟你竞争。

竞争的最高境界，就是成为游戏规则的制定者和解释者，茅台坚持做文化酒一路走到今天，20年过去了，不仅达到了万亿市值（是五粮液的三倍），而且更重要的是茅台酒已经香飘世界，随着中国的复兴大跨步地走向全球各地，这再次说明好战略的重要性。

"哑铃"法则

战略分析的第三大法则，叫作哑铃法则。

在战略制定中，我们需要对全局与部分、中长期与近期、战略与战术等辩证关系进行判断。在战略实施中，我们也面临如何切入、促使战略有序推进的问题，这就涉及对"度"的把握，如果把握不到位，很容易过犹不及，出现"老虎吃天，不知从哪儿下口"和"只见树木，不见森林"之类的尴尬局面。

该如何在战略分析中避免这一状况呢？经过大量实战案例的总结，我们提出了"哑铃理论"，把宏观、全局、中长期的整体战略与微观、部分、近期的战术支撑分列为哑铃两头的球，把哑铃的"柄"作为联系两端的战略关系。从某种意义上讲，做战略就是抓哑铃，"执中间，带两端"，在整个战略系统与战略抓手中找到平衡点，做到统筹兼顾。

通过"哑铃"这一直观的模型，我们能把微观和宏观、短期和长期、部分和整体、切入点和全过程、战术和战略等关系放到统一的框架里，进行辩证分析，有主次、有先后和有顺序地去推进。

哑铃的一端是"大战略"，是指挥者、赋能者、驱动器、存量和全局目标，而另一端是聚焦点、启动器、垫脚石、增量和近期目标，而联系两者之间的就是"哑铃之柄"，通过战略制定和战略实施，让哑铃的两端形成相互促进、相互印证、相互加持的超级联动效应。

通过"哑铃"法则，我们还可以随时回到原点，关照全局，可以有机地将部分与整体、突破点与全局、近期与中远期联系起来，一方面是以点带面，以局部催生整体变化，通过量变引起全局系统战略的成功升级；另一方面是高位赋能、全局聚焦，通过整体战略为关键节点的突破聚焦优势资源，统一战略方向，从而更好地推动局部关键点的迅速发展与变化。

哑铃法则的本质，其实就是对立统一的辩证思维，常见的"哑铃"法则的应用如下。

1. 一端是存量战略，一端是增量战略

我们常说，不能把所有的鸡蛋都放在一个篮子里，实质就是要建立起平衡的增量业务和存量业务组合。

拿房地产来说，存量就是旧城改造，城市更新；增量就是到小城镇去、到农村去、到边疆去、到市场经济最需要的地方去。又比如华为公司的业务领域，覆盖了运营商、企业和消费者三大广阔的市场，既具有很强的技术共享优势、规模经济及范围经济性，又形成了存量市场（运营商）和增量市场（企业和消费者）之间的互补。特别是近年来消费者业务和企业业务的快速增长，使华为有效地平衡了电信设备市场的周期性波动和整体投资下滑对企业增长和绩效的影响。世界范围的网络运

营业务市场在下滑，华为的这一块业务也在下滑，但在另外两个业务板块，华为取得了新的增量。存量与增量战略的统筹，既保证不冒进，也不完全保守，可帮助企业或者一个地区更加平稳地向前发展。

2. 一端是国家战略，一端是城市战略

每一个宏观的国家战略都需要分解成中微观的区域与城市战略、企业战略来实施操作，任何一个中微观的城市战略、企业战略也都跳脱不开国家战略这一巨大背景。当用哑铃模型思考国家战略与城市战略的统筹时，实则是对国家战略与城市战略的平衡。

以粤港澳大湾区为例，改革开放40年的历程，本质上是中国由内陆开始拥抱海洋的开放过程。20世纪以来，世界经济重心也由内陆向沿海地区转移，湾区经济是世界一流城市的显著特征。2016年3月，国家十三五规划正式发布，明确提出"粤港澳大湾区"的概念，至2019年2月份，《粤港澳大湾区发展规划纲要》印发，9+2城市群规划出炉，意味着中国的大湾区时代正式启幕。

经过40年的快速发展，珠三角内的各城市产业及经济都取得了长足的进步及发展，但是在大湾区内部的"9+2"城市之中，区域的发展不均衡情况也是较为严重的，主要体现在东强西弱、内强外弱和产业功能上的重合。

整体上看，大湾区东岸（广州、深圳、香港、东莞）、西岸（佛山、中山、珠海、澳门）和外围（江门、肇庆、惠州）三个区域差距比较明显。

从经济总量来看，第一梯队的港、深、穗占大湾区GDP的60%，经济总量均超过2万亿元；第二梯队的佛山、东莞领跑，两市GDP合计占比约20%；第三梯队的六个城市GDP占比合计约20%，其中珠海、

江门、肇庆三市 GDP 规模均不足 3000 亿元。

这说明了大湾区内各城市的产业发展阶段不一，区域间也存在着重复性的竞争。在全球贸易波动、国家宏观政策和市场经济的多重推动下，大湾区内部进行了深度的产业融合、转型与升级。

除了珠三角内部，作为中国经济发展的重要引擎，大湾区在南中国的经济辐射是扇面的，粤东、粤北、粤西和临近的江西、湖南、广西、云贵川等泛珠三角地区同样得以享受湾区的红利，推动区域发展。

目前，泛珠三角各省区已设立各类产业转移对接园区 20 多个，逐步形成了珠江—西江经济带、粤桂合作特别试验区、粤川自贸试验区、赣粤产业合作试验区等产业合作平台。

通过粤港澳大湾区的国家战略，统筹不同经济板块之间的优势互补，各区域也可根据自身定位，寻找适合的发展机会，实现国家战略与城市战略的平衡。

3. 一端是区域战略，一端是项目战略

关于区域战略和项目战略的统筹，我们也称为"两场统筹"，在今天的中国做企业，不仅要懂市场，还要懂官场，"两场统筹"就是要求战略的制定者要同时站在市场和官场的角度来考虑。

一般来说，政府是经济法律、市场规范、企业行为准则等的制定者、评判者、监督者，而不是商业行为的参与者。以体育比赛作为比喻，政府是裁判员，而不是运动员。政府本身不应该参与经营活动，而只是履行法律赋予的规范和裁决市场的职能。

但是在中国社会经济转型期，在由政府高度集权的计划经济转向地方分权、企业拥有更多的自主权的多元化市场经济体制的时期，政府是

不可忽视的要素。战略策划必须充分考虑政府的行为，有效调动和发挥政府的积极性。

项目的成功不仅要有经济效益，还要有社会效益。政治、经济可以相互转换，转换得好，各得其所；把握不好，要栽跟头。所以，杰出的战略策划应该既为政府排忧解难，又能获得市场效益，比翼齐飞。中国几乎所有成功的企业家，无一不是极具政治智慧的。

中国式战略从某种角度上来说，是一门微妙的"政治经济学"。与政府跳"双人舞"是一门大学问，跳得好能事半功倍，跳不好则满盘皆输。在算经济账的时候，也一定要考虑政治账。

但中国的政治向来都是多变又讳莫如深，两场统筹是最优解；当不能两全的时候，"市场带动官场"次之，但资本天性难免急功近利，企业往往不具备长远眼光。村村点火，户户冒烟，看起来市场活跃，实际上却造成了巨大的浪费。最次则是"官场带动市场"，政府对市场干预得太多，把原本应该由市场做的事情代办了，和市场对着干，违背规律，对当地的发展一定没有好处。

所以，我们做策划，就是要在官场与市场之间起到变压器的作用，努力避免官场意志独大，通过调频让市场能够带动官场，甚至是积极地争取，让官场主动地尊重规律，和市场真正跳起"双人舞"，这才是整个"两场统筹"的真谛和规律。

十多年前，我去云南演讲，当地一家名为海诚集团的开发商找到我，希望与我们合作。我说西双版纳是有大把的机会，值得持续深度开发，但玩法不是这么玩。于是我给他留了个题目，即智纲智库来帮西双版纳做一个战略，把西双版纳的魂找到，把未来趋势找到以后，他作为企业家，也就知道从哪里入手了。只不过是由企业来买单。这个老板听了我的建议，智库先给西双版纳做了一个区域策划，然后给企业做了一个项目策划。这样一端就是政府区域战略，另一端就是企业的项目战略。这个项目就是现在影响全国的网红项目——告庄西双景。我们到今天一直合作了十多年，现在告庄西双景还成了西双版纳旅游的集散中心和城市名片。一年两三千万人次的巨大流量，到了春节一天甚至就达到几十万的游客聚集量，很好地实现了政府需要的人旺地旺，也完美地满足了企业所期待的财旺商旺。

4. 一端是企业战略，一端是项目战略

我们给企业做项目战略策划时，除了要考虑区域战略与项目战略的统筹，往往还要考虑企业战略与项目战略的统筹。通过企业战略指导项目战略，通过项目战略撬动企业战略。

这些年，我们给云南海诚集团、华夏幸福基业等企业服务时，运用的都是这个思维逻辑。十年前，我对云南海诚集团的董事长说过一句话："十年做一个，一年做十个。"前十年用一个项目打磨企业战略，做出标杆、做出模具、做出形象、做出品牌。十年之后，到了今天，海诚集团一年拓展十几个项目，甚至迈出了云南市场向全国拓展，这就是对企业战略与项目战略的统筹。

◎ 案例

"哑铃"法则：华夏幸福战略

让区域战略与企业战略、企业战略与项目战略形成两大哑铃

2002年，智纲智库北京战略中心成立后不久，一位"不速之客"突然闯进我们当时简陋的办公室。此人正是华夏幸福基业的董事长

王文学。

如今的王文学已是地产界的大佬，但当时的王文学尚只是廊坊当地的一个小房地产老板，手中的项目也仅有一条街（第五大街）和一个盘（华夏经典花园），可他心中却有着不同寻常的野心。为此，王文学在 2001 年就专程前往深圳请教我，咨询企业未来的发展之路。

王文学这次来访，谈的绝不仅是一个项目的策划，而是在咨询"大北京"时代廊坊的机遇和企业的未来。这不仅充分体现了王文学的眼光和格局，也是华夏幸福基业成长为产业地产翘楚的战略之源。

华夏幸福所生长的廊坊位于京津之间，地理位置特殊，很久以来，当地流传着这样一句话："地上基本无山水，地下基本无资源，国家基本无投资。"这是廊坊曾经的真实写照。

但随着首都圈的快速崛起，我们已经意识到了廊坊的价值，而区域的发展光靠政府推动是没有用的，必须遵循"哑铃"法则，将区域发展与企业发展相结合，将官场和市场相结合，实现两场统筹，才能在推动廊坊发展的同时，推动华夏幸福发展。所以当时我们建议先给廊坊做一个城市发展战略，一只哑铃举两头，一根扁担挑两头，一边是区域战略，一边是企业战略，用区域战略来撬动企业战略（见图 6-2）。

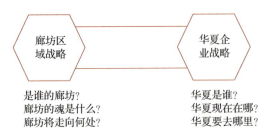

图 6-2 区域战略与企业战略组成哑铃

廊坊区域战略：金蛋计划——吃北京的粮，下廊坊的金蛋

运用"哑铃"法则，一端是廊坊的区域战略，而策划廊坊必先发现廊坊。廊坊夹在京津之间，有着得天独厚的区位优势，事实上，京津两地就像两个巨大的磁场，将周边地区的资金、人才、机会尽可能地吸到自己的辖区，廊坊成了一个地地道道的"走廊"。

但随着"大北京规划"（大北京都市圈规划）的问世，由北京、天津、唐山、保定、廊坊等城市所辖的京津唐和京津保两个三角地区，面积7万平方公里，云集华北诸多大中城市，将会被规划打造世界级城市群的首都经济圈。再加上中国加入WTO和北京奥运会的确定，北京迎来前所未有的扩张黄金期。在此背景下，关起门来谈廊坊是没有任何意义的，在"大北京"的背景下，廊坊要想实现超常规的发展，必须把"吃北京的粮食，把金蛋下在廊坊"。这就是我们给廊坊城市发展提出的"金蛋计划"。

华夏幸福基业：从"地产开发商"到"产业运营商"

对廊坊来说，通过对区域战略的梳理，廊坊已经找到了未来发展的道路。而与此同时，作为廊坊的一个普通地产商，刚刚开发了华夏经典花园和第五大街商业街项目的王文学，也面临着一个重大选择。

由于廊坊市的地产项目获得成功，有两个地方可以做新的项目，向他伸出了橄榄枝。一个是廊坊城区里的500亩，一个是位于北京南面、当时偏于一隅的县城固安。

他问我应该如何选择，我回答说："我不能替你选择，关键是你想做什么？选择500亩，你可以按照常规的发展道路走下去，不会有太大问题，最终的走向也很明显，成为一个常规的地方性开发商；第二个选择就是拥抱北京，这会是一条长期的、艰难的道路，但潜力极大，你要

做十年的准备。你希望做成什么样的企业,你就知道要怎么选择。"这是一个艰难的选择,是深耕廊坊,还是图谋大北京?

王文学很快做出决定,放弃当时廊坊市区几块能够短期赚钱的项目,向北京靠拢。但同时,我也劝导王文学要认清现实,在没有政府资源和足够资金实力的情况下,进军北京的念想几乎不可能实现,当务之急是思考如何反弹琵琶,依托廊坊当地,打造环京发展战略。

当时廊坊有两个环京区域,一个叫北三县,香河、三河、大厂,其发展已经非常好了,跟北京一体化程度很高。还有一个就是非常穷的南面的固安,当时政府对固安能否发展好没有底,其他开发商也看不懂。

固安处于北京中轴线正南,素有"京南第一县"之誉。古代的皇帝若要南巡,第一站就是固安,但在相当长的时间内,固安的荣耀却只体现在历史中,发展现状难以与之匹配,不仅大大落后于区位相似的三河,并且在廊坊10个县(市、区)中常常位居后三位之列。处在困顿之中的固安迫切需要一场翻身仗来扭转局面,而恰好王文学和华夏幸福提供了这样一份战略契机。

关于华夏幸福未来的发展战略,经过仔细的调研,智纲智库所作出的战略判断是,国内住宅开发商众多,此时再怎么加足马力做住宅也赶不上同行。若要做大规模,应当另辟蹊径,这条"蹊径",就是产业地产。

战略总是谋划全局的。而在谋划全局的过程中,哑铃法则总是层层体现,从廊坊的区域战略到华夏的企业战略,从华夏的企业战略到固安的项目战略。对华夏来说,只有确定了廊坊的区域战略,华夏的企业战略才能拥有发展的土壤与环境,而只有确定了华夏的企业战略,才能为固安的项目战略开道指路,即为企业"开模具"。

"哑铃法则"在华夏幸福的企业战略与项目战略之间再次运用得淋

漓尽致，一只哑铃举两头，一根扁担挑两头，一边是企业战略，一边是项目战略，用企业战略来撬动项目战略。当时王总问我们的建议，我们基于当时大北京发展战略，就力主让华夏以固安项目为基点，跳出"房地产"思维，向"产业运营商"方向探索，以企业战略指导项目战略，以项目战略支撑企业战略，最终实现"五出"（出成果、出品牌、出人才、出机制、出网络）（见图 6-3）。

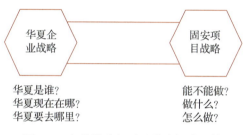

图 6-3　企业战略与项目战略组成哑铃

那么华夏幸福为什么要做"产业运营商"？我经常说战略就是预见，对国家、区域发展战略的预见，对华夏幸福来说，与当时的地产龙头去竞争拿靠近北京的地显然是不具备竞争优势的，那么如何弯道超车，另谋出路呢？我当时提出的核心理念就是经营城市，做产业运营商，因为此时廊坊的产业发展契机已经具备，不做开发商也能绕过地产龙头的同质化竞争，充分发挥华夏幸福的软实力。

那么如何实施华夏幸福的"产业运营商"目标呢？固安就是其核心的引擎，也就是我们常说的"模具型项目"。最关键的就是要解决做什么与如何做的问题。考虑华夏幸福的产业园区应该做什么？

分析中国工业园区发展的几个阶段。中国工业园区发展的第一个阶段是"捡到篮子里都是菜"的混合园区阶段，什么企业都往园里装。第二个阶段是专业化园区阶段，第三阶段是高新科技园区，最后必然走向总部经济区，就是产业高端和高端产业的聚集地，所以华夏要做就要抢占制高点，在北京周边做升级版的园区。那么升级版的产业园区如何做呢？这就需要给华夏幸福设计一套独特的运营模式，即长短相济，长就是做工业园区，帮助政府招商，短就是做房地产，然后以短养长。

2002年，华夏幸福与廊坊市开发区、固安县人民政府共同成立了三浦维特园区建设发展公司，共同开发固安工业园区，自此真正开始了"华夏模式"的实践探索。从2001年固安财政税收6000万元（一个非常贫困的县），到2011年固安县政府的财政税收达到了13.28亿元，10年间，固安工业园区的发展给廊坊城市发展也带来了质的飞跃。而华夏也终于用10年时间成就了一个"华夏模式"。此后华夏在环北京周边香河、大厂、广阳、滦平、淮海成功复制多个产业园区和产业新城，也在沈阳布局了苏家屯区、沈北新区等地。

此后，华夏幸福迎来高光时刻，靠着独特的"产业新城+孔雀城"模式，在竞争激烈的房企中间杀出了一条血路，一时风光无限。到2016年左右，华夏幸福以1200亿元的销售额，排名中国房企第8位，可谓风光无限，当年华夏幸福的三亚年会上，"海鲜成山、啤酒成海、现场发宝马"，其盛况震惊地产圈，然而好景不长，巨大的危机也正在逼近。

正所谓成也环京，败也环京。2002年和华夏幸福合作时，智纲智库准确地把握住了北京快速扩张的前夜，统筹区域战略和企业战略，帮助华夏幸福制定了"产业新城+地产"的模式，重点布局环京区域。但隐患也在这上面，虽然华夏幸福的销售规模在2016年超过1000亿元，本质上来说它还是区域性地产公司，不是全国性公司，因为它当时的布局80%在环京地带，营业收入的绝大多数也依赖环京地带，一旦环京地带不稳，其销量一定出现断崖式下跌。

王文学本人也意识到了这个问题，在 2016 年的春节，他曾专程坐私人飞机来三亚和我会面，第一句话就是："王老师，未来中国怎么发展，我看不懂了。"应该说，王文学还是有敏锐的战略眼光的。当时整个中国正在发生着深刻的变化，不单单是环京的政策导向问题，而是整个华夏幸福的发展战略面临重大转型。我和王文学说："不只是你困惑，当前中国绝大多数人都处在迷茫中，我们可以来合作，共同破解这个时代之问，并开创华夏幸福的下一个 10 年。"

2016 年的"双王会"，本应是华夏幸福发展过程中一个非常重要的节点。但遗憾的是，王文学犹豫再三，最终选择了另外一家国际知名的咨询公司，斥巨资请其为华夏幸福制定战略。该公司最终所拿出的战略方案，还是按照传统的产业新城模式，强化组织管理和区域授权，在三四线城市到处开拓产业新城，在全国告别土地模式的大背景下，这一战略一方面增大了企业的投资，另一方面并没有产生相应的收益。在错误的战略下，越努力，结果却越糟糕。当扩张不力时，公司收入结构主要在环京冀附近，雄安新区战略浮出，限购政策出台，基本上华夏幸福就已经丧失了回旋的余地。

在智纲智库看来，当时中国的城市化进入到逆城市化和城市更新的前夜，尤其是在经济发达地区城市、一线城市和区域性中心城市，城市更新成为城市化发展的主战场和城市建设用地的主要供应来源。北京、上海等城市已经明文规定，未来城市建设用地零增长、负增长。2016 年，广东省省国土资源厅下发《关于进一步规范土地出让管理工作的通知》，明确原则上广州、深圳市今后每年使用建设用地总量中存量地的比例不低于 60%，这必然要求城市发展转向存量土地的利用。

与此同时，随着产业升级和劳动力成本的上升，各大一线城市已经开始出现产业外溢的趋势，这时候传统的招商引资模式也将越来越困难，政府欢迎的招商引资必然是高品质、高技术、高资本的产业和高端服务业，而这样的企业本身又十分稀少，也是华夏幸福力有未逮的。在这种情况下，华夏幸福如果继续凭借产业新城的模式，在城市郊区疯狂圈地，注定会失败，因为这是与整个中国发展的大趋势背道而驰的。

在智纲智库看来，华夏幸福的战略应该是告别产业新城时代，以长三角和珠三角为发力点，以城市更新为手段，以2000~3000亩空间为主战场，利用巨大的招商能力和第一产业地产品牌影响力，必将产生良好的效果，并走出下一个10年。

犹记当年，我在固安模式10周年面向华夏幸福基业高管授课时，曾讲过这么一段话：

> "（华夏幸福）下一个十年怎么走，就要回答好我是谁的问题，哪些是必然的，哪些是偶然的，哪些是需要扬弃的，哪些是需要继承的。如果华夏认同中国经济发展必须从量的增加到质的提高，如果我们都认同这个的话，就要坚定不移地往这边走。继续坚持乌龟精神，最好是乌龟兔子两手都要硬，让兔子骑到乌龟背上，累了兔子可以在乌龟背上睡觉，休息好了继续跑。以短养长，长短相济。但千万不要被各地投怀送抱的招商条件吸引，而到处盲目扩张。华夏的核心能力就是创造市场的能力，这个（传统）一定要继续发扬下去。"

人不能两次踏进同一条河流，当年之言，犹在耳畔，华夏幸福的成功也好，失败也罢，都和战略脱不开关系。至于华夏幸福的未来将向何处去，我们只能报以良好的祝愿了。

CHAPTER 7 ——————— 第 7 章

如何进行战略制定

在上一章中,我们系统地讲述了战略分析的三大法则,这三大法则之下,面对具体的情境与多变的环境,往往能产生多样的战略应用方法来指导我们认识和改造世界。

正如同"道"与"术"、"纲"与"目"、"兵法"与"剑法",即使都是方法论,也可以分为"里子"与"面子",前者相当于"战略分析三大法则",后者则是直接用于指导战略实践的具体应用方法;前者相对固定,后者则要结合实际情况具体分析。

在长期的战略策划实践中,基于战略分析三大法则,智纲智库将各种各样的战略应用方法凝练总结成"制定战略的四步法:预见—找魂—聚焦—协同",从前期的研判到后期的实施方法,这"四步法"贯穿了战略制定的全过程,是方法论的"应用层",可以直接用于特定场景与情境下的战略实践指导,因此实用性更强(见图 7-1)。

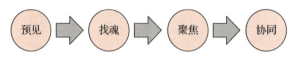

图 7-1 制定战略四步法

如图 7-1 所示，四步法的原点起于战略预见，判断趋势和转折点；核心是找魂，找出定位、方向和指导方针；进而找到关键点进行聚焦，寻求突破；最终围绕战略目标和聚焦点，将各种要素和行动协同起来形成系统力量来达成战略目标。

战略就是预见

战略指导方法的起点是预见。凡事预则立，不预则废。有预见，方致远。没有预见，就会如"盲人骑瞎马"，漫无目的，处理问题时陷入"头痛医头，脚痛医脚"的困境，所谓的理念与战略创新也就成了无源之水、无本之木。

条条大路通罗马，战略就是寻找最近的那条路。所谓"最近"，指的是离大势最近、离事物的发展规律最近。面对时代的快速变革，一个企业能否持续发展，能否打造百年老店，不在于它一时的技术领先或市场占有率，关键在于它能否审时度势，在一个又一个时代的转折点上及时调整企业的航向，最终实现"好风凭借力，送我上青云"。

我常说"战略就是预见"。是否具有预见力，是评判一家战略咨询机构的核心指标。智纲智库的预判是来自对各种信息敏锐捕捉和深度分析的能力，对事物发展规律的把控能力，以及对纵向历史和横向国际比较研究的能力。

回顾这些年来，无论是在房地产领域，还是城市发展领域，在不同的历史时期，智纲智库都以鲜明的观点、鲜活的成功案例，对行业发展的方向做出了预见和指引。

成功的预见，是科学地调研基础、立体地跳出思维方式、敏锐地洞察以及准确地对标这四项方法的综合体现。

1. 调研，建立预见的底层根基

毛泽东说，没有调查，就没有发言权。再深的理论基础、再创新的思维方式，都离不开调研这个根基。因此，战略方案必须要"脚踩实地，嘴尝市场"，通过科学的调研方法来建立战略预见的底层根基。

为了做好调研，有以下三个关键之处：

一是与战略决策者沟通。我们常说战略要因时因地因人，而其中因人最重要之处就是要因"战略决策者"。因此，必须先与战略决策的主要当事人直接沟通、充分交流，在此基础上带着问题去思考，再对扮演不同角色的其他相关人进行访谈。

二是必须到一线接地气。"从群众中来，到群众中去"，说的其实也就是要深入现场、深入一线，进行接地气的实地调研、踏勘，一方水土养一方人，要用脚和嘴巴调查，亲身体验和感受各个区域的风土人情，动用我们所能动用的一切感官去体验、去倾听、去观察、去问询、去思考，从"眼观六路"到"耳听八方"，从"嘴尝市场"到"用脚丈量土地"；从"地图扫描"到"重点深入与访谈"……不能过于依赖二手资料与他人的研究报告。所有的战略决策都是在信息不对称、信息不充分的前提下进行的，谁也不可能把所有的信息都占有，都穷尽，在纷繁复杂的商战过程和变化莫测的战场交锋中尤是如此。偏执于泛泛收集海量的信息会非常低效甚至可能制造混乱，必须致力获取有价值的关键信息与情报。

三是发现真问题。在我们调研的过程中会产生很多的显性问题，发现诸多显性问题中的真问题是调研的核心价值。梳理和界定好问题，就是成功的一半。有些问题是表面问题，不是本质问题；有些问题是战术性问题，不是战略问题；有些问题是伪问题，不是真问题，一定要梳理清楚战略最终要达到的根本目的是什么，以终为始，不要在伪命题和旁枝末节上浪费调研与分析的时间。

从理论上说，市场调研当然是越细越好、越深越好、越全越好，但事实上，过度追求市场调研的完美与充分是难以完成的任务，甚至是一种浪费。市场调研毕竟不是目的，只是一种手段。

做项目时，时而会碰到甲方要求我们做过度的市场调研，比如我们做一个产品策划，甲方要求我们针对可能购买这个产品的人群数量与构成比例等拿出准确的数据，还有的要我们对所有竞争对手产品的具体情况拿出具体翔实的数据等，这样市场调研工作就会无穷无尽。

我曾经说"市场不是调查出来的"，并不是说市场调研不必要，事实上我们非常重视调研，只不过方法与西方不同，我们更像老中医，有许多案例，有长期积累的信息情报。同时我们在各地都有"堡垒户"，有大量的第一手资料，既保证信息的真实可靠，又可大大缩短信息和情报的传递过程，然后通过甄别、提纯，得出结论。

任何一个案子，我们都用短则三五天，长则十多天来进行实地考察、人员访谈、资料收集等。特别是人员访谈部分，我们经常访谈很多老板、专家、相关人等不同层面、不同类型的人，通过交谈，捕捉、发现、消化、加工、归纳、整理他们已经经过深思熟虑的、纯度很高的信息，得出分析和判断。可以说调研的过程在我们生活的时时刻刻都在进行，我们每到一地就研究城市，"读万卷书，行万里路"已经成了习惯。

至于常规的市场调查，我们往往把这种任务分解给下游的专业调查公司去做，得到的数字统计结果作为我们分析判断的参考，但绝不是完全地依赖。面对时刻变化的市场，刻舟求剑式地用静态的东西把握动态的事物，必然会得出荒唐的结果。

市场调研要把握度，不要过度偏执于市场调研，尤其不要迷信调查问卷。有些人"很理性"，只相信数据，特别只相信那些刚刚出炉的一手调查问卷所得出的数据，其实这些数据未必真实，因为有些人填写的时候未必是填写了真实的需求和动机，即使是真实的，这些数据也只能代表过去的情况，不能代表未来需求。

随着信息技术革命的深化，社会发展与变化的速度与节奏越来越快，不确定性、不稳定性和不可预见性日益增多，产品与企业的生命周期日益变短，工业文明时代的长周期与稳定性正在消失，消费需求日益分化且模糊不定，机会越来越多但稍纵即逝。在这种情况下，静态的、定量的、模式化的市场调查结果往往只能体现现实的状况，不能反映未来市场的变化，以此为依据设计方案，难免会犯刻舟求剑的错误。而建立在信息的广泛性、多样性和商业经验丰富性基础之上的、敏锐的市场直觉往往会给我们提供正确的方向。所以，最根本的是要动态地把握市场需求的趋势，从而适度超前地引导和创造市场，才能掌握竞争的主动权。

乔布斯在采访中，曾多次被问到苹果为什么不做市场调研，乔布斯是这样回答的："有些人说'消费者想要什么就给他们什么'，但那不是我的方式。我们的责任是提前一步搞清楚他们将来想要什么。我记得亨利·福特也曾说过，'如果我最初问消费者他们想要什么，他们应该是会告诉我，要一匹更快的马'。……人们不知道自己想要什么，直到你把它摆到他们的面前。正因为如此，我从不依靠市场研究，市场调查能告诉你消费者对产品的看法，能告诉你他们想要哪些改进，但消费者无法预测他们没见过的产品。对于有些事情，市场调查是无能为力的，只有把产品摆在消费者眼前，他们才能反馈有用的意见。"㊀

2. 跳出，站在月球看地球

在互联网时代，从不缺乏信息，而是缺乏判断。如果说调研是预见的根基，那么科学的思维方式则是预见的核心。

不谋全局者不足以谋一域，不谋万世者不足以谋一时，"跳出"就是一种重要的思维方式，是我们的独家法宝之一。通过跳出和升维思考，"跳出三界外，不在五行中"，把握事物的前世今生和来龙去脉，才能进而谋划下一步的方向和行动。我们常常通过以下几种"跳出"来研判大势。

跳出空间。对空间形态而言，任何一个事物都不是独立存在的，只有站在更宏观的尺度，如站在全国乃至全球战略态势的高度来俯瞰，才能发现其在大坐标系下的战略位置和独特价值。千禧年年初，我们应邀为呼伦贝尔做战略策划时，就是以跳出呼伦贝尔城市本身的视角，站在"中俄蒙大金三角"等国家新一轮发展战略的高度来审视。通过跳出，超脱于常规城市一味追求 GDP 的玩法，在中俄蒙三国的国家战略中找到了呼伦贝尔的国家战略新方位和独特新使命，从而打开了视角，纲举

㊀ 沃尔特·艾萨克森. 史蒂夫·乔布斯传 [M]. 管延圻，等译. 北京：中信出版社，2011.

目张，最终为呼伦贝尔找到了魂。

跳出时间。跳出发展阶段，站在未来看现在。企业和城市想要有清晰的战略判断，就得立足未来，谋划当前。比如，贵州省委省政府根据信息经济发展趋势，前瞻性地且相对精确地预见到了数字经济时代的到来，预见到了数字经济对贵州、对中国的巨大推动作用，预见到了阿里、腾讯、华为、苹果等企业数据中心落户贵州后对数据中心硬件、软件以及存储、应用、衍生开发包括对IT产业的巨大拉动效应，对政务云、行业云、企业云的重大推动作用，以及后续的产业互联、智能商业、智能社会的潜在影响，于是反弹琵琶，提出并实施"大数据"战略，建设成了中国大数据经济发展试验区。

跳出区域。在城市经营领域，任何一个城市和地区都不是孤立地存在着的，必然处于更大尺度的区域关系中。只有把城市和地区放在更宏观的尺度上，才能更准确地审视出城市或区域自身的长板和短板，发现自己的核心竞争力，从而因时、因地、因人地制定出相应的战略与策略。

2003年，在我们策划大成都项目时，正是通过跳出成都看成都、站在整个中国城市竞争的版图上来发现成都。

通过跳出区域，这样一幅画卷出现在我们眼前：随着城市化浪潮的高速推进，中国的城市经济版图上已经初步形成了三大城市经济圈——京津唐城市圈、"长三角"城市圈、"珠三角"城市圈。这三大城市圈为中国的综合实力奠定了坚实的基础，犹如一支强劲的长弓，而长江流域经济带则如一支利箭，张弓搭箭，确立了中国经济整体均衡发展的格局。但决定这支箭的射程和威力的关键不仅在于弓，更在于是否有强有力的支点。

中国想要实现整个经济的均衡增长和可持续发展，关键在于中西部的崛起。没有西部的城市化，难以想象中华民族的复兴；而西部崛起的关键还在城市，特别是能否最终形成可以支撑起整个中国城市化版图的中流砥柱。一个前所未有的历史机遇正摆在所有西部城市面前，时代在呼唤西部挺起城市化的脊梁。也就是说，从国家战略出发，东部的城市群做得再好也只是锦上添花，而西部城市群则具备"不鸣则已，一鸣惊人"的可能。

在城市中国这个引弦待发的格局上，幅员辽阔、发展滞后的西部亟须形成新的城市圈作为发力点。如果说中国城市经济的新格局是张弓搭箭的"3+1"，那么"3+1"格局中的"1"，只可能出现在西部，这是历史给予西部的一个没有任何理由拒绝的天时！而放眼西部，在有可能参与竞争的"种子选手"中，谁能抢先一步、扮演"1"的角色呢？

毫无疑问，最有条件争当第一城的只有三个城市，即重庆、西安、成都。这三个城市三足鼎立，都有争当"西部第一城"的雄心壮志，正在上演一部当代西部的"三国演义"。而其中，重庆得天时。重庆具备中央直辖市的政治优势，同时享有三峡工程建设带来的机遇，已经成为国家拉动西部经济增长的战略基地。西安占地利。西安占据西北门户的战略枢纽地位，文化底蕴深厚，在西部大开发的背景下，已提出争创"西部最佳"的发展目标战略。成都则赢人和。我们认为，成都在软性资源上拥有前两者不可比拟之处。作为天府之国，成都几千年来就是休闲城市，富饶闲适、山川秀美、文化底蕴独特，从来都是西部最大的消费城市，只要成都在城市经营中把各种人和资源整合好，就很有可能成为中东部与西部之间的超级"二传手"，前途无量。

因此，成都的历史使命不应再满足于作为西南区域的经济中心城市，而是在"3+1"的宏观背景下，如何最大限度地发挥自身的潜力与优势，真正成为挑起城市中国"3+1"格局的大梁，这一"跳出成都看成都"的战略判断，也得到了当时成都市主要领导的高度认同。

跳出行业，跳出行业看企业。在一条没有航标的河流上，是没有现成的行业经验可循的，如果企业不能跳出来审视，结果常常会走入死胡同。这里并不是要否定行业经验，而是说要懂行业，但不能被行业经验所限。在我刚进入咨询领域做第一个项目碧桂园时，就曾提出"房地产不等于钢筋加水泥"，这其实说的就是我们需要跳出地产做地产，去寻找地产究竟是为人们的什么需求服务，最终，通过对未来生活消费的预判，我提出，未来的房地产做的不再是钢筋加水泥，提供的不再只是挡风遮雨的功能，而应该上升到"生活方式"的高度，"给你一个五星级的家"，这也让碧桂园摆脱了就"房"论"房"的困境，在房地产市场"万马齐喑"的大背景下走出一条新路。

跳出自身，跳出战略主体和当事人。创新始于跳脱，我发现，但凡是那些深谙市场经济创新之道的人大多是懂得超越的杂家，是游戏规则的制定者。这也是为什么人们常常会发现，但凡是那些创造出传奇的人，大多是些游离于常规视野之外的边缘人。而那些死盯行业领头羊及竞争对手、死守自己的一亩三分地、墨守成规于自己的行业、拘泥于所谓专业领域的人，几乎不可能打破陈规，发现真正的潜在的市场变革力量，进而实现突破创新的。只有跳出自身局限，跳出战略主体和当事人，站在局外和超脱的视角，才能更好地关注全局，从中找到战略的关键所在。

跳出对手，跳出竞争，重视需求。战略大师迈克尔·波特写了三本书《竞争优势》《竞争战略》和《国家竞争优势》，号称"竞争论"三部曲，风靡全球，被推崇为殿堂级的战略教科书。因为迈克尔·波特的"竞争论"越来越普及，在各大商学院是必讲内容，在管理和战略类的教科书里铺天盖地，让越来越多的人掌握了竞争分析的基本方法论。这确实是好事，但随着时间的推移，人们对"竞争论"越来越推崇，在这一过程中有些问题也慢慢形成了一个误区，有些人误把竞争战略视为战略的全部，其实这仅仅是战略中的一部分。

诚然，商场如战场，在竞争日趋白热化的今天，产品的生命周期越来越短，稍一懈怠，就可能被竞争对手超越甚至颠覆。经营产品的人都有一种强烈的危机感，神经绷得紧紧的，时刻关注竞争对手的一举一动。一方面是竞争分析，一方面是需求分析，竞争分析和需求分析哪个更重要？我认为还是要跳出对手、跳出竞争，需求分析更重要。我很欣赏一句话，"小策略看对手，大策略看市场"，小策略看对手，小的战术打法（如营销促销等战术层面）要看对手，保持警觉和关注；大策略看市场，主要是看需求，把握需求的变化是根本。

但是有些人对竞争对手过度关注了，甚至到了神经质的地步，竞争对手一有风吹草动，就立马响应，结果失去自己的战略，不能按自己的牌理出牌，一味响应竞争对手的"号召"去了。"知彼知己，百战不殆"，对竞争对手保持关注是必要的，但过度关注也是毛病，也得治。

战略的本质不是走别人的路让自己去说，而是走自己的路让别人去说，战略就是做最好的自己，按自己的牌理出牌，你打你的，我打我的。所以，对竞争对手保持适当关注就可以了，不要过度关注。真正的高手甚至是"目中无人"，你认为是竞争对手的，他认为那根本就不是什么竞争对手，因为他的思维意识已进入了"无竞争"的境界，我们把这个叫"升维思考，降维打击"。

跳出惯性，跳出路径依赖，跳出成功模式，跳出思维定式。在那些已经非常成熟的领域，已经有系统的经验和规律可循的情况下，当外部环境改变时，惯性就成为改革的阻力，让人陷于原有的视野不能自拔。在变革大潮中，企业反应不够灵敏，多由于路径依赖、成功模式、思维定式等惯性思维。只有跳出惯性，才能踏浪前行，勇立潮头。如华为在其国际化战略阶段，变营销团队为"铁三角"，让听到炮声的人呼唤炮火，其实就是在减少对惯性的依赖，从市场中听取真实的声音与需求。而对那些沉溺于惯性而不能自拔的人来说，昨天的成功之因，很可能就是明天的失败之源。

3. 洞察，发现关键变化

管理学大师彼得·德鲁克有句名言："重要的不是趋势，而是趋势的转变。"趋势的转变才是决定一家企业及其努力的成败关键，**这些变化背后的"为什么"，才是战略人感兴趣的东西**。因此，战略预见需要因小见大、见微知著，需要保持高度洞察力和敏感力，尤其是对关键变化的洞察力。

每一个新的时代浪潮到来的时候，总是有一小部分人先知先觉，绝大多数的人后知后觉，还有一小部分人无知无觉。谁先知先觉，率先洞察到事物的本质和关键的变化，谁就有可能成为赢家。

当船的桅杆顶刚刚露出的时候，这一小部分人就能看出这是要发展成为大量的普遍的东西，并能加以掌握，这就叫洞察，而桅杆就是那个关键的转变。洞察不是灵光一现，而是逻辑推导。洞察说到底还是透过现象看到本质的能力。从最初不停地追问"为什么"，进而寻找事物间的因果关系开始，寻找洞察的整个过程都需要坚实的论点，支撑层层的逻辑递进，其中也包括正向与反向逻辑的配合和验证。

德鲁克本人就是在"二战"后洞察到了工业革命、信息技术和知识经济带给人类社会的变化转折，一是发现新的生产力，二是预见了新的生产关系。他跳出了泰勒科学管理的框架，跳出了韦伯的科层制，甚至跳出了普通的经济发展周期，成功地预见了"工业人的未来"和"知识阶层"的崛起。第一次指出工商企业不仅是"社会细胞"，也是"社会公民"，而管理则是"社会器官"，并以此作为终身研究对象，从而成为管理学领域的大师。

在一个人的一生中，真正决定其命运的不过是为数不多的几个瞬间而已，但真正能抓住这个瞬间的只有极少数人，企业的发展也是如此，当战略转折点来临时，只有少数先知先觉者能成为赢家。

微软的比尔·盖茨是信息经济时代的典范，与其说他是网络天才，不如说他是商业天才。他最强的实际上是商业头脑，是预见市场潮流，并有一流的市场整合手段和整合能力，而这恰恰是中国的企业家所缺乏的。当所有的人对形势都不看好的时候，都在等、靠、望的时候，也许对有远见的人来说正是个千载难逢的机会。

在国内，雷军在战略上的大方向布局，极具前瞻性和穿透性，他在"移动互联时代"到来之时，成功洞察到市场中苹果、三星等高端机放弃和忽视的市场空间，切中广大中低收入阶层对移动互联时代手机的巨大而蓬勃兴起的需求，从而成功创立小米，开辟了新市场。到了2013年，雷军对互联网发展又做出了一个基本判断：第一阶段为互联网，第二阶段为移动互联网，第三阶段为物联网。每个阶段，必会有成就万亿级别公司的机会。小米手机就是踩准了移动互联网的风口，才在三年时间内做到了当时的中国第一。在对下个互联网风口做出判断后，雷军决定不错过物联网的风口。

以小米当时的体量,无法直接做物联网,且小米手机正蓬勃发展,无暇顾及其他产业的发展。雷军也强调:小米必须专注,否则会降低效率。

在这样的认识下,小米的生态链战略分为三步法,第一阶段采取用硬件的方式去占领市场,形成几千万的粉丝和上亿的用户作为基础;第二阶段迅速寻找好公司、好项目,找专业的、优秀的人,用"投资+孵化"的方式培育一堆兄弟公司,打"群架";第三阶段用小米的平台和资源迅速布局物联网,基于用户价值和大数据为基础进行商业拓展。最终构建成以手机为核心,聚焦于手机周边、智能硬件、生活耗材三个圈层,并通过轻资产的管理输出,将各类硬件的制造商集成到生态链上,构成一个极具活力的产业共同体。从 2013 年开始,小米着手打造生态链,3 年后,小米生态链企业达到 77 家,2020 年超过 200 家,销售额突破 300 亿元,其中石头科技和九号机器人近日获批注册 A 股科创版。目前,小米生态链已经有四家上市公司,成为占据 IOT 领域半壁江山的"小米集团军"。

今日的雷军,决定全力投入汽车行业,而且是以全资模式入局造车,并计划首期投入 100 亿元。如此操作,也就意味着小米在智能电动车业务上将具备绝对掌控权。而这种绝对的掌控,也更让我们有理由相信,雷军是认真的。

就像苹果颠覆了传统手机业一样,智能汽车将彻底颠覆传统汽车业。如果说二十年前,李书福曾放出豪言:"汽车有啥了不起,不就是四个轮子、两部沙发加一个铁壳吗?"那么现在的智能汽车,无非就是"在四个轮子、两部沙发加一个铁壳的基础上,再加一部手机"。未来在新一代消费者眼里，汽车作为交通工具功能的属性被弱化，但其智能终端属性和情感属性将被强化，汽车不仅是超级智能终端，也是超级生活场景，更是未来"第三生活空间"。汽车的智能化、平台化、软件化将彻底解放消费者，车内生活将成为日常生活和兴趣爱好的延续，汽车变成"超级生活场景"，可以帮助我们充分利用日常碎片化时间，为我们提供更丰富的社交、娱乐、学习、办公等服务。

在这一场全球汽车产业发展的革命中，中国正在成为领军者。全球排名前 20 的车企，中国独占 6 个；全球排名前 7 的造车新势力，除特斯拉外，中国独占 6 个。在政策支持、技术先发、资本热捧、市场巨大、车企集体创新的共同驱动下，中国引领的这场变革带来的影响无论是速度还是深度都远超想象。如此延伸开来的万亿级市场，才是雷军押注的关键所在。

4. 对标，建立参照系

物质世界的运动是绝对的，静止是相对的。预见绝对的变化与绝对的趋势很简单，而预见相对的变化和相对的趋势才能找到机会点。因此，成功预见需要寻找参照系，大势把握离不开切片式分析。

他山之石，可以攻玉。在行业中，参照系可以是竞争企业，可以是领头企业；在项目中，参照系可以是成功项目案例；在区域中，参照系可以是世界领先发展城市……比如上海大都市圈对标东京都市圈进行规划，比如成都双流机场对标上海的机场进行国际空港商务区的规划。只有准确地在横向空间和纵向时间中找到对标，切片式分析，才能在下一步更好地为目标对象找魂。

◎ 案例

99 昆明世博会战略

预见云南新发展，跳出世博做世博

1999 年夏天的记忆是属于云南的。在长达半年的昆明世博会上，全中国的目光都开始关注这个地处边陲的西部大省，云南省的经济发展也因此一举进入了快车道。

恐怕很少有人会知道，99 昆明世博会在筹备之初可不像后来所展现给世人的那样风光。对当时的云南省政府来说，世博会原本就是一项形象工程，"会展经济"这个字眼对当时的人们来说还很陌生。

对主办方而言，园艺博览会无疑是一个苦差事，不仅会期长达半年、投资巨大、资金短缺、时间紧迫、经验匮乏，而且只能成功、不能失败、绝无退路。如此庞大的项目指望用边设计、边施工、边修改的传统方式运作，可谓举步维艰。而要把一个会展当作一个项目来经营又心中没底，人们担心仅靠云南省烟草业的财力很难支撑，搞不好会成为一个要填钱的"无底洞""老虎机"，成为全省人民的沉重包袱。

为此次会展买单的烟草企业也不看好园艺展览，认为这次活动纯属好大喜功，投下去的钱肯定是打水漂。但事已至此，于是就提出了一个想法，成立世博股份有限公司，所有的烟厂出的钱不是摊派而是它们的投资，等项目做完以后，再对沉淀下来的资产进行公司化运营。

谁知筹备了一年以后，基础设施改造和启动项目砸了几十个亿，却发现仍旧操作不动。万般无奈之下，1997 年 7 月，云南省世博局千里迢迢跑到深圳请智纲智库出谋划策。我们在考察了在建的世博园之后意识到，当时的世博会是一个典型的政府工程，是官僚意识的产物，其弊端在前期操作的过程中暴露无遗：一是"肥水不流外人田"，做广告就成立一个广告公司，施工就成立一个工程公司，各人只管自己的一亩三分地；二是"建场馆的思维"，只知道花钱盖场馆，只考虑如何开会，缺乏市场拓展意识，没有考虑过世博会过后能给云南留下什么，也没有考虑过如何预留管线。

但任何一件事情，只要能够把握得好，坏事往往会变成好事。世博会要想成功，不能再走"官办官看"的老路，首先要搞清楚一个最基本的问题：云南为什么要办世博会？99昆明世博会究竟能给云南带来什么？

实际上，当时云南省的经济正处于从量变到质变飞跃的前夜，只不过没有人把这种突变与一次花花草草的展示联系起来。

云南省经过十多年的摸索和创业，到20世纪80年代中期已经初步形成了烟草、矿产、糖茶、旅游四大支柱产业，经济和社会发展水平在原来的基础上有了较大的提高。从那时开始，云南省经济发展进入了持续快速增长的时期，而且通过举办"全国艺术节""昆交会"等大型活动，初步树立了云南省的整体形象。

尤其是云南作为烟草大省已经有了一定的财政积累。与此同时，云南作为旅游大省的格局也已呼之欲出：云南省拥有世界上独一无二的自然地理条件、巨大的生物资源宝库、丰富多彩的少数民族文化和风情，历来就是一个生物资源大省和旅游资源大省，其前途不可限量。

就资源而言，全国其他旅游大省有的资源云南省都有，其他省没有的云南省也有。云南省的旅游产业延伸是多元化、多层次、全方位的，其独具的优势显而易见。

- 美不胜收的民族风情、奇观异景，造就了结构立体、发展势头良好的多元经济。

- 烟草给云南省财政带来的积累改善了云南省的交通环境，众多机场创造了发展的条件，云南作为旅游大省的地位不断攀升。
- 植物世界的绿色产业、高科技产业这两大支柱产业符合国际发展潮流，很容易得到各方面的认可，只要找准对接点后，就能像大桥合龙一样，得到超级机会，产生联动效应，以此，云南省就会发生天翻地覆的质变。

在当时，党的"十五大"明确了走市场经济之路以后，传统的计划经济体制正逐渐被市场经济体制所取代，区域经济的发展战略也由过去的均衡发展转向非均衡发展。可以说中国进入了一个区域经济发展的"春秋战国"时期，各区域在由各种潮流汇成的经济海洋中"百舸争流"。

为了能够在这种形势中脱颖而出，抢占"制高点"，各省、市、自治区都在千方百计地捕捉机遇，加快制定和调整自身的经济发展战略。

世界园艺博览会落户昆明，正是这样的一个超级机遇，但是相当一部分人理解得很单纯，只是为办世博会而办世博会，把主要精力放在了场馆建设及诸多问题的协调上。按照这种思路，固然可以集全省之力完成任务，但结果只能是劳民伤财、怨声载道，亦将使云南省错失经济腾飞的良机。

因此，我们判断，整个世博会的操作必须走出一条新路。现在云南省已到了产业升级换代的关键时刻，即要完成从一个烟草大省向旅游大省、从一个有色金属大省向绿色生物大省的转型。从这个角度看，世博会不仅不是包袱，反而是云南的一次历史性机遇。

我还建议云南省在做世博园的同时，要顺利地打通云南各个州的交通航线，趁这半年上千万消费者过来的时候，能够全面地体验一个完全不一样的云南。丽江搭了99昆明世博会的便车，火速修了机场，迅速通航，后来的事实也证明，这个机场极大地推动了丽江的发展。

在当年世博会的策划报告中，我曾写下这样一段题记："99昆明世博会之于云南的意义，不单是关乎一个边疆省份能否代表国家成功举办一次国际性活动的问题，而是在于能否通过科学的策划整合云南省与国际、国内的各种相关资源要素，把世博会作为一个超级支点，用超绝的思路和经营手法做杠杆，借助这次机会撬动云南这个经济板块，在促成它的经济升级、转型的同时，亦为中国中西部地区社会经济的发展闯出一条令人耳目一新的超常规发展道路来。"今天回过头来再看，这段话可以说是对"战略就是预见"的现实版阐释。

战略就是找魂

预见力是准确把握未来趋势的关键能力，预见之后，我们才能打通现在和未来，穿越偶然和必然，连接起点和终局，找到前进的方向。这个洞察本质、直达核心地发现问题关键，并找到独特解决方案的过程，我形象地称之为"找魂"。

找魂主要回答"我是谁""我从哪里来""我要去哪里"，解决"唱什么调，树什么旗，走什么路"等战略最核心的问题。小到一个项目、一个企业，大到一个城市、一个区域，有了"魂"，才能以此作为战略推进的逻辑和起点，才能成为整合资源、集中力量、汇聚目标的战略"定海神针"。通过找魂为区域、企业或者项目找方向、找平台，给决策者换芯片、找信心。

城市的发展如果没有魂，将会出现产业定位不清、发展路径不明、短期建设与长期规划的矛盾突出等问题。如某城市没有魂的定位：某某城市定位为山水城市、园林之城——这只是说了城市的自然状态和形态，而未体现城市经济发展、社会形态的表达。尤其在当代的区域竞争中，寻找到自己具有唯一性、权威性、排他性的核心竞争力，是一个城市参与竞争的安身立命之本。

企业如果没有魂，只把目标当战略，把愿景、使命、价值观等口号当战略，或者把数据指标当战略，没有具体连贯性的战略、抓手和组织准备，将导致企业在市场竞争的浪潮中失去方向，如同德鲁克所说的，"像流浪汉一样无家可归"。

项目的发展如果没有"魂"，就会淹没在同质化竞争的茫茫大海中，脚踩西瓜皮，滑到哪里算哪里，或者是朝令夕改，多头出击，没有具体打法策略，最终将失去核心竞争力。

"找魂"可以为区域发展、项目发展或者企业发展找准方向、搭建平台、树立信心。有了"魂"，才有了战略推进的逻辑和起点，才有了策略设计、要素整合、操作监理、战略落地的"定海神针"。

找魂是一项系统工程，首先要明确我们要找的"魂"是什么，然后才能确定找魂的方法（即如何找"魂"）。在西方的语言体系中，和"找魂"比较接近的说法是"定位"，那么找魂与定位又有着怎样的异同？这些我们都会在后续章节中讲到。

1. "魂"是什么

何为魂？

"魂"是典型的东方式语言，按阴阳学的思想，灵魂是附在人躯体上作为主宰的灵体，失魂落魄，则多半命不久矣。

对个人而言，"魂"是理想，是前行指路的明灯，没有魂就没有坚定的方向。对企业而言，"魂"是决定企业核心竞争力的努力方向，对企业管理者、商业领袖而言，其使命就是为企业找到这个"魂"，明确企业的使命，建立长远的战略目标、愿景，带领团队一往无前。对区域而言，"魂"是城市特质的体现，蕴藏着千百年来的历史积淀，能展现它的未来与蓝图。而对中国而言，"魂"就是中华民族屹立于世界民族之林不倒的"中国文明"。

何为好魂？如何判断所找的"魂"是否精准？

我认为，第一个标准，是做到一枝独秀。

"魂"是穿透迷雾之后的深刻洞察，是透过现象直达本质的精准定位，必须具备在一定时期或一定范围内与众不同的属性，实现"唯一性、权威性、排他性"的统一。唯一性是差异化竞争的结果，权威性、排他性与策略思路、资源整合对象以及科学创新密切相关。三者的统一可以保证壁垒固若金汤，也可以赢得市场的追捧。具有这三性的城市、企业、项目或产品，可以在一段时期内处于错位发展的无竞争状态。

一个地方要发展，同样要将自己的"魂"最大限度地挖掘出来。在全球化的时代，特点越明显、越独特，就越能吸引人。如果连魂都没搞清楚，怎么能焕发生命力？怎么能锻造出独特的产业群？怎么能够展现出特有的个性、氛围和文化魅力？

个人的成长也是如此，一个人一定要有核心竞争力，智纲智库对咨询师的要求叫一专多能，要有一个最突出的能力，然后其他的能力也都不错，最起码要乐于学习，这才是具有竞争力的人才。

但需要说明的是，找魂追求的是相对的差异化，而不是绝对的差异化，一味追求绝对的差异化只会进入误区和死角，甚至是陷阱。差异化战略是迈克尔·波特最推崇的战略之一,但有些人明显误读了这一战略。我们在为客户提供咨询服务的过程当中,有时会遇到这样的客户,他们要求咨询顾问一定要出新出奇,要做出古今中外前所未有的东西,不然就说是没有创意,没有差异化。

这明显是对差异化的误读,"人无我有、人有我先、人先我变"是我们努力的方向,但妄想做到绝对的差异化是不可能的。如果真做到了绝对差异化,可能反而会死掉。这里并不是说反对颠覆式创新,但颠覆式创新是可遇不可求的,所有看似惊世骇俗的反叛背后都是对时代趋势和人性的深刻洞察,绝大多数情况下,我们实现的是相对的差异化。

"好魂"的第二个标准,是基于长板。发掘自身核心优势,把长板做得更长,不要刻意追求补全短板和面面俱到。要让长板发挥最大优势,形成核心竞争力。不要想讨好所有的人,要敢于"攻其一点,不计其余"。一桌宴席,待客的级别与好坏,主要从主菜体现出来。把长板当成一桌宴席中的主菜精心炮制,只要做好了这一主菜,则其他都属于配菜,衬托一下场面,热闹热闹即可。

产品定位不用要求完美,但要击中要害。如果只关注补短板,而能击中用户痛点的长板又未能形成,最终的产品往往是平庸的。只要你的长板能为客户解决痛点,提供可靠的解决方案,就一定有市场。

"好魂"的第三个标准,就是"说人话"。要站在受众的立场提炼诉求(产品名称、广告语),避免过于学术化、文艺化、复杂化。过于学术化一般是技术出身的老板喜欢做的事,把学术化的技术用语用于宣传,但是消费者不是专家,消费者并不能理解;文艺化一般是广告公司容易犯的错误,有些广告公司的文案过于文艺,追求"高、大、上"调性的创意，自我陶醉，而受众也未必能够理解；复杂化也常见，很多东西本来是很朴实的，但过于复杂化之后受众反而不理解了。

好的"魂"一定是"人话"，没有过高的解释成本和市场教育成本，是和群众打成一片，和受众群体约定俗成的语言体系相契合。如果语言体系不对，不"说人话"，本来很有价值的东西，但受众收到了也不能理解等于没有收到，也就变得毫无用处了。"好魂"要让受众一听就明白，通俗易懂，甚至可以是简单明了的口语白话。

"好魂"的第四个标准，就是四度协调，系统联动，从高度、广度、深度、关联度这四个角度全面把握项目。

何谓高度？

简单地说，高度就是要高瞻远瞩。做战略策划，一定要抢占制高点，把控前瞻性。

"登东山而小鲁，登泰山而小天下"。如果没有高度，就不可能有战略眼光，没有战略眼光何谈战略思维、战略策划？何谈把握大势、洞悉潮流？正所谓只有"登高壮观天地间"的胸襟和气魄，才能看清"大江茫茫去不还"的景象。

无论是政府项目还是企业项目，我们都需要站在挖掘项目的时代价值、把握中国区域竞争的格局以及世界产业发展规律的高度来分析、定义和构建。

何谓广度？

有了高度以后，需要更广阔的覆盖半径，覆盖半径越大，意味着有越广阔的市场。中国和美国相比，最现实的优势就在于巨大的统一市场以及广阔的经济腹地，以及潜力巨大的消费市场。

像美团、滴滴这种结合线上线下的公司，就是依托广度而存在的，但对互联网行业来说，规模效应不只意味着用户多，还意味着海量的数据，用户行为产生的大数据反馈成了公司创新流程中非常重要的一部分，在中国哪怕只有万分之一的用户渗透率，也可以形成14万人的市场。

美国200万人口以上的城市有4座：洛杉矶、纽约、芝加哥、休斯敦。中国则超过40座，而且这些城市的每平方公里人口数远超过美国。人口密度、劳动力成本、人口规模，这些是美团商业模式得以成立的真正原因，即使没有美团，也会有别的公司补上这片空白。

一个巨大的、统一的、需求旺盛的市场，将会催生无数机会，给很多中国企业带来巨大的优势。

何谓深度？

深度指的是思想深度，表现为超强的预见性和洞察能力。

深度的洞见是战略认知的起源，大风起于青蘋之末，星星之火可以燎原。如何找到星星之火，如何通过青蘋轻轻飞扬之势就能判断大风将至，这是一门学问，更是功力。考验的不仅仅是眼光，更是看问题的角度和深度。

我们都对苹果从树上掉下来习以为常，而只有牛顿发现了"万有引力"。你是就事论事，从点上看，还是由此及彼，从线上看，还是知其然，也知其所以然，合纵连横，立体地去看，你的发现都是不一样的。但发现不仅仅是看到，因为很多时候我们会视而不见，发现是深刻地看到，而且知道由此可能会带来什么。

从某种意义上讲，"找魂"首先是发现，但只有当在更大层面上深刻发现的时候，你才会发现美和价值。这一方面需要的是判断力和洞察力，这种判断和洞察往往来自直觉，甚至是一种天赋。

另一方面，则需要靠通过长期实践得来的知识储备和经验总结，让你在事情发生的时候能更大概率地判断出事物发展的轨迹，从而更好地应对。真正厉害的战略家，往往是这两方面的结合，既有天赋直觉的因素，更有不断总结的经验和不断增加的阅历，特别是具备从实际出发，接地气地调查研究和总结经验的能力，通过不断探索和实践，从而抵达思考的纵深。

何为关联度？

关联不是一个空泛的概念，而是一个纵横贯通、浑然相融的知识体系、思维体系和运作体系。由于行业分工，中国的规划师往往只懂空间不懂经济；专家往往熟悉理论而疏于操作；营销人士往往注重概念与传播，而对背后深层次的机制了解较少。

好的"魂"需要把经济、文化、生态、环保、社会、历史、民风、民俗这些打通，把经济形态、空间结构以及市场营销等深层次商业模式打通，对各个环节进行综合权衡考虑，最终转化成一种社会形态、生活方式，提供给社会。

有了高度、广度、深度、关联度，四度协调，我们所找的"魂"才能更加具有超前性。

2. 如何"找魂"

"找魂"的过程，一半是科学，一半是艺术；一半是理性的逻辑推演，一半是感性的创意。

"找魂"往往需要把握几个内容：一是认清本质，也就是找出真问题；二是认清主次，也就是找出主要矛盾和次要矛盾，找到大道理；三是认清阶段，也就是明确事物发展的时序，把握战略的节奏感；四是认清关系，也就是把握事物动态转换中的关联性。总结起来，找魂的方法大概有以下四种。

第一，大势把握，也可以叫作"顺瓜摸藤"。这里的"瓜"就是指"魂"，是对于一个项目、企业、城市乃至区域的战略定位。一般的咨询机构常常习惯于顺藤摸瓜，凭借数据或者依据专业的眼光得出结论，例如麦肯锡、罗兰贝格等西方咨询公司，长于翔实的数据和严密的逻辑，但失于灵动和整体的思考；而东方式战略的风格是报告往往是"功夫在诗外"，通过"顺瓜摸藤"的方式来找到项目的"魂"。

当问题显而易见的时候，凭经验、凭常识可以很快地找到解决问题的途径，也就是顺藤摸瓜，但如果问题错综复杂，不知从何下手时，就不妨顺瓜摸藤，采用逆向思维，大胆假设，小心求证，从你所要得出的结果出发，然后顺着结果去搜寻路径和线索。如此不仅可以提高解决问题的效率，少走弯路，而且还能很快找到近乎正确的解决方案。

所以，在面对各式各样的难题时，我们常常反其道而行之，为了在短时间内解决问题，常常是先到达具体事物的本质，然后用形象的语言表述出来，找到"魂"这个"瓜"以后，再围绕这个"瓜"来摸藤，去寻找相关条件和要素的支撑。

"顺瓜摸藤"看似效率高，但并不是一件容易的事情。看似是一种近乎先验主义的直觉，其实是建立在丰富的实践经验和对万事万物深刻的理解的基础上的判断。要求我们动态地把握市场需求的趋势，从而适度超前地引导和创造市场。

第二，抓大放小。"找魂"宜粗不宜细，寻找近似目标，方向大致正确就行，之后再通过科学方法和实践去验证、逼近和修正它。战略是一个随着环境变化的系列的、持续的、灵活变通的、动态管理的迭代过程。一步到位提出战略方向，然后根据战略制订计划、步步落实，管五年甚至十年，这种战略在工业时代早期的时候还相对可行。然而现在的时代不确定性越来越大，随着技术创新的不断突破，全球政治格局发生剧变，经济范式转型，"黑天鹅事件""灰犀牛事件"频发，僵化的战略思维肯定是行不通的。

面对中国这样一个不成熟的市场，市场瞬息万变，靠统计得来的数据很难准确反映出动态的市场变化，搞不好就会刻舟求剑，这就像烧水一样，看着刻度可以烧到 80℃，最后的 20℃ 得靠直觉、经验来把握。最根本的是要动态地把握市场需求的趋势，从而适度超前地引导和创造市场，才能掌握竞争的主动权。

第三，理念创新。创新是战略的灵魂。在这个资源过剩的时代，创新是最稀缺的资源。凡是可以克隆的东西，价值都是有限的。明天的竞争将主要是战略创新的比拼，这是"找魂"的必然要求。"找魂"可以是产品创新（服务或流程创新），也可以是组织创新（团队、机制、商业模式创新），但最具"找魂"意义和最有价值的是战略创新。战略创新需要拿出大创意、大思路、大抓手，或者是开创新标准、新行业，抢占行业第一或重新定义行业与产品。因此，"找魂"除了科学地认知之外，还需要具备打破或者颠覆原有模式的勇气和担当，创造市场，抢占制高点，掌握话语权，做到适度超前、合理跨界、放大比较优势，才能真正从"战术上的微创新"走向"战略上的大创新"。

创新要求我们能做到举一反三，新的理论不能通过现有的知识直接演绎出来，在读万卷书、行万里路、历万端事、上下求索之后，通过观察、类比、判断、归纳、演绎，甚至是移情、通感等，通过逻辑和事实的反复双重验证，触类旁通，如此找到的"魂"才能真正经受住历史与规律的考验，带动主体实现持续而长远的发展。

第四，迅速抓取。在战略过程中，一切都是那么迅速与突然，有时都来不及慢慢思考，建立模型再仔细验证。这就需要战略家的大脑具有超级的打通能力、及时精准的契合能力以及迅速抓取的能力。"找魂"或是在望尽天涯路之后，内心澄明豁然开朗，于电光石火之间，转瞬即逝的那一闪念；抑或是在战略机遇的市场窗口期很短、切入的时机极其短暂之时提出核心产品与核心创意，这就需要提前抢先占位，不然替代者、竞争者甚至威胁者都会突然来袭……能否把握最佳的战略机遇期以及避开致命的威胁都需要高超的战略洞见，都需要迅速及时与恰到好处的把握。

最后，找魂的表达方式非常重要，需要具备理念提纯和一语中的能力，把"魂"的神韵勾勒出来，用最贴切的语言表述出来，使受众能够一见如故，欣然接纳。

与不同的群体对象交流、沟通和对话需要构建不同的语境系统。不管是做战略咨询，还是做管理咨询，其实都是在传承一种思想、一种理念，而这种传承本身依靠的主要载体就是特定的语境系统（口语或文字）。如果我们对没有受过系统、规范、理性训练的人简单照搬西方化、学术化的语言，那么，沟通效果一定会大打折扣；反之，如果对毕业于名牌大学或者受过西方系统理论熏陶的企业家使用纯粹民间化、口语化的沟通方式，效果也会不尽如人意，许多大老板与我们合作的原因就是因为见面之初，就被我们锁定焦点、抓住核心、鞭辟入里的高度分析能力和概括能力所折服，也就是说，我们总能在最短的时间里将困扰老板的问题用最简单生动的语言表述出来。

◎ 案例

大成都找魂：西部之心，休闲之都

俗话说，"人有精神老变少，地有精神土生金"。一个地方要发展，关键要找到自己的"魂"，把唯一性、排他性和独特性的最大价值挖掘出来，才能焕发蓬勃的生命力。关于"找魂"，不妨从我跟成都的一段渊源谈起。

结缘于特殊时代

2003年春，中国就如同今年（2020年）年初一样来了一场突如其来的瘟疫，席卷全国，人心惶惶。有一天，我突然接到成都市委打来的一个电话，委托我们进行成都市未来发展战略的策划。我本来计划三个月不出门躲瘟神的，但在成都市领导的重托之下，我冒着疫情的风险从广州飞到了成都，与时任成都领导会谈，很快双方一拍即合，以闪电般的速度达成了《关于大成都城市发展与经营战略纲要》的委托协议，唯一的条件就是一个月时间拿出方案。

应该说，当时成都的很多人对政府与一个民间策划机构的合作前景并不看好，别说一个月的时间制定出一套完整的城市发展战略，就是要真正了解偌大一个城市都不是一件容易的事情。我也深感压力重大，把整个智纲智库的骨干全调过去，我亲自坐镇，天天躲在宽窄巷子旁的小客栈里头脑风暴。

凭借多年对中国政治、经济、城市方面的经验，我认为制定城市发展战略，首先要找到城市的"魂"，必须坚持自己的方法论和特色，要用辩证、动态、发散的思维方式取代封闭、静态、线性的思维方式。

张弓搭箭看成都

即便如此，在短时间内找到一个城市的"魂"绝非易事。为一个城市找魂必须要在整个中国大的格局和城市圈背景建立一个坐标，所以，为成都"找魂"就是要"跳出成都看成都、跳出西部看成都"，站在整个中国城市竞争的版图上来定位成都、发现成都。

我当时画了一幅图叫"张弓搭箭"图，整个中国就相当于一个弓箭，箭在弦上。这个弓背就是整个中国的沿海——环渤海、长三角、珠三角，这三大发动机带领中国参与全球大循环，已经弓满如月。弓已经拉开，弦是啥呢？就是整个广阔的西部。中国要真正走向全球化，箭要射出去，东西部就要均衡发展，在弓和弦之间需要有一个支点。谁成为这个支点，谁就获得了西部的战略纵深，其潜力将非同一般。这个支点就是西部之心。科技之心、创新之心、经济之心、文化之心、物流之心，谁能够成为西部之心呢？

这就是第二个判断，今天的中国西部可谓"三国演义"。重庆得天时，已经是直辖市，已成为国家拉动西部经济增长的战略基地；西安占地利，是中国历史最悠久的十三朝古都，占据西北门户的战略枢纽地位。可以说这两个城市要想来做这个中心都是有可能的，但有趣的是这两个地方都还没醒过来。成都赢在人和，在软性资源上拥有前两者不可比拟之处。我认为，如果把长板做长，抢先一步占领制高点，开创新时代，搭建新平台，掌握话语权，就很有可能成为中东部与西部之间的超级"二传手"，成为成渝城市圈真正意义上的区域中心城市，前途无量。

天时地利人和，因时因地因人

中国有句老话，叫作"天时不如地利，地利不如人和"，对于一个城市和区域来说，没有天时，就不具备超常规发展的可能；没有地利，英雄就无用武之处；但如果具备了天时、地利而没有人和，那么也不会受到机会女神的青睐。当时在新一轮城市群发展的过程中，城市之间的同质化竞争愈演愈烈，但换一个角度看，成都就具备了弯道超车的"天时、地利、人和"。

首先是中国城市群大洗牌的时代给了成都跨越式发展一个巨大的天时。游戏规则变了，过去"唯GDP论"，现在区域需求、消费规模、要素流通、聚合能力才是决定城市是否能成为中心城市的动力因子。其次，成都在西部工业化浪潮如火如荼的城市化进程中依然保持了"天府之国"的盛誉，从"吃饱了"进入到"吃饱了撑着"的时代，这无疑是不可比拟的地利。最后，长袖善舞的成都人更是在整个中国面临休闲需求时占尽了人和优势。有什么样的人群，就有什么样的消费，就有什么样的供应，也就有什么样的产业。人间烟火味，最抚凡人心。吃喝玩乐、诗词歌赋、美食美景、柴米油盐，这里应有尽有。

如此一来，占尽天时、地利、人和的成都在即将到来的城市经济时代，完全没有必要再参与城市间的同质化竞争，而应最大限度地发挥自己的人文优势，寻找差异化的发展之道。

休闲："吃饱撑着"的时代，"玩出来"的产业

一个城市的产业发展离不开这个城市的人文气质，这种人文气质就是城市的性格，就是城市的精、气、神，就是城市的"魂"。自古就有"少不入川"的成都，最独特的气质就是休闲，所以成都要做足休闲产业的文章。

事实上，当我提出成都要发展休闲产业时，立刻引起一片争议，以至于在最后的政府工作报告的起草过程中，用举手表决的方式才得以通过。很多人质疑，大谈"休闲"会不会显得成都人更加"好逸恶劳"，和"只争朝夕"的时代拼搏精神背道而驰呢？但在我看来，凡事要动态

辩证地看，这种人无我有的城市性格恰恰是成都厚积薄发，打造城市竞争力的"胜负手"。在工业化竞争时代，成都人的劣势尽显：有些人传言他们热衷投机，热衷务虚，缺乏实业心态和实干精神，好逸恶劳，效率低下；但到了第三产业成为城市跨越式发展助推器的时代，成都人的优势却显现了出来，那就是善于经营，勇于创新，优于生活，长于兼容，敏于时尚，娴于文化，精于品位。

我认为，首先要改变观念。休闲不等于空闲，而是人的一种终极的理想和追求，正如亚里士多德说过，"休闲是哲学和科学诞生的基本条件之一"和"休闲才是一切事物环绕的中心"。休闲以其具有的复合渗透性，可以完美地和城市生活、产业经济嫁接，将产生面上的效应。丰富多彩的休闲生活催生了一个城市的魅力和特色。而这一点已经被成都人演绎得有声有色，成为中国一绝。成都极富休闲个性的生活形态必将成为倦游思归的城市人梦寐以求的"心灵桑拿"。如果因为担心人们的"过度休闲"而放弃了休闲产业的发展，那就无异于倒洗澡水时把正在洗澡的孩子也一起倒了。问题的关键在于，看政府站在一个怎样的高度、用什么样的思路和手段去整合与引导，把成都人内向型、低价值、自发的、卡拉OK式的休闲行为，提升、转化成为外向型、高价值、高品位、服务于全中国乃至全世界的休闲经济。

为此，我提出，政府经营环境、企业经营市场、民众经营文化，当地政府作为城市发展的领航员，必须对休闲产业的发展因势利导：其一，正其名，顺其言——创造休闲产业良性发展的空间；其二，辨其行，导其为——引导更有价值的休闲生活；其三，扶其业，成其果——给予积极扶持的产业政策；其四，扬其名，垂其范——树立休闲城市的新形象，打造休闲产业的拳头产品；其五，异其质，升其值——引入外来休闲企业,让世界来消费成都。

今天看来,成都之所以有后来的裂变式发展,与将自己定位为"休闲之都"有很大的关系。在某种程度上,当时的成都读懂了休闲产业的内涵和外延,暗合"吃饱了撑着的时代,玩出来的产业"的趋势,后来的顺风顺水也就不足为奇了。

西部之心,休闲之都

读懂了成都的前世今生、天时地利人和,"西部之心,休闲之都"八个字作为大成都城市战略理念其实也就呼之欲出了。"西部之心"体现了成都的雄心,传统工业向现代化工业升级换代需要知识经济的服务平台;商品要走出西部、走向世界,需要会展经济提供舞台;资源、产品的流通需要区域交通枢纽和商业平台的支持;东部的资金、技术、产业向西部转移需要"二传手";西部丰富的资源要展示于世人需要窗口和门户。在西部城市中,只有成都最适合承担这样的使命。扮演中西部的文化中心、经济中心、金融中心,还有物流中心、创新中心、研发中心、会展中心。

"休闲之都"根植于成都的"魂"中。把成都这种与生俱来的休闲文化钩出来,展现给中国和世界消费的时候,就是一锅不可多得的千年老汤。到那个时候,那可不是只吃点麻辣烫就能解决的,有高端的休闲平台,进而吸引全球范围内的高端产业和高端人士入驻,把休闲文章做足、做透,那时候的成都就是真正的"休闲之都"了。

"找魂"就是为了能"一拎拎起一串"。在"魂"的指导下,我们又进一步明确了未来成都的三大战略产业体系、三大策略,在新城开发、旧城改造、会展、营销等方面形成了亮点型和抓手型项目。方案汇报后,整个常委会鼓掌通过,马上就开始去抓落实,抓实施。在后来至少五年的时间里，我们又参与了成都市多个区县的战略策划和专项策划（旅游产业、文化产业、新城区开发、旧城片区改造等），足迹遍及成都的第一圈层、第二圈层和第三圈层。

当年为成都做策划的关键就是"找魂"，尤其是调动了它内在的力量，把成都蕴蓄千年的生活观推出来，用市场化的手段使它迸发巨大活力，这就是典型的四两拨千斤。令人欣慰的是，尽管几经风雨波折，成都市后来的历任领导班子基本上是按照这个"魂"、这条路来走的，这不是简单的萧规曹随，也不是政见之争，而是一种对规律、常识、本质的尊重。因而也让成都走出一条后工业化时代的新城市之路。

3. 浅论定位和找魂

如果给"找魂"在学术界找一个近义词，应该就是"定位"了，这几年来，定位理论风靡中国，并且开枝散叶，收获了一大批信徒。

定位理论的创始人之一杰克·特劳特，他早年在通用电气（GE）做广告传播，离开通用后，1968年正式加入了里斯广告公司，里斯成了他的合伙人，二人一起搭档26年，一直到1994年特劳特才创建了自己的营销咨询公司。定位这个理论源于他在1969年写的一篇论文，发表在一个营销杂志上，在文中他首次提出了商业领域当中定位的观点，引起了广告营销界的重视，并与里斯合作陆续出了一些书，如20世纪80年代的《定位》《商战》《营销革命》，90年代的《22条商规》《新定位》《与众不同》，乃至最近的《大品牌大问题》《什么是战略》等。2001年，定位理论压倒菲利普·科特勒、迈克尔·波特的理论，被美国营销学会评为"有史以来对美国营销影响最大的观念"。

西方战略体系中有三种"定位"，本身也是各有侧重、不尽相同的。

特劳特和里斯的定位理论，强调"占领心智"，即把定位植入到消费者的心智之中。特劳特以外，营销大师科特勒也讲定位，但科特勒讲的是基于不同维度下对市场进行的区隔细分，并使产品或服务面对市场区隔所进行的针对性策略。竞争战略大师波特同样强调定位在战略中的重要地位，他所指的定位是在行业或行业竞争格局中抢占到一个优势位置，基于成本领先、差异化或聚焦来获取高于行业平均的超额利润，因此明茨伯格在《战略历程》一书中将其归为"定位学派"。

近年来，随着大家对定位的重视，社会上涌现出一系列定位书籍和课程等，掀起了"定位热"，"定位"受到了前所未有的追捧，甚至是顶礼膜拜，于是开始有人误入极端，言必称特劳特和里斯的定位理论，甚至有"定位至上论"和"定位万能论"的倾向。

我曾经认识一个做制造业的老板，他就是一个定位迷，花了好几百万做定位，主要是买了一句话——"全球××行业的领导者"。后来他发现竞争对手也和自己打一模一样的广告，一个字也不差。定位专家又给他加了两个字，于是他的广告就变成了"全球××行业的真正领导者"。

这位老板走入了一个误区，就是他被"定位理论"过度洗脑之后，一门心思想追求成为行业第一，不管利润率有多低，产品的品质如何，反正无论如何也要抢占市场占有率第一名，他的逻辑是只有成为第一，才能牢牢占领顾客心智，抢占山头，于是"把规模做大"成了他首要的战略。可以说他当时的状态是油盐不进、一意孤行。

这样的老板其实很多，见到定位就如获至宝，就像发现新大陆一样，恨不得一夜成功。甚至认为只要有了绝佳的定位，企业的发展立马就会翻天覆地。

为什么会出现这种情况呢？问题并不出现在定位理论本身，而是出现在人性的弱点上，在人性爱找捷径、求速成的弱点面前，定位被有些人当成万能药了。中国经济持续多年的野蛮增长，尤其是其中有不少增长泡沫，这些泡沫往往放大了人们急功近利的欲念，而降低了人们对事物的理性判断，使他们活在错觉里。

特劳特的定位理论是值得学习的，这套理论一共有十几本书，核心思想即从竞争视角来做出产品的差异化定位，做到与众不同、做到足够聚焦，最好能够占领一个细分市场的山头，甚至成为一个新品类。这个理论的核心就是认为商战的本质不是在市场上、在现实世界里的竞争，而是在消费者心智中的竞争。由于认为定位就是占领心智，进而认为由于信息爆炸，竞争也越来越同质化，企业要抢占一个顾客的心智，关键是要抓住一个定位的关键词，把这个定位关键词像钉子一样深深植入或者说钉到消费者的脑袋里去，让它在消费者心智中牢牢扎根，这样就定位成功了。

根据这种理论，我们可以梳理出很多例子，客观地讲，定位理论用来指导市场营销，特别是品牌传播，的确是有很多可圈可点之处，但需要注意，这套理论主要是针对产品定位或产品的品牌定位，即产品在市场竞争中如何占领客户的心智。其核心是产品定位而非企业和组织的定位，如果形而上地把美国大师的定位理论奉为宗教式的营销或战略圣经，就会以偏概全。

大致讲了讲定位，那么定位和智纲智库所倡导的找魂又有什么异同呢？

首先说共同之处。二者都是寻找一个独特的、差异化的价值主张，也就是提炼出最核心的长板，把最关键的东西拎出来，**智纲智库称之为**

"找魂",在西方就叫作"定位"。

二者的区别在哪里呢?定位本质上是营销定位、品牌定位。特劳特早年在通用广告部工作,后来成立咨询公司,主要做营销咨询,占领心智是他的核心观点,他关于定位的一系列理论都是由此而展开的。

而"找魂"首先强调的是战略定位,不仅指心智领域、营销层面和竞争视野的某个方面,而且还包括要素集成、动态过程、系统化解决方案,从大势把握进行综合判断,用创新理念制定发展策略,具象化到产品定位、品牌定位,对"宏观-中观-微观"进行全方位的解读。

和"定位"相比,"找魂"的内涵更为丰富、动态化和系统化。首先,"找魂"是识别战略大势,研判战略环境之后的规定动作;其次,"找魂"是寻找到差异化基点,进行挖掘、培育直到形成战略优势的方向;再次,"找魂"是突破旧有经验、常规套路,实现创意创新,甚至是"创造性破坏"的必由之路;最后,"找魂"还是跳出局部,形成系统思考,统一内部资源和能力,聚焦突破的超级指导方针。而且此外,"找魂"也是找形象的画龙点睛之笔,这亦是区别于其他战略竞争者的差异化动作,"找魂"的直指人心,大胆想象,也可以规避所谓"科学方法"的种种不足。

定位理论更聚焦于正确的事,找魂则兼顾了要做的事和做事的人,根据时势、地方特色和团队的资源以及操作能力来量身定做企业战略。

也就是说,我们首要的出发点是企业战略定位,从以老板为核心的企业的特性出发来寻找定位的根和魂,而不仅仅是找一个简单的符号、一个 logo 或者一句广告词。战略定位的龙头确定以后,才是产品定位、功能定位、形象定位等。**我们的出发点首先是从全局的、综合的战略视**

角看问题，而不仅仅是从营销的视角看问题。

从结果呈现来看，西方战略定位工具是西方逻辑思维的产物，属于稳定有序增长的环境下的决策工具，属于静态模型下的理想选择。它更多的是关注逻辑的严密和事实的正确，然后得出一个自圆其说的结论。

而找魂，更多的是从中国传统文化和中国人思维模式的角度出发，其定位的工具和语言往往有鲜明的中国特色。

比如智纲智库曾经给云南的形象定位"彩云之南，万绿之宗"；给武夷山的定位"千年儒释道，万古山水茶"，就有非常鲜明的中国特色，又表达了高妙的意境，换句话说，找魂更具有"文章本天成，妙手偶得之"的某种艺术境界。

总的而言，无论是定位还是找魂，都只是手段，现在大家容易被一些表面的东西所迷惑，有人认为定位就是一句话能解决所有的问题，像灵丹妙药一样，然后到处去寻找，甚至花几百万、上千万去请咨询公司；有的老板读了《谋事在人》之后很激动，以为碧桂园传奇是靠"给你一个五星级的家"这一句话成功的，还有人读了《找魂》之后，以为"魂"就是神来之笔的一句话。来找到智纲智库，他们要的就是那么一句神奇的话，以为只要有这一句话他也会立马变成传奇。他们不改变自己反而追求轻而易举式的速成，就会寄希望于取巧的甚至一夜速成的绝招，认为只要找到了那种神奇的绝招，不用怎么努力就能获得成功。**其实这就是贪巧求速，反而是会走弯路的，还是应该回到战略的本源上来，去找最适合自己发展的路。**

战略就是聚焦

战略，有"略"，才有战略集中度和竞争力。"伤其十指，不如断其一指"，战略往往就是在可做、能做、该做和坚决不做这几个选项中不断选择，做到"好钢用在刀刃上"。

聚焦，就是集中优势兵力，饱和攻击。这犹如部队攻城，选择薄弱环节，尖刀队在城墙上先撕开一个口子，两翼的部队蜂拥而上，把这个口子从两边快速拉开，再千军万马压过去，不断扫除前进中的障碍，最终形成不可阻挡的潮流，将缺口冲成大道，攻城拔寨，实现关键性突破，继而取得全面胜利。

尺有所短，寸有所长，我们手里的资源总是有限的。我们找到核心优势后，如何辨别做什么和不做什么呢？符合战略方向的就做，不符合方向的即便机会再诱人也不做，不在非战略机会点浪费战略力量，精准取舍，拒绝诱惑，拒风险于门外。

在不同的战略中，聚焦的关键点也有所不同，可以是某因素的投入达到引起质变的阈值，可以是某重要关系环节的联动达到连锁效应，可以是某重要平台、市场细分领域通过精准投入达到"举一反三"的效果，还可以是某一超级产品、超级商业模式等。在明确了找魂方向之后，从不同层次聚焦关键可以起到事半功倍的效果。**总的来说，战略形势千变万化，但好战略一以贯之：聚焦关键。**

1. 牵好产业"牛鼻子"：聚焦关键行业

行业聚焦对不同规模、不同特征的企业来说方式也有不同。对规模型综合企业来说，它们一般涉及的行业较多，但也需要基本聚焦在某几大行业。而对中小型企业来说，主要聚焦在关键行业上，而不宜跨行业或多行业发展。

国内外的隐形冠军企业多因聚焦在某一个细分行业，拥有核心竞争力和明确的战略，其产品、服务在短时期内难以被超越和模仿，在细分行业内成为行业龙头，在细分市场中占据领先地位。

北京的天宜上佳与智纲智库已经是 8 年的战略合作伙伴，目前已经成长为中国第一的高铁刹车片供应商。天宜上佳采取的就是聚焦战略，一是聚焦现代交通领域，二是聚焦新材料行业，三是聚焦于符合高技术门槛、高利润空间的高铁刹车片领域，从而获得了锁定市场的核心能力。2019 年天宜上佳在科创板首批上市，目前总市值 173 亿元，实现了整个企业百倍以上的价值重塑。

2. 确定发展主航道：聚焦关键业务

关键业务是企业创造和提供价值主张、接触市场、维系客户关系并获取收入的基础。业务聚焦适用于每一个企业及企业发展的各个不同阶段。在特定的战略节点聚焦关键业务、有所为有所不为才能强干弱枝、聚焦主航道。一般来说，企业内部不能存在相互矛盾的业务目标，这样才能减少内耗，集中能量，从而更容易形成业务规模和技术壁垒，在市场中处于领先或者主导地位。

聚焦关键业务，华为可说是个中高手。华为内部有一个专有名字"主航道"，华为的业务聚焦就是聚焦主航道。华为在全球 5G 技术开发领域的领先地位，靠的就是聚焦、再聚焦。任正非表示："世界上每个东西都有正态分布，我们只做正态分布中间那一段，别的就不做了，有人说那个地方很赚钱我们也不做，也多卖不了几个钱。我们就在主航道、主潮流上走，有流量就有胜利的机会。"

3. 打磨战略产品：聚焦关键产品

在信息大爆炸时代，产品聚焦能在消费者心里形成更清晰的记忆点，这能极大地降低消费者的决策成本，提升获客率。产品不聚焦的表现主要有产品过多过杂、为做大而做大、盲目铺摊子、拳头产品不突出等，企业很难形成竞争优势。聚焦关键产品对于 To B 或者 To C 的企业都适用，既包括实体的爆款产品，也包括关键服务等。

因为爆款产品而崛起的典型案例，就是字节跳动。字节跳动的创始人张一鸣本人，信奉"大力出奇迹"的方法论，看准风口，全力以赴，投入所有的精力和资源来做，在这种观念的渲染下，不管是"今日头条"，还是"抖音"，抑或"西瓜视频"等一切字节系产品的出生，都明显带有张一鸣聚焦关键的战略风格。

怎么筛选关键产品？张一鸣的方法很简单，创造"今日头条"前，张一鸣曾开发出十几款包括内涵段子、搞笑囧图、好看图片、今晚必看视频等社区内容 App。并将这些 App 尽数投放到市场上去，目的是看看哪个能成功，如果没成功，也无所谓；如果成功了，就围绕该产品继续做下去。

最终"内涵段子"脱颖而出，张一鸣去其糟粕，取其精华，最终从中提炼出"今日头条"。

随着 4G 时代的到来，读图开始兴起，大多数人比起长段文字，更愿意观看简单明了的图片，图片连起来的视频也远比文字来得更加直观，看准了图文向视频转型的大方向后，张一鸣决定"All in"短视频。而且一做就是好几款，不仅在国内做，在全世界范围内也成为头部玩家。

对内，字节不断推新，一次性上线了抖音、西瓜、火山三款短视频应用，分别对应一二线城市、三四线城市以及年龄较大的受众群体。

对外，字节投资了印度新闻应用 Dailyhunt；2017 年收购曾一度位居美国 AppStore 榜首的移动短视频公司 Flipagram，并将其更名为 vigo。为了加快步伐，张一鸣迅速推出 TikTok，随后，他又反手收购了 Musical.ly。

"抖音"在发展过程中也走过弯路，最开始做直播，但直播的风口很快就过去了，团队又调整方向去做短视频，很多小学生在用，他们又发现小学生创作视频能力有限，于是再次调整方向，转向城市潮人、留学生，找到有创作能力的网红、小明星，并给予补贴和流量支持，最终实现了巨大的成功。如今的"抖音"已经成为与微信等量齐身的现象级应用，也给字节跳动带来了巨大的商业价值。纵观字节跳动的产品矩阵历史，这种看似分散，实则高度聚焦的产品战略，是其超常规发展的重要因素。

4. 找准战略焦点：聚焦关键区域

焦点就是撬动战略的关键驱动点。有些人没有焦点意识，有些人找不到焦点，有些人找到了焦点，但是没有进行压倒性的投入，这也相当于没有焦点。

从城市发展战略上来看，聚焦关键区域重点在于是聚焦城市经济和产业发展的重点区域，如上海的"聚焦张江"战略，以此作为上海科技进步和科技创新的试验田。上海市政府按照布局、产业及项目、政策三个集中的原则，促进张江首先在运行体制、产业结构、总量规模上形成气候，带动全市技术创新和高科技产业发展。如今，聚焦张江有了新内涵，在上海打造全球科创中心战略中，张江成为科创中心打造的超级着力点。

从企业战略的角度来看，聚焦区域主要体现在聚焦市场区域，企业针对优势区域，集中精力占领市场。如我们的客户周黑鸭，其在市场布局上便首先聚焦武汉地区大量布局，其次聚焦在一二线城市的机场、高铁、地铁等交通枢纽区域集中布局，获取关键枢纽区域的焦点价值。

5. 抓住核心引爆点：聚焦关键环节

除了行业、业务、产品、区域之外，一段时间内对不同环节的侧重也是聚焦策略的重要部分。在企业运营中，包括研发投入、组织变革、市场营销、品牌塑造等不同环节。在区域发展中，区域"找魂"之后还有"城市营销""引擎抓手"等不同的环节。

与一般的产品营销行为不同，城市营销的目的在于虚实结合、软硬兼施，"拔出萝卜带出泥"，以城市营销带动城市产业发展和城市建设。1997 年，我们给昆明世博会所做的营销方案，精髓就体现在旗帜鲜明的理念和口号上。

在此之前，云南省方面给这次博览会定下的宣传语是"人与自然"。但我们认为这个概念过于宽泛、松散、缺乏特色，而且并不是云南省所独有的，不能做到一鸣惊人、深入人心。应该借助一个旗帜鲜明的理念和口号把云南省推介出去，使之具备唯一性、权威性、排他性，从而成为云南省的"理念识别"。

最终我给出的答案是八个字：彩云之南，万绿之宗。据《汉书》记载，汉使出使云南，回奏汉武帝，将此地描述为"彩云之南"，盛赞其景。后来，英国人还特地在云南拍摄了云南风光片，名字也叫《彩云之南》，其画面之秀美天下无双。云南省堪称是世界植物的源头之一。例如茶叶、茶文化，云南就是源头并且源远流长，以至于英国植物界有此一说："如果没有中国云南的植物，就没有英国以至世界的园林艺术。"

实际上，"彩云之南，万绿之宗"不仅仅是为世博会而设定的宣传口号，更暗含着对云南省区域经济转型的战略思考，为云南产业升级发展预留了管线：第一，"万绿之宗"涵盖了花卉、药草等云南绿色产业所包含的全部内容，是连通云南省经济与国际化、市场化对接的超级接口，预示着云南省的发展战略是向生物产业、旅游产业转移；第二，"彩云之南"不仅有秀美绚丽的自然风光，更有多姿多彩的民族风情，把云南塑造成构筑未来消费市场的主力军，牵动亿万消费者的目光，使云南作为旅游大省的身姿脱颖而出；第三，"万绿之宗，彩云之南"清晰地托举出云南及世博会的特色，其生动和丰富的内涵不但有利于云南及世博会的行为识别、视觉识别，而且更有利于传播和新闻炒作；第四，伴随着世博会的成功，这个定位和口号传遍世界，成为云南省的金字招牌，有如香港被称为"东方之珠"，四川被称为"天府之国"，沉淀为巨大的无形资产。总之，"彩云之南，万绿之宗"不仅仅是为世博会而设定的宣传口号，更暗含着云南省下一步区域经济转型的战略思路。

◎ 案例

景德镇战略：从陶溪川·CHINA 坊看战略聚焦

对景德镇来说，2019 年是非同一般的一年。国家两部委于 8 月正式印发《景德镇国家陶瓷文化传承创新试验区实施方案》，江西迎来一个具有里程碑意义的国家战略，千年瓷都景德镇也又一次迎来高光时刻。智纲智库有幸见证并参与了景德镇漫长的转型过程。

1998 年，我应邀去景德镇做演讲，开场就用了四句话形容失落的"瓷都"：一个破烂不堪的城市，一批奄奄一息的国企，一个被称作夕阳产业的工业，一群垂头丧气的人。上个时代，还停留在计划经济阶段的景德镇瓷厂迅速被广东佛山等地的工业化日用瓷厂超越。景德镇城区参差不齐地林立着的低矮厂房和作坊，掩映不住萧条的气息。在那场演讲的结尾，我说："景德镇不能学广东佛山，一定要坚定不移地走艺术陶瓷之路，不能搞'千山鸟飞绝，万径人踪灭'的大规模工业化，要做的是坚持秉承中国传统文化，坚持手工打造，传承千年窑火。景德镇的盛名、文化传统、人才储备和工艺水准决定了她就是大家闺秀，即便家道一时困顿，也还是大家闺秀，不能去学丫鬟的活计。"

演讲毕竟只是蜻蜓点水，后来景德镇还是选择了工业化陶瓷之路。当景德镇陶瓷产值终于突破百亿大关时，佛山却早就开始淘汰落后产能。拥有全国最好陶瓷专业人才的景德镇陶瓷大学，每年 80% 的毕业生不断流入广东。更重要的是，自宋代以来不停挖掘的制瓷原料高岭土已近枯竭。2009 年，景德镇市成为国务院批准的第二批资源枯竭性城市。在失人又失地的窘境之下，挣扎的"瓷都"应该何去何从？

2012 年，智纲智库收到景德镇的策划委托，希望就景德镇城区九大瓷厂整体改造提供系统解决方案。14 年后再访景德镇，我发现这里矛盾依旧，但又有新鲜的气息：一方面，城市新旧参差不齐，局促的街道、年久失修的厂房仿佛还留在过去；另一方面，陶瓷大师云集，创意集市生机勃勃，各种制瓷工艺流程仍在延续，600 多年历史的御窑遗址仍在，每个厂区各个角落烟囱林立，还拥有那两平方公里地下 16 米的文化堆积。

这座城市不但传承了各种传统的手工生产方式，还逐步成为孕育艺术家的文化摇篮，更有不少外国艺术家慕名而来，前来跨国交流和国际游学的人也很多。与此同时，人们对艺术品的追捧达到了狂热的地步，名瓷价格动辄几百万元乃至几千万元。

在我看来，景德镇项目不仅是一个城市旧改项目，更是一场中国标志性文化复兴的庞大工程。做任何事情，天时、地利、人和缺一不可。2012年的中国，传统文化产业复兴蓄势待发，休闲旅游方兴未艾，可谓天时；景德镇有肥沃的艺术土壤、完备的产业链，它完整保留了手工制瓷工艺，有千年的官窑历史，在整个世界都是一枝独秀，可谓地利；当时的委托方负责人是时任陶邑公司总经理刘子力先生，经过交流后，我发现此人有几个特点，第一是极致的完美主义者，第二是陶瓷艺术的狂热爱好者，第三有着时不我待的历史使命感，可谓人和。

天、地、人三者合力，奠定了景德镇项目成功的基础。因此，我更加坚定了当初对景德镇的判断：景德镇是一个有着高贵血统的大家闺秀，过去是披着丫鬟的衣服，现在要做的就是大力发展文化创意产业，重新为"瓷都"穿上新装，再现她的绝世容颜。

战略就是聚焦，景德镇的发展不能遵循佛山的路径，必须有所为有所不为，坚守文化复兴战略就是景德镇战略聚焦的第一步。我告诉景德镇的领导，要取得质的突破，首先必须了解自己的独特之处——千年传承的手工打造的陶瓷文化，而不要短视地去和九江、南昌比GDP，也不要和佛山、淄博比日用瓷的产量。现在要做的就是，坚守发展文化产业的道路，耐住寂寞，不被眼前的GDP排名所累，必能修成正果，时任刘市长对这一判断非常认同。

接下来，文化复兴战略需要一个看得见、摸得着的核心抓手。景德镇亟须一张能代言新时代的城市名片，一个能反映城市文脉的城市客厅，一个真正意义上的陶瓷文化综合体。经过多轮的实地考察和研究，一个叫作"陶溪川·CHINA坊"的陶瓷创意产业园区方案逐渐浮出水面，这是一个四位一体的策划思路：对政府来说，这里是城市新形象的地标所在，是瓷业"硅谷"的创意天堂；对行业人士来说，这里是陶瓷界的圣地，是本土创意重镇，也是世界陶瓷手工业的艺术殿堂；对旅游者来说，这里是感受活着的陶瓷文明"梦工厂"，是体验旅游最佳目的地之一；而对外国人来说，这里就是中国的代言，可以在这里读懂中国。

在战略实施层面，大处着眼，小处着手，不能撒胡椒面，而应该集中精力，聚焦于首期打造。通过集中精力，实施饱和性投入做首期，通过首期出形象、出吸引物、出人气、出效益，进而带动后续二、三、四期的提升。开业4年多的宇宙瓷厂，占地176亩，建面8.9万平方米，建筑21栋，从业人数5200人，年运营青春活动400场，年营收达5.8亿元，首期估值19亿元，撬动2.5亿元专项政策资金，开创了中国最大陶瓷创意嘉年华——春秋大集超级IP。

我们的策划引爆了文化界的持续关注，落马桥元青花遗址等重大考古发现陆续浮出水面，团队配合项目向国家申请到2亿元国开行贷款的专项基金。一场瓷博会，引来各国陶瓷名城的关注，法国利摩日、荷兰戴尔夫特、韩国利川、日本濑户的企业都想来落户，景德镇瓷器"源自中国，蜚声世界"，瓷都成为陶瓷业的"文化圣地、艺术殿堂"。

如今的陶溪川，已经成了名声传遍全国的网红文创园区和世界陶瓷艺术的超级展示平台。且不说我国内地游客和艺术大师，仅仅来自我国港澳台地区，以及欧美、日韩的各界艺术家，以及陶瓷从业者、瓷器爱好者、游学考察者、参与体验者，就形成了一波又一波的旅游、考察和学习浪潮。首期宇宙瓷厂成功引爆之后，以首期为枢纽、杠杆和示范，景德镇为民瓷厂、陶机厂、徐家窑等片区的保护工作、空间改造、文化植入、业态更新等正在不断推进提升之中。

千年窑火不灭，景德镇通过战略聚焦，再一次找到了城市的发展方位。我也算有幸参与并见证了"瓷都"的重生。

战略就是协同

预见、找魂、聚焦之后，如何找到匹配战略之"魂"和聚焦关键的资源与要素？如何形成方向一致、动作连贯的关键行动？如何扬长避短，发挥持续作用的系统性力量？这都需要制定战略的第四步：协同。

战略作为一整套计划，具有内在连贯性，从预见，到找魂，到聚焦，只有集成了目标、选择和行动方案，通过各运作环节之间的协同，才能使上上下下的人一致地付诸行动。

我常说一个好的战略需要"上接天，下接地，中间市场能通气"。这说的就是战略协同。所谓协同，就是按照一定的规则，使分散的战术、要素等在整体战略的协同下形成有机组合的"连贯活动"，使要素之间产生你中有我、我中有你、有机契合、重新组合的化学反应，获得"1+1＞2"的整体效果，甚至产生裂变式的效益。

要协同处理战略制定与实施执行的不一致性,形成统一方向、系统力量和一致行动,需要达到以下几个方面的协同。

1. 组织协同:整个组织各层级各部门"力出一孔"

在战略执行中,操作主体之间的协同是最重要的。组织协同的对象除了流程,可以是企业中的各部门、企业总部与区域分部;可以是决策层、管理层、执行层等不同的层级;也可以泛化到中央与地方、城市群与城市、板块与项目……

组织内部流程的协同。在组织内部流程协同上最经典的模式是IBM首先实践的IPD模式(集成产品开发)。IPD的重要特征之一就是跨部门、跨系统的协同,形成组织内部流程的高效统一,从而缩短研发周期,降低成本,提高产品质量。华为正是通过向IBM学习,并请IBM为其做了关于IPD模式的专业咨询,将串联工作流程提升为并联工作流程,通过"僵化—固化—优化"三阶段的磨合,最终打破部门利益壁垒和技术局限,建立动作、业务与流程的高效统一。将此前由研发独立完成的产品开发任务,变为打通全流程、跨越多功能的多部门团队联合运作,整合研发、市场、财务、采购、客户服务、生产等多环节,抽调骨干集思广益,利益捆绑,联合攻关,组成创业小团队,为产品开发的全流程负全责。

总部与分部的协同。在企业总体战略执行的过程中,公司总部与区域公司的协同是处于快速发展中的企业必须重视的板块。如何建立良好的协同机制呢?美国汽车发展史上最为经典的转换,就是通用汽车开创的内部协同机制创新。通用汽车成功创新了总部与区域公司的协同机制:即采用与福特主义不同的分权制,通过"M-型结构"很好地将总部决策层和分部经营层协同起来，总部管总（战略、决策和财务等），分部管战（产品、市场和生产等），发挥企业战略与经营执行双方的优势，同时成功地规避了各自的局限。

2. 生态协同：统筹外部合作利益关系，构建生态圈

"物竞天择，适者生存"，成功的战略需要内外环境相适应。除了内部协同一致之外，也需要借势、借力于外部力量，营造良好的外部生态环境。真正有大智慧的商人，都讲双赢，甚至是多赢。只有充分考虑到对方，让对方赚了钱，你自己才能有钱赚。如果只顾自己赚钱，而总让别人亏本，这个生意是做不成的。

"天下熙熙，皆为利来；天下攘攘，皆为利往"，市场经济通过每个人自利的冲动，建立起"人人为我，我为人人"的社会分工协作网络。战略的实施同样需要提前的分工与协作设计，打造基于顶层设计的产业生态协同，连接起各种交互关系：交易、配套、催化、促进，甚至是搭车等行为，从简单的"供需匹配模式"到"平台交互机制"，从封闭、线性的供需链到和共生互生、相互赋能的生态圈。

比如，在推动城市项目的建设中，智纲智库提出了"产智融府协"的产业协作理念，即企业、智库、金融机构、政府、行业协会五方力量的协同与整合，通过顶层设计，建立起平衡的利益协同，将不同主体拧成一股力量，才能加速推动项目的落地和运营。

一个良好的生态协同中，最重要的就是开放，时刻与竞争对手、目标对象、相关角色相连接，建立起良好的外部信息协同机制。生态协同要合作而不要分裂，跳出行业和组织局限，敢于打破使用权、所有权的限制，整合组织者、互补者、催化者，甚至颠覆者、竞争者等各方资源

力量，使战略发挥出协同的核能量。

3. 政商协同：打造三方满意的闭环项目

所谓"三方"，一是政府；二是"老板"，泛指企业；三是"老百姓"，即民众。三方满意，就是指企业在从事运营活动时，要同时兼顾三者的利益。三方满意是我们评判项目结果以及可持续性的重要标准。

一是政府满意，政府往往站在整个城市的全局利益和长远发展目标的立场上，发挥主导作用。所以我们的战略要符合政府的发展方向，才能借力借势。二是我们同时避免政府的政绩导向，脱离市场的主观意志，还必须把老板的积极性调动起来，老板一旦在其中找到机会点和利润点，就不待扬鞭自奋蹄，迅速地开发、创造和启动市场。不仅是自己的企业要成功，而且上下产业链的关联者也都有钱赚。有钱赚，大家才能与你形成合力，人家才会跟着你走，你才能够把雪球越滚越大。三是"老百姓一定要满意"，消费者发自内心地参与这个过程，能"唤起工农千百万"，因为民众是最终的消费者。他们会用钞票来投票，发挥监督作用。绝对不能损害老百姓的利益，群众如果不满意，不管你多成功，最后还是会垮掉。

因此制定战略方案时，我们必须考虑清楚，对于利益相关方都意味着什么？他们（它们）都会如何接受？或者多大程度的接受，合力最可能的结果是什么？

最典型的例子，就是我们的客户——龙湖的老板吴亚军，她做生意的哲学非常简单，本来可以赚100，只赚80。因为只有让利，合作者才会尽力去做，消费者才能跟着企业走，成为忠实的客户。

对于那些涉及城市经营和区域发展的项目，更要重视"三方满意"，只有"三方"的积极性都调动起来了，一、（政府）经营环境，二、（企业）经营市场，三、（民众）经营文化，城市经营才能落到实处。做到"上接天，下接地，中间市场能通气"，那么城市的发展就指日可待了。

灵活运用"三方"模式，是企业或项目运营最终得以认可、实施和成功的不二法门，也是对战略咨询师能否既把握区域大势，又有市场化的实操落地能力的综合考验。

4. 资源协同：不求所有，但求所用

通过协同，还可以整合相关要素，同时改变要素间的相应关系，使之从孤立到关联，从无序到有序，从离散到系统，从而使各部分与各环节之间建立起整体性的联系，产生系统效应。

资源要素的协同是战略实施的基本动作。巧妇难为无米之炊，战略也一样，要素不齐，创新理念和创新战略无法找到必要的资源，无法有效推进和实施。协同首先是各种要素的集成，匹配好优势资源的集中与互补，协同配置的要素包括经济的、政治的、社会的、文化的等各种显性或隐性的资源。

在高度专业化的今天，资源要素协同下的网络价值成为企业的重要竞争力。苹果的全球供应链体系就是一个超级价值网络，是全球资源要素协同的最鲜活代表。其研发创新总部在美国，而供应商和制造基地却遍布世界各地，在全球拥有 200 多个供应商，800 多个工厂，形成了全球化的制造系统和价值网络。苹果通过控制研发制造和营销系统，带动了这个庞大的全球供应链网络，表面上是苹果攫取全球分工价值，而背后深层次的是其战略协同起全球优势资源综合能力的集中体现。

◎ 案例

告庄西双景战略：如何打造
"万类霜天竞自由"的多层次协同生态

我做战略策划的 20 多年里，见证了一个又一个企业在协同上找到了成功，其中，战略协同效果最为显著的是一家云南民营企业——海诚集团。

现在，海诚集团已是云南本土房地产企业的龙头之一，其业务覆盖滇中、滇西、滇南以及东南亚的老挝、泰国等国内外多个区域。2008 年，我受海诚集团委托策划了告庄西双景项目，为其找魂为"金三角枢纽，湄公河明珠"。告庄西双景现已经成为全国知名的网红文旅目的地，也成功助推了海诚成为"一带一路"倡议的践行者。

2008 年，海诚集团老板感到西双版纳后劲不足，想到外地发展，希望我能指点一二。

我和他说："西双版纳是块宝地，那么多大佬想进都进不来，放着这么宝贵的资源而向外扩张，真是缘木求鱼。你感到有局限，只是因为版纳的价值没有得到充分挖掘。版纳虽小，却是个龙种，具备世界级影响力。正因为如此，才有那么多大财团对版纳趋之若鹜。虽然它们实力更为雄厚，但是对于当地的情况，对于东南亚的情况，没有你熟悉，对那些大佬来说，版纳项目只是众多项目中的一个，而对你来说，它是一个战略性项目却也是生死攸关的。大家共享一个'天时'，均分了一个'地利'，在'人和'上你能够而且应该占得先机。因此，你想要发展，首先要给版纳找到魂，给你留个题目，联合政府做项目，企业买单，不仅把西双版纳的未来发展趋势找到，也顺势帮了你。"

联合政府，企业买单，政府和企业的协同

说完这个话我就走了。没想到说者无意，听者有心，一个月之后，他就陪着当时的西双版纳州长到深圳来找我，最终达成协议，他出钱，我们帮西双版纳州做战略。

为做版纳战略，我亲自带队沿着湄公河流域徜徉了10多天，到泰国，经过缅甸、老挝，再回到西双版纳。

一路上，我们数次横渡湄公河，探秘金三角的前世今生，几度穿越缅北火线寻访开枝散叶的国军老兵，深入老挝故都了解中南半岛文明浮沉，直面泰北清迈考察欧美游客新动向。此次文化采风，也为后来策划整个告庄西双景项目整合了灿烂的南传佛教精华、令人惊艳的宫廷舞蹈、原汁原味的地道SPA、古朴的老挝传统手工艺、发达成熟的泰国夜游业态、稀奇古怪的缅甸美食……

基于版纳是中国东盟对接的前沿和地域文化的中心这个判断，我们为西双版纳提出了"金三角枢纽，湄公河明珠"的新战略，得到了州领导的高度认同。要实施这个新战略，需要具体项目支撑。我们经过比选论证，最终选择了以告庄西双景作为抓手，于是，"金三角枢纽，湄公河明珠"也成了告庄的项目定位。

告庄西双景为傣语，汉意为"九塔十二寨"，旨在重现古时版纳首府景洪盛景。项目毗邻澜沧江（湄公河）与勐泐故宫，与金三角地区共饮一江水，称得上是真正意义上的"湄公河明珠"。在深入解读根植于西双版纳的傣族文化，融合大金三角、湄公河流域的傣泰文化精华，引进现代前沿思想之后，我们提出要将"告庄西双景"缔造成为前所未有的大金三角傣泰文明之心，成为文化体验、休闲度假、旅游商贸、国际商务、傣泰生活、时尚繁华六位一体的特色文化旅游综合体，引领西双

版纳旅游地产，铸就西双版纳城市新名片。

告庄项目的策划思路，就在于一是由外而内思考，借势政府区域营销来思考项目；二是从企业战略出发，模式上推行企业聚焦版纳、聚焦文旅开模具，转型做文化旅游发展商，这正是政商协同的典型案例。

产业协同与产品设计协同：培育"乔灌草"协同生态

从当时的战略制定到如今，一晃已经十余年过去，从过去的位置偏远、人气惨淡，到今天的旅客必经之地和当地人日常休闲的重要区域，"告庄西双景"华丽地转身为西双版纳最火爆的旅游项目、版纳旅游的新地标。

而这个项目真正的成功之处，就在于打造了一片高度自由的协同生态。当地的地标性建筑大金塔，不收门票，而且人气非常高，游客免费观光后，就可以通过纵横阡陌的景观大道向其他八塔和十二寨组团（次级吸引物，项目次中心地标）导流分流。在十二个寨子组团部分，按不同国家风情、不同建筑形态、不同产品和业态、不同的租售和经营方式划分，由中心向两侧次第推出。

每个寨子组团的内部，也策划了一系列核心产品。寨子组团单体200~3000平方米不等，都是一个不同业态混搭的"小型综合体"，实行多层次经营，最大可能地让游客能停驻下来休闲和让业主能坐下来经营：如独栋餐饮住宿寨子，一层为人气型的餐饮、茶厅、咖啡厅或酒吧，二层为多个风情民宿，三层或为会所或为业主住家。抑或是独栋娱乐购物体验寨子，外摆为特色手工艺展示，一层为购物，二、三楼为特色客栈，辅之以热带风情景观和特色风情表演……各寨子组团真正做到了好租售、易经营，受业主和度假客喜爱。

在业态上，该项目遵循东南各国风情、各国各行业、各国经营人群

(或服务员、表演者)、各国城寨风格,在内容上,它能应对国内需求,遍布餐饮、娱乐、购物、演艺、酒店等,这样,它致力培育有机的"雨林生态系统",既有投资大、形象壮美的"乔木"业态,也有灵活机动、创意无穷的"灌木"业态。

开发数年来,随着店铺的自然更替,项目正从度假综合体向文旅孵化器转型升级,并提供了面向小业主、小手艺人的"创业-孵化-管理"服务。将每个民宿客栈经营者、酒吧吧主或手工艺从业者,均视为联盟、孵化和管理服务的对象。如项目所有场景建筑和景观免费为婚纱摄影机构使用;东南亚特色建筑大量采购手工艺从业者的作品,目前准备孵化数个木雕、傣绣、陶器等手艺传承人;告庄形象代言人首选项目招商人员,在节约成本的同时,还增加了员工成就感,提升了项目亲和力;将项目的整体营销工作通过提供微电影让广大业主代为推广,借助大量小业主创业的力量共同推广……

产品形态协同多元。告庄通过举办各式节庆活动、常设夜游和湄公河夜市等活动,持续不断地吸引游客、本地居民和从业者参与。两场统筹,私事公办——为国家和州府举办"六国文化节",强化项目多国文化交流中心、湄公河明珠的定位,同时带动中国与东盟各国文旅和经贸交流;"柠檬音乐季",打造新锐人群的摇滚空间、轰趴基地,引致跟随人群参与;常年性的"湄公河星光夜市",前期免费摊位打人气,成熟期后再收费。既向夜晚要了人气,又扩充了收入来源,并通过夜市带动酒吧,进而带动客栈民宿等综合效益的提升……

自项目开发十余年后的今天,告庄西双景的游客量已经超过1000万人次,占西双版纳全州接待人次的1/3。每年不低于30场特色民族活动,活动期间均以过万人的空前盛况成为大量游客寻梦东南亚、广大市民回忆傣泰文明的乐土。以 2019 年春节期间为例，告庄西双景接待游客超 63 万人次，每天吸引十余万人次和上万辆车入园。2018 年整体营业收入高达 55 亿元，酒店及客栈全年入住率高达 75%～85%。告庄西双景创此辉煌，被誉为"西双版纳的城市封面"。更令业内人士瞩目的是，这个项目不但赢得了满堂喝彩，也让投资开发商赚得钵满盆满，用仅仅 4000 万元的初始投入就撬动了如今超过 100 亿元的累计物业销售业绩！

2018 年 9 月，我回访告庄西双景，再看当年策划的星光夜市。虽然还不是旺季，但夜市上也是人头攒动，灯火通明。可见人气聚集效应之大。乔、灌、草各安其位，老虎、狐狸、兔子各得其所，业态在淘选中不断演化，服务在交互中自我升级，这一片万类霜天竞自由的生态，将是项目最坚固的护城河。

一枝多花，对外扩展，打通跨境战略协同网络

十多年的发展过程中，海诚成功地实现了战略协同。从西双版纳的战略聚焦，到老挝、泰国沿线的战略拓展，到昆明的总部设立，再到滇南、滇西、四川、重庆等地十多个项目同时启动，一张围绕"一带一路"沿线布局、项目涉及国内国外、大西南长三角多点联合的战略协同网络迅速铺开。

2008 年，海诚以告庄西双景作为傣泰文化的集中展示地，在文化上影响东南亚国家，也为其进军东南亚做好铺垫。2011 年因为磨丁特区的开发，海诚与老挝在国家层面建立了良好的互动关系，之后响应国家的一带一路倡议，在跨境电商、国际物流、教育医疗、金融等领域服务两国的国际产能合作，真正促进中老跨境产能合作，从而进一步扩展东南亚市场。而这长达 8 年的国际市场开拓，奠定了海诚集团作为城市和产业运营商、作为"一带一路"倡议践行者的实力和影响力。2018 年海诚

集团以外促内，从国际市场返回国内市场，进一步布局云南滇中、滇西、滇南等地，并进驻重庆、四川等西南重要城市。国内和国际两个扇面的战略协同、一带一路沿线的战略协同，是海诚集团长期践行的战略。

总结

战略不是一颗珍珠，而是一整串珍珠项链。战略方法论也不是单个的点子，而是一整幅航海图，既包括战略分析的思维法则，也包括战略的行动指导方针。

如果说"战略分析三大法则"给战略提供了思维的框架与逻辑，那么"制定战略的四步法"则提供了制定战略连贯动作的具体指导方针。制定战略的路径源于预见，核心在找魂，关键在聚焦，而最终的成功则在于协同。

不论是"战略分析三大法则"还是"制定战略的四步法"，说起来简单，但内涵并不简单。掌握方法论不等同于会"背口诀"，而关键在于对其的应用能力。"学好方法论"和"用好方法论"之间也不是孤立关系和前后关系，而是相互融合、"知行合一"的。如若一个人脑子里没有对方法论的深刻理解和把握，没有形成系统的战略思维与意识，在面对实战时往往容易束手无策，找不到方向。而如果一个人没有身经百战的实战经历与经验，就如同"纸上谈兵"，所了解的世界与真实世界也可能会有天壤之别。

CHAPTER 8 —————— 第 8 章

如何进行战略实践

在本书第 5 章中，我们讲述了智纲智库的战略认识论。在第 6、第 7 两章中，我们又系统总结了智纲智库的战略方法论，以帮助战略制定者在关键阶段的重大选择上做出正确的事。在本章中，我们将解读智库的战略实践论，为战略制定者提供正确做事的方略。

智纲智库早期的生存与发展，经常伴随着咨询策划业的大起大落。面对种种猜疑和批判，靠案例说话是我们的唯一选择。

一次成功的探索可以使自身的发展到达一个新的高度；反之，一个失败的案例也可以将一个在市场中自生自灭的咨询公司推向深渊。因此，实践结果是检验一个咨询策划案成功与否的唯一标准，而有影响的案例就是我们在江湖上安身立命的通行证，正如智库的一位策划总监所说："不能落地的咨询项目顶多值一顿饭钱！"

经过一场场战争的淬炼，我深刻认识到，"一个成功的案例胜过一千打纲领",战略是一门应用科学,它来自实践,也不可避免地打着实践的烙印。战略指导实践,实践纠偏战略,实践就是检验战略的唯一标准。战略实施的整个过程就是"实践-认识-再实践-再认识"循环往复、动态调整的过程。

所谓战略实践,是在战略指导下的一系列连贯动作,必须长计划短安排,设定阶段性目标和手段,来从量变到质变,积小胜成大胜。通过我多年的观察和思考,我认为战略实践的核心内容大致可以概括成"一个中心"和"三个基本点"。一个中心,是指以"人"为中心;三个基本点,分别是"抓手""节奏"和"权变"。

人:培养战略统帅

在我看来,这个世界上有两种人不是教出来的。一是父母,二是领袖。

父母不能培养,虽然市面上有很多育儿类读本,但父母当得好坏,还得靠自己摸索。领袖同样不能培养。杰出的领袖往往具备某些天生的特质,神闲而气静,智深而勇沉,泰山崩于前而色不变,麋鹿兴于左而目不瞬。这种特质并不是每个人都有的,领导力的培养或许能从书中学到一些,但更多深层次的东西,需要在实践中感悟,甚至是顿悟,杰出的领袖无一例外,都是从实践中拼杀出来的。

领导人,也可以叫作战略统帅。无论是时势造英雄,还是英雄造时势,英雄与时势总是密不可分,如果说人民群众是历史的创造者,那么英雄人物是历史前进的决定力量。塑造局势,趁势而为,挟大势而定大局,是古往今来多少英雄的拿手好戏。但遗憾的是,并非所有人都是合适的统帅，很多人只是机缘巧合地坐在了那个位置上。

世间战略千千万，但是为什么最终有人成龙在天，成就一番事业，而有些人成蛇钻草，消失得无影无踪？有时候最关键的核心并不是战略的对与错，而是这个人行不行。所以论事（战略实践）前，首先要先知人（战略统帅）。

通过多年的研究和持续观察，我发现，要想成为一名合格的战略统帅，往往要具备以下几个特点。

1. 战略统帅的四大"品格"特征

第一，永葆野心。

野心是成功的战略统帅们的共同属性，我们可以把野心称为雄心，也可以称之为梦想，但是万变不离其宗，都是对成功超出常人的渴望。野心尽可能地激发了统帅们的本性，释放了潜能，才让他们成为人类物质文明的原动力与"火车头"。

野心在老板们身上表现得更加强烈，他们就像饥肠辘辘的恐龙，永远都吃不饱，之所以能够屡败屡战，跌倒后又爬起来，正是因为他们心中始终燃烧着常人难以理解的对成功的渴望。

第二，审时度势。

战略统帅是审视方向的人，要敏于洞察局势之变，其他诸如管理、运作、人员配置、内部协调等具体实施操作的问题，都可以借他人之手，唯独审视方向不行。

战略实践的过程中影响因素极为复杂，机会往往来自社会变迁的微小缝隙，这要求统帅们必须能察觉到细微的变化，时刻保持警惕，实时纠偏。无论是发展的机会，还是危险的气味、灾难的降临；无论是熙熙攘攘的市井之声，还是云雾缭绕的官方动静，抑或是资本市场上的风吹草动，他们都不会放过，将政治、经济、文化等各种信息，转化为对利润、对生存、对跨越的有利条件。

第三，格局与远见。

战略统帅的格局决定了企业的高度，战略统帅的远见决定了企业能走多远。华为创始人任正非的格局之大，在中国企业界实属罕见，任正非的格局体现为以下四点：第一，开放包容，尊重对手，不赶尽杀绝。这也是为什么在美国政府要对华为封杀的时候，依然会有那么多美国企业对美国政府展开游说，为华为说话。第二，人类大同，挣钱不是唯一目的。华为的愿景是建立万物互联的世界，未来还会继续保持跟美国公司的正常贸易，大规模购买美国元器件，共同建设人类信息社会。第三，自我修正，在实践中纠偏认识。任正非不仅喜欢自我批判，还喜欢接受对手的批判，甚至接受下属的批判。在心声社区上，如果有人骂得对，华为人力资源部就开始调查，再看看前三年他的业绩，业绩很好的话，就调到公司秘书处来，帮助处理一些具体问题，以此培训他、锻炼他，因为这样的人将来迟早要当领袖的。第四，忧国忧民。任正非多次在采访中提到教育的重要性，他说中国将来和美国竞赛，唯有提高教育，没有其他路。

第四，价值引领。

统帅是在组织中是扮演定海神针的人，但凡最后获得成功的战略统帅，都是企业价值观的忠实护持人。以智纲智库为例，我从创业初期就没把智纲智库定位为纯粹的商业机构，而是战略思想库，我们的愿景就是"打造中国最好的战略思想库"，我们的价值观是"抱朴守拙、丙方立场、与时俱进"，不断扬弃，不断超越，研究具有中国社会普遍性和共性、具有时代影响力的战略层面的前沿课题，推动社会上有影响力的人做出有更大影响力的事情。这也决定了我们团队要时刻保持干净的企业文化，一心追求价值最大化，而非效益最大化。

◎ 案例

战略统帅，小国大政治：李光耀

在前文的案例中，我们曾提到新加坡与香港特区的对比，新加坡为何如此成功？有人将原因归结为其优越的地理位置。新加坡地处马六甲海峡，扼守国际贸易的要冲。但这些禀赋并非新加坡独有，马来西亚与印尼等国也有着同样的地缘优势，但这两国的经济与新加坡的差距，简直不可以道里计。还有人将其归结为新加坡历史上是英国的殖民地，较早开化，接受了西方的文明传统，这个因素马来西亚同样具备。可见，这些因素并非充分条件，一切的政策实施，首先需要有一个强有力的领导人，而新加坡的前总理李光耀就是这样一位世界公认的一流战略家。

1959年李光耀出任总理时，新加坡只是自治小邦，资源匮乏，实力孱弱。50多年后，新加坡享"花园国家"美名，已是东南亚经济中心和金融中心，被誉为亚洲最宜居城市之一。李光耀凭借着精明务实、融汇东西方以及洞穿现实的能力，在各个大国之间周旋，为新加坡争取到了最大利益，他提出的"新加坡模式"，成为小国的经典生存法则。

在外交上，李光耀也给新加坡留下了丰厚的遗产，他在大国之间穿梭自如，游刃有余，并站在客观的立场，从战略的高度，为大国分析时局，阐述各自的利害关系，他站在第三方客观立场上的精辟分析让他赢得了国际的尊重，也为新加坡拓展了外交空间。

李光耀的外交策略同样十分注重务实，他处理国际关系时，不囿于意识形态，而是以国家战略利益为出发点，而且对尺度的把握很精准，无论是中美关系还是中新关系，都不至于出现根本性偏差。可以说李光耀的出现，否定了小国无外交的说法。

在李光耀的推动下，中新关系发展相当稳定，新加坡积极参与中国改革开放，利用金融中心的地位协助中国引入外资，两国还在城市建设、人才培训等领域取得显著的合作成果。新加坡虽小，但李光耀的战略眼光却非常高远，绝对称得上是小国大政治，他的著作《李光耀观天下》和《李光耀论中国与世界》是战略领域的经典书籍，非常推荐大家阅读。

2. 战略统帅的三大关键能力

谈完了战略统帅的四大"品格"特征，那么要成为一名统帅，需要具备什么样的能力呢？我认为有三：预见力、定力、决断力。

第一，预见力。

不谋万世者不足谋一时，不谋全局者不足谋一域。作为一个合格的战略统帅，预见力是非常重要的能力。我在多个场合都说过，"小老板做事，中老板做市，大老板做势"。

势，就是对局势、态势的理解和把握，是战略统帅对于所处的时间和空间及未来的变化的认知程度。小老板只要兢兢业业地把该做的事做好就可以了；中老板仅仅能把事做正确还不行，他还必须懂得市场竞争的策略、手段，懂得管理团队的打造与企业文化的宣导；而大老板除了懂得做"事"与"市"之外，还必须了解、熟悉中国宏观的经济大势、区域经济趋势以及行业发展态势，具备创新商业模式的能力。

第二，定力。

道固远，笃行可至；事虽巨，坚为必成。人生如登山。有的人爬到半山腰就流连于山腰的景色与果实，开始横向跑，不再向上攀登。如果只看三年、五年，当然是横着跑舒服，向上攀辛苦；如果我们把眼光放到十年、二十年，就高下立判，二者完全不在一个层次上了。

为什么现实生活中常常是"中锋在黎明前死去"⊖？因为，"世之奇伟瑰怪非常之观，常在于险远，而人之所罕至焉，故非有志者不能至也"。

战略是一个钻山洞的过程，是长期主义的行为，不能一蹴而就。如果说预见力是善于抓住机遇，那么定力就是耐得住寂寞，敢于拒绝诱惑。如果习惯于跟风，看到什么行业赚钱就往里挤，市场上什么产品畅销就跟着生产什么，往往到头来一事无成。

第三，决断力。

拥有良好的预见力已经实属难得，拥有定力已然距离伟大不远，但作为战略统帅，当超常规的机遇或者危险灾难降临时，要善于谋，更要善于断。在面对机遇时，决断力体现在敏锐决策行动、捕捉机遇窗口期的能力；在面对危机时，决断力体现在当机立断，迅速止损的能力。敢于决断、善于决断，是领导者综合素养的最高体现。

战略统帅的决断力具体表现在对事物本质及规律把握力、对关键节点的判断力，以及对决策结果的承担力。比如对于任何一个成功的组织，旧有的运营体系和模式都会形成惯性，即所谓的路径依赖，这时候统帅寻求突破，要做的就是取舍，在创新和淘汰之间做出选择。其中淘汰尤其困难，需要做出颠覆自我式的决断。但如果只关注眼前，不忍

⊖ 出自讲述球星的电影《中锋在黎明前死去》，这里指总是会有牺牲。

心向自己开炮，也就可能意味着放弃整个未来。这也是为什么战略咨询那么难和那么贵，因为战略咨询通常面临的最大的课题，就是淘汰和选择。

◎ 案例

IBM 的决断和英特尔的失误

关于淘汰，一个著名的案例就是 IBM，在 20 世纪八九十年代，IBM 的 CEO 是约翰·埃克斯，在他的任职期间，IBM 出现了巨大的亏空，最主要的原因就是他按照惯性思维，坚持以大型机作为 IBM 的顶层产业。而忽视了当时已经出现的个人电脑。

当时个人电脑业务刚刚起步，其水平就相当于今天的计算器。在约翰·埃克斯看来，计算机行业将发生连续性的变化，大型机的生产还有很多改善的空间，所以他们一系列的决策都是围绕大型机的生产、销售以及市场资源所做的。但是企业发展和技术突破其实都是非连续性的，那一段时间 IBM 面临巨额亏空，濒临破产。

后来是谁拯救了 IBM？是郭士纳，他做的核心战略选择就是淘汰，淘汰不赚钱的领域，舍弃不良业务，消减业务成本，大幅度地裁员去减弱红利，他一系列的动作都是做减法，做瘦身。

这与郭士纳的出身有关，他曾经在麦肯锡做过咨询师，郭士纳进入 IBM 后，发现 IBM 增长最快的一个板块是服务领域，而且郭士纳出身就是咨询，他自然认为服务领域是一个非常有前途的领域，并且把所有的资源开始向服务领域引流，导致了整个 IBM 的巨大转型，从一个卖硬件的公司转成一个综合服务型的公司，广告词就是四海一家的解决之道。

要敢于否定自己，壮士断腕是非常难的。英特尔作为大型芯片公司，它的芯片在 PC 机的领域最高占有率达到了 96%，平均占有率也达到 80%。但是英特尔在移动芯片的占有率不到 2%，只有一点几。

这就是惯性思维的结果，英特尔长期垄断计算机领域的芯片生产，这是一种高耗能、高速运转的芯片，同时成本也非常高。但是移动终端需要的是低耗能、高转速的芯片，这跟英特尔原有的思维框架和模式是冲突的。

因为它一旦把 CPU 和其他芯片改成低耗能和低成本的，对它原有的芯片领域会产生巨大的冲击和伤害，英特尔不愿意失去这样的市场，在移动芯片领域一度很是犹豫。后来英特尔终于承认这个问题，即它在整个移动业务领域发生了战略性的错误，最终不得不舍弃在移动芯片领域的研发和推广。

3. 战略统帅必须亲自"办黄埔"

战略实践不是一个人的斗争，人民群众才是真正的英雄。再伟大的人也只有一个脑袋，统帅做得最多的是判断和承认，承认并推广好的东西，从不好的东西中吸取教训，掌握好前进的大致方向，这样就够了。最危险的情况莫过于万马齐喑，只有一个脑袋想问题，领导挥斥方遒，下属唯唯诺诺，这样的企业通常离死亡不远。

经过多年的沉淀，智纲智库提出了一套战略实践的模型——"战略金三角系统"，即找定位、定打法、开模具、办黄埔（见图 8-1）。"找定位"就是定方向、定角色，确定我是谁、我该做什么、不该做什么；"开模具"就是打造超常规的产品与模式，不是同质化的产品模式，而是具备独特的核心竞争力，从这点上来看，绝大多数企业有产品但没模具；

"定打法"就是围绕定位目标，如何快速有效地展开行动，如业务拓展、市场营销和资源整合等；"办黄埔"就是孵化核心团队，它是整个金字塔的核心，也是其他三个环节能否有效执行的关键。

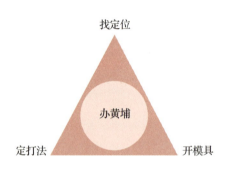

图 8-1　战略金三角系统

想要办好黄埔，首先要坚持价值观统领，上下同欲者胜。

价值观解决的是企业要"扛什么旗，走什么路"的问题，关乎企业"做什么"和"不做什么"的选择边界，更关乎点燃员工激情，引爆使命感，将公司的愿景变成自身为之奋斗的目标。如果把企业比作一个大森林，头顶的太阳就是价值观，肥沃的土壤是保障企业正常运行的管理组织，花草树木就是围绕市场需求形成的业务系统。这就是所谓的上接天，下接地，中间要通气。天就是价值观，同时也引领和主导组织的顶层设计的先决条件。

我们常说，"治军必先治校"，而治校的前提是统一的价值观。价值观是老板绝对不能偷懒的事情，老板要成为企业的老师，成为价值观的护持人，办黄埔的最终目的就是老板带出一批和自己价值观统一的团队。好的企业，是让员工更多地被使命和价值观驱动，而不是拿着"老板说的"当圣旨，被恐惧驱动。

在中国互联网界，如果要问哪一家公司最喜欢谈论价值观、使命、前景，那无疑当数阿里巴巴；如果要问哪一家公司真正将价值观、文化贯彻到日常工作，成为全体员工执行不渝的行为信条，无疑也当数阿里巴巴。创始人作为阿里巴巴的舵手和精神导师，在阿里内部大家也以"老师"来称呼他。他最特别的一点在于，对企业的掌控力不需要靠股权来支撑，而是通过价值观的传导来实现，而这种价值观文化也体现出了影子般的控制力和强大的执行力。在过去的20多年中，阿里巴巴之所以能克服重重障碍、飞速成长，与其建立了强悍（甚至强硬）的核心理念和文化具有非常直接的关系。

中国另一家强调价值观的公司，就是华为。我曾和任正非的顾问田涛先生多次交流，他对华为的理解和认识在市面上首屈一指。在他看来，华为的核心价值观就是三句话："以客户为中心，以奋斗者为本，长期坚持艰苦奋斗。"这三句话拆开每句话都是常识，没有任何的创造性和创新性，但常识本身就是真理，任正非和华为的领导层对其没有任何的创新，但将这三句话无缝地衔接成了一个闭环，日日讲、月月讲、年年讲，把"客户就是上帝"当成金科玉律，用"分银子、分位子、分面子"的"海盗哲学"把员工对财富、权力和成就感的贪婪转化为面向客户的价值，让"长期艰苦奋斗"成为华为上下一致的现实与精神追求，最终形成一种类宗教的精神共同体。而用来维护这三句话的"护法宝器"，就是坚持自我批判。

华为有个内部网站叫"心声社区"，是全球大公司里最开放的内部网站之一。在这个内部网站上，可以看到对公司各级领导，甚至对任正非的尖锐批评，也能看到对公司重大决议的尖锐批评。随着财务和投资部门的自我批判，公司高级领导有五六个人发表了文章，也主动进行自我批判。华为所讲的自我批判，不是简单地否定，核心是纠偏，是建设性的自我纠偏。在心声社区你会发现，既有巨大的正能量，也有很多尖锐的批评、批判的声音，而且这些批判、批评的声音，恰恰反映出华为18万人中的多数对公司的生死存亡是有使命感的，这正是华为"办黄埔"的成功。

智纲智库核心价值观

智纲智库已经走过了26年的春秋，从南方起步发展到全国五大机构，从一个人到现在百人有余的团队和上千个案例，为什么能永葆青春、持续发展、后劲十足呢？这一切都与智纲智库企业文化的建设密切相关。

我们是公司，也不是公司。这是我创立智纲智库之初就一直延续至今的定位，也是我们最与众不同的地方。

智纲智库在建成之初，就天天在探讨这样的问题：我们未来是一个什么样的机构？我们的独特的竞争力是什么？我们未来发展的战略目标是什么？我们该举什么样的旗？我们该走什么样的路？通过三年的深思熟虑、反复研究，1999年公司确定了一个非常清晰的定位：我们是公司，也不是公司，我们要打造具有中国特色的商业思想库。

我们是公司。作为独立的商业咨询机构，我们必须遵循市场经济的规则，以公司化的方式与市场对接，才能体现知识和智慧的价值，获取财富和利润，供我们体面地生存与有效地发展。

我们不是公司。因为我们的追求是构筑具有中国特色的战略思想库，不以追求利润的最大化为目标，我们还有更高的战略追求——通过研究具有中国社会普遍性和共性、具有时代影响力的战略层面的前沿课题，推动社会上更有影响力的人做出有更大影响力的事情。所以，无论是我们的组织结构、管理模式，还是对人员的素质要求与业绩考核，都不同于一般的商业机构，同时我们还具有战略研究机构的性质，这使我们能够保持引领市场潮流的地位。

我们是丙方。在市场经济中，只有需要接受服务的一方和提供具体服务的另一方，也就是甲方与乙方，何来丙方？如果真要硬性定义的话，所谓"丙方"其实就是一个特殊的乙方。首先，智纲智库具有超然而独立的地位，同流而不合污，和光而不同尘，备受客户的尊重与信赖。其次，从不给对方回扣，也从不要任何回扣。与对方平起平坐。最后，它可"承上启下"，可"左右逢源"，既为甲方全盘考量，也为相关各方以及社会考虑，客观公正地整合各种资源，从而实现各方共赢，客户大赢。

我们是医学院，不是有些商业医疗机构。智纲智库与其他咨询公司看起来都是在做所谓的咨询，都是在做"医疗"，但有些商业医疗机构是病人越多越好，赶快收钱；医学院不是，医学院除了提供一般性的医疗服务外，还要选择去做社会上那些商业医疗机构不愿意做的事情，并研究其他人不愿意做的课题。所以，医学院受尊重，医学院成了孵化器，成了培养人的地方，这是智库跟商业机构不一样的地方。

我们引领市场潮流，享受冲浪乐趣。我们深知，只有饥饿的鲨鱼才是最具有战斗力的。我们饿着肚子，才能到更为广阔的原野中寻觅新的猎物和开辟新的天地！所以当很多人问我："难道你们不怕教会徒弟，饿死师傅？"策划是下地狱的活，是挑战智慧极限的活，在没有路的地方，蹚出路来，这是策划人的职责。之所以这样，是因为我们不愿意在老板的一次次蜕变中渐渐地被彻底颠覆、被完全遗忘。一个敏感的文化人要想在商海中乘风破浪而又不失自尊、自重，就必须"同流而不合污，和光而不同尘"。要做到这一点，最重要的是要有不断超越自我的意识与能力，这也是我和我的团队不甘于原地踏步、始终保持一股旺盛创新力的关键之所在。

抓手：找到关键突破口

战略是一项复杂的系统工程，具有鲜明的整体性、关联性、协同性等特征，但这并不意味着战略实践一开始就要全面铺开、全局推进。战略实践是多种矛盾同时存在并得到解决的过程，在诸多矛盾中必定有一种起着主导、决定性作用的矛盾，规定和影响其他矛盾的存在和发展，事关全局和关键，这就是"战略突破口"。任何新战略的推进都必定面临丛生的问题，这就要求战略实践要抓主要矛盾，即找到关键突破口，就如打蛇打七寸，从而掌握整个战略中的核心要素、关键动作、重要资源。

战略千条线，落地一根针，从实际操作看，战略实践的突破口既可能是足以扭转局势、打破困境、打开局面的枢纽，也可能是一个经过反复打磨而形成的可复制扩张，打开全新战略版图的"试验田"，还可能是在市场纷争中通过借势、造势等超常规方式引爆市场或建立护城河的战略营销。

1. 聚焦枢纽，找到破局点

在战略实践的过程中，"枢纽"非常重要。毛泽东的战略思想首先强调"指导方针"，就是做什么事情要有个大方向，其次就是强调"枢纽"，也就是在具体的战略实施上要找到枢纽。

什么是"枢纽"？枢纽就是关键驱动点，犹如"棋眼"，棋眼活，则全盘活。枢纽就如同锦州之于辽沈战役，研发和品牌之于华为，牵一发而动全身。

枢纽要从趋势中寻找答案，重要的不是趋势本身，而是趋势的转变。当拐点出现的时候，时代将释放出潮水般的商机。找到时代变化释放出来的机会点、行业亟待解决的痛点、阻碍自身发展的症结点，将之与自身的新发展战略相匹配，这就是枢纽。

对企业而言，趋势的转变意味着行业的重新洗牌和异军突起的机遇。张瑞敏"没有成功的企业，只有时代的企业"讲的就是这个道理，所谓的成功只不过是踏上了时代的节拍。

以地产领域的战略创新与转型为例，中国城市化高歌猛进、波澜壮阔，创造人类历史的奇迹，其中有很多基于对趋势的把握，以战略为引领而实现成功崛起的企业和故事，既有万达、华夏幸福这样大而强的巨头，也有宋城、彩生活这样小而美的企业。

对区域发展而言，趋势的转变意味着区域分工格局的重塑和城市能级的跃升机遇。

改革开放之初，我国大力发展外向型经济，东部沿海区域成为对外开放的桥头堡率先发展起来；"80年代看深圳，90年代看浦东"，形成了"以北上广深四大一线城市为引领,珠三角、长三角、环渤海三大沿海城市群"的格局。进入 2000 年后,在西部大开发、中部崛起、东北振兴等战略的推动下,重庆、成都、武汉、合肥等中西部城市快速崛起。2008 年是个重要的节点,金融危机导致外贸出口受阻,东部沿海地区产业向内陆和东南亚转移,经济进入转型阶段,经济增长随之放缓。当前,在"一带一路"倡议的引领下,开放重点从沿海、沿江向内陆、沿边延伸,正在形成陆海内外联动、东西双向互济的开放新格局,西安、昆明、贵阳等重要的节点成为战略支点,云南、广西成为延边开放的重要桥头堡,尤其是在消费成为经济发展重要牵引力的背景下,工业时代受交通限制的中西部城市在旅游开发的带动下实现了区域大发展,西安就是其中的典型代表。

西安这几年成了红遍世界的网红城市,曲江新区是代言西安旅游的重要名片。西安现在坐拥国家中心城市、内陆型改革开放新高地等一系列重量级的城市定位,毫无疑问是这一轮城市化过程中成功崛起的标杆,其成功的起点在于找到了转型发展的枢纽——曲江新区。

◎ 案例

曲江新区:西安"皇城复兴"的超级枢纽

2002 年的西安,正处在的尴尬局面中,城市化浪潮与历史保护两种力量交织,一边是 10 余平方公里的老城拥挤了 100 万人口,不堪重负,城市化急需突围;另一边是深厚的文化积淀,历史文化区和建成城区重合率几乎为 100%,历史为西安套上一层枷锁。

生活在这里的居民和慕名而来的游客,虽然身处这个中国最大的天然博物馆,却感受不到千年古都的氛围和气象。而彼时的曲江还是长期困扰西安市政府的一个"心病"。20世纪90年代初，曲江旅游度假区与西安高新区同时上马，几年下来，后者撑起了西安城市的半边天，而前者除了完成了一些基础市政配套外，并没有太大的变化，荒地绵延，人烟稀少，毫无发展头绪。为此，西安市政府委托我们进行相关战略策划。

在与时任西安市委书记的交流中，我开门见山地说："北京是政治中心，上海是经济中心，中国的文化中心在哪里？就是西安。西安要把文化做大，不跟别人比 GDP 而要反弹琵琶，把千年厚积的文化内存用现代意识和手段来包装，要让人们用全新的眼光来看待西安。在整个中华民族复兴的大背景下，最有示范意义、激励意义的就是西安的复兴，就是汉唐盛世的再现。"

西安的未来在哪里？高新区经过将近 10 年的开发已基本成型，已经进入精耕细作和见缝插针的时代，进一步大规模扩张的空间不大。老城区改造是民生工程，但对处在城市能级提升关键时期的西安而言，带动能力不足。西安作为中国的文化中心，未来在于成为中国的文化国门，再现"汉唐盛世"，实现"皇城复兴"，而"皇城复兴"的枢纽点就是曲江旅游度假区。通过曲江这个超级杠杆，一头解放老城，再塑古城；一头撬动新城，再造西安。

站在城市发展大趋势的角度来看，其实曲江新区已经进入到即将起飞的前夜。深层次的原因是国家的货币分房政策和中国加入 WTO 的全球产业转移，正在加速推动中国城市化和工业化的进程，一方面带来经济高速增长和城市高速扩张，另一方面带来土地巨大需求和价格持续暴涨，只是之前的主要领导并没有意识到。

曲江新区快速崛起，必须要在两个方面实现突破，一个是讲故事，一个是找资金，前者是做定位，后者是创模式。基于此，我提出了"皇城复兴计划——腾笼换鸟，八马拉车"的构想，即通过开发曲江，有机地疏导古城，还西安一座活着的古城！

所谓"腾笼换鸟"，就是将相当一部分古城的人口和城市功能向外疏导，从而降低古城的人口密度，同时用体验旅游的思路和眼光，大手笔地梳理、整合老城的历史文化资源，重新规划，尽可能地恢复古城风貌，再现汉唐盛世风采，打造"天下第一皇城"。与此同时，把曲江打造成西安未来最有活力、最现代的新城市中心区，从而实现"一石三鸟"的奇效——解放老城、重塑古城、打造新城。

所谓"八马拉车"，就是指用若干个产业引擎启动曲江新城，以大雁塔旅游商圈的改造为起点，大力发展体验旅游，充分整合和复合多种产业，最终形成一个以旅游、商贸、居住、会展、科教、文化等第三产业为主的新型城区。以旅游产业为"头马"，通过旅游营造良好的环境和氛围；确定曲江作为一个现代服务性新城区的基调和形象，还需要其他引擎的配合——居住和商贸产业的发展既能满足疏导、解放老城的城市化发展要求，又可为曲江的开发迅速地回笼资金；大力发展会展产业，发挥会展经济对吸引投资和带动关联产业的强大作用，同时也是展示整个西安新形象的重要窗口；科教文化产业在曲江的发展将为整合西安的优势资源提供全新的平台，对西安的整体产业水平的提高起到产业"酵母"的作用。

2002年10月，智库向时任陕西省委副书记、西安市委书记汇报了方案，获得高度肯定；2003年3月，西安市人民政府批准西安曲江旅游度假区扩大到47平方公里，由管委会统一规划，同意对曲江旅游度假区的发展功能进行重新定位，改为"曲江新区"，并认为曲江新区是西安城市中心区的重要组成部分，也是未来5年西安城市建设的重中之重，曲江瞬间变成了西安城市经营最炙手可热的一张王牌，在西安这个千年古都掀起了一阵阵超级旋风。

短短两年之后，以大雁塔北广场、大唐不夜城、大唐芙蓉园为支撑，一个旨在再现大唐雄风的体验旅游板块初露头角。在城市运营商的强力推动下，曲江新区为千年古都西安注入了现代性，成了名副其实的城市名片和城市客厅。

忆往昔峥嵘岁月稠。如今一转眼已经是17年，如今，西安加快实施"文化+"战略，推动文化产业加速发展，"打造万亿级文化旅游大产业"。2019春节由西安市委市政府亲自主抓的"西安年·最中国"系列城市品牌营销活动吸引了全球目光，让西安一下子成了"网红"城市。曲江新区作为西安文化发展战略的主战场，是"西安年·最中国"活动的核心区，创造了"不倒翁""石头人""提线木偶"等一系列火遍网络的文化旅游IP，成为互联网时代的文化旅游"打卡胜地"。

2019年年中，我又一次夜游曲江，重见故人，看到大雁塔下如织的游客，璀璨光影下的皇城气象，真是感到由衷的欣慰。十年一觉长安梦，昨天的策划，今天的传奇，我想这可能是对一个策划人最高的奖赏吧！

战略枢纽并不局限于某一个具体的事务，可能是一个全新的领域，如商业地产和文旅地产之于万达的转型升级；也可能是一个"化外之地"，如特区之于中国的改革开放；也可能是一个新兴产业，如大数据之于贵州的新兴产业发展；也可能是一种交通组织方式，如渝新欧之于重庆参与国际产业分工调整；也可能是一个超级产品，如汽车万向节之于万向集团的转型发展；也可能是一种商业模式，如C2M模式之于红领集团的智能工业4.0战略；也可能是一种策略打法，如"高配低价"之于小米的快速崛起；也可能是一个新的市场，如海外市场之于华为的GSM业务；还可能是一种管理变革，如成就共享计划之于碧桂园的高周转战略……

在选择破局点的过程中，要以"不求最好，但求最合适"为原则，以"能实现，能落地"为标准，要选择与自身的能力和资源相匹配的破局点，否则，无法落地的战略不管逻辑上多么完美都只能是空中楼阁。破局点选得好，能够事半功倍，四两拨千斤；破局点选得不好，不仅阻力大，而且可能矫枉过正，遭遇报复性反弹，适得其反。

明确破局点之后，就要举全区域/公司之力，持续进行饱和性、压倒性的投入。比如我的家乡贵州，大数据在贵州的"无中生有"堪称经典，当时很多地方政府都制定了大数据产业发展优惠政策，但没有哪个地方像贵州那样举全省之力发展大数据，最终的结果显而易见，贵州成就了大数据，大数据也成就了贵州。

◎ 案例

大数据：贵州换道超车的超级抓手

大西南山脉间的贵州，多年来都有些灰头土脸：作为内陆，它没有沿海发达；作为高原，它没有西藏神秘；作为民族地区，它又没有云南那么多的风情；就算是同为盆地的省会贵阳，比之成都，富庶繁荣也差一大截。讲到贵州的贡献，仿佛除了"夜郎自大"和"黔驴技穷"这两个成语外，就只剩下"天无三日晴，地无三里平，人无三文银"的调侃了。

农业时代，平原最值钱。工业时代，沿海最值钱。贵州"地无三里平"、不沿边、不沿海、不沿江，经济发展长期受制于土地、区位和交通等瓶颈，但是在信息时代，只需要一根宽带，数据就可以连通四海。面对前所未有的发展机遇，贵州率先提出打造云上贵州，发展大数据产业，抢占了时代的制高点。

论贵州的自然条件，可以说是大数据的最佳温床。第一，温度适宜，尤其是夏季凉爽，有利于服务器安置与存放，也为高级人才提供了良好的环境。第二，地质稳定，少发地震。第三，水电资源丰富，有便宜而稳定的电力供应。在此之上，更重要的是日鼓鼓的贵州人勇于求新的突破之举，开创性地创造了大数据领域的多个国内第一，包括全国第一部大数据地方性法规，全国第一个省级政府数据集聚、共享、开放的"云上贵州系统平台"，第一个国家级大数据产业国际博览会，全球第一个大数据交易所，全国大数据行业第一赛事"云上贵州"大数据商业模式大赛等，通过率先开放省级政府数据，市场换投资引入龙头企业，创办交易平台和会展赛事打通大数据全产业链。

在贵州发展大数据产业的过程中，战略掌舵人陈刚的作用不可小觑。2013年陈刚从北京市委常委的位子调任贵州省委常委、贵阳市委书记，机缘巧合的是，中国移动、联通、电信三大运营商要建南方数据中心，选址贵安新区，于是就有了大数据的应用在贵州的落地生根，形成一个以数据存储为起点，以数据理论创新、实践创新、规则创新和大数据产业开发应用为特征新产业体系的诞生。首先，陈刚分管过中关村，利用这层关系，推动并促成了中关村与贵州大数据产业发展的合作，并且把中关村的很多企业引入了贵阳，带来了技术、人才和理念。其次，陈刚懂大数据，他清楚地知道，除了经济要素这类优势外，贵州发展大数据很大的优势在于容错性较强。大数据是一把双刃剑，利用不好就会造成数据的安全问题，相比北上广这些容错风险很大的地方，贵阳麻雀虽小，五脏俱全，是非常好的试验场，这是贵阳与经济发达城市相比的独特优势和发展机会。此外，陈刚从贵阳市级层面推动开设大数据知识培训班，对政府系统进行大数据知识培训，他更是身先士卒，亲自开课，开创了贵阳市委市政府人人学大数据、人人懂大数据、人人爱大数据的全新局面，为大数据的发展扫除了政府层面的专业障碍。

如今，苹果、微软、戴尔、惠普、英特尔等世界知名企业，阿里巴巴、华为、腾讯、百度、京东等全国大数据、互联网领军企业纷纷来到贵州发展。高端人才特别是信息相关领域人才持续流入。《中国大数据发展报告》显示，贵州已经和上海、浙江一起成为全国大数据人才流入意向最高的省份。贵州因为大数据，仿佛一夜之间从边缘走到中心，成了中国互联网的新高地，实现了在信息时代区域发展的换道超车。

2. 以点带面，打造试验田

新的战略往往意味着规则的改变和利益格局的重组，也就会不可避免地遇到传统势力的阻碍，所以新战略的实践往往面临着很高的成本，必须统筹解决增量与存量、局部与整体的关系，这个时候，"试验田"的重要意义就得以凸显了。

试验田的核心在于要对全局具有示范和带动意义。在态势还不很明朗的情况下，先行先试，凡是主事者下定决心要打造试验田之时，必是其处在战略转折点之时。就企业而言，如果试验田成功，企业就跃上了一个新的台阶，甚至可能引领一场行业变革；如果试验田失败，企业虽然失去了一次跨越式发展的机遇，但不至于伤筋动骨。

"试验田"是改革开放战略实践的成功经验。伴随着中国改革开放的诸多成就，关于"中国模式"的讨论越来越热烈，虽然众说纷纭没有定论，但是可以确定的一点是，"摸着石头过河"是改革开放最具有代表性的关键词之一，也是一条重要的改革经验，所以过程中几乎所有的改革都是在邓小平所提倡的"试一试，看一看"的原则下进行的，这也决定了几乎所有的改革都是从试验田（即小范围内的试点）开始，成功了再进行推广，然后再制定相关的规定、法律直至宪法。

"试验田"思维对所有的战略实践都同样具有指导意义。"试点"保证了新战略的顺利实施，对于将战略蓝图落地为战略实践、打破战略困局、检验战略可行性、积累实践经验等有重要意义。"小范围"则保证了新战略影响的可控性，一旦出现不良反应，能够及时纠正，成本可控。保持战略弹性则是"试验田"思维的重要内涵。再完美的战略都必然要经历一个与市场磨合、匹配的过程，所以战略完美主义是行不通的。战略的完美就意味着执行的教条、僵化，就意味着丧失活力，抹杀未知的可能。

以苏州工业园区最为人称道的规划为例，大家都知道苏州通过高标准的策划规划、制度化的保障，实现了"一张蓝图绘到底"，不过苏州规划里很重要的一条经验就是预留弹性空间。通过创新性地预留白地、灰地、临时性用地等灰度空间，开创了刚性控制和弹性调整相结合、"韧性"十足的城市运营模式。

在市场环境不确定、信息不充分、形势不明朗的情况下，通过组建独立的新团队、进行有限范围试验、有限资源配给等方式，保持了战略回旋余地，即使失败了也不影响大局，同时也做到预留管线，一旦成功便迅速铺开。

◎ 案例

经济特区：改革开放战略实践的突破口

"中央没有钱，可以给些政策，你们自己去搞，杀出一条血路来！"邓小平这句关于特区建设简单的话，几乎凝缩了改革开放的所有智慧。在当时，党的十一届三中全会正式提出把全党的工作重点转移到经济建设上来，但是面对已经形成了几十年的计划经济体制，如何进行经济建设？突破口是什么？当时没有长期性的顶层设计，更没有一张画到底的蓝图，具体的改革措施谁也不清楚，一切都是摸着石头过河。

像邓小平这样一生戎马、"三落三起"的老一辈革命家，用"杀出一条血路来"比喻建立经济特区，其阻力、困难、风险可想而知。细品邓小平的这几句话，我们方能理解他为何把福建、广东选为开放的前沿阵地。其一，闽粤毗邻港澳台地区，有借助外部动力的可能性。其二，正是因为闽粤位于两种政治体制的交汇处，矛盾空前尖锐，1976~1978年，广东出现了铺天盖地的大逃港事件，无数内地人诀别家人、逃赴香港。局面之严峻，让中央意识到改革势在必行。其三，也是最重要的原因，闽粤位于边缘地带，远离中央，作为对台湾地区防卫的前沿阵地，时刻备战。当时国家的发展战略主要投入在"三线（内地）建设"上，基本放弃了沿海经济发展，大型的项目几乎都没有在广东落户，即使经济特区的探索出师不利也无碍大局。

经济特区本质上是一场以实用主义为导向的探索，一场以"对外开放"来推动"对内改革"的微创手术，一场收益最大化、代价最小化的精明生意。一切被视为洪水猛兽的改革措施，在经济特区里都被默许先行先试，执政者秉承最大限度地宽容——"先看看再说"。一旦尝试成功，其经验便可以有条不紊地向全国推广；一旦失败，则吸取教训，另谋新路，把损失控制于福建、广东一隅。以小博大，以开放促改革，这是广东在改革开放前20年所承担的重大历史使命。读懂这一点，方能读懂改革开放。

试验田的目的是实现"五出"，即：出成果、出机制、出人才、出品牌、出网络。每一个企业或地区都应该用这"五出"给自己打分。

出成果，使企业获得实实在在的利润和项目的成功。

出机制，做项目获得成功的同时，在后台网络、公司结构、资本运作上都建立完善的机制，保证企业稳健发展。

出品牌，建立或者提升企业的品牌形象，并沉淀为最终的口碑和形象传播。

出人才，在合作的过程中锻炼出一批高素质的人才。尤其在进入一个新领域时，在完成项目或者"开模具"的同时也培养一批人，有了人才，你的模式才能有效复制。

出网络，现在是全球抓药，整合资源。资源人脉、市场网络的建立，可以大大节省时间和成本，进而实现连锁化的产业扩张。

这五出为整体战略供给人才、机制、品牌、网络等，通过打造一个试验田带动整体战略的转型。

试验田的意义在于复制，就像工业领域的模具，是产品的模型。在模具思维下，试验田成功之后，便可跑马圈地，开展复制扩张，推动企业能级的提升。如万达广场之于万达从住宅地产向商业地产的转型、固安工业园之于华夏幸福从地产开发商向产业运营商的转型、告庄西双景之于海诚从地产开发商向文旅运营商的转型。

"开模具"思维能让企业争取到战略主动性。对地产企业而言,多数企业习惯于机会主义随机拿地,拿到之后被动研究做什么,每个项目都不一样。我倡导的是倒过来做,叫作"先开模具后找地",也就是从企业战略全局出发,结合企业自身的资源与优势,想明白应该主攻哪一个领域,先把模具开好,之后再图扩张。

打造试验田往往是一个反复打磨的过程,要有"十年做一个"的战略意志和持续投入,最终才能在试验田成熟的时候,具备"一年做十个"的能力。万达广场经历了两次失败探索才取得阶段性成功,华夏幸福打磨固安工业园模具用了 5 年,云南海诚打磨告庄西双景模具用了整整 10 年。

◎ 案例

文化演艺:宋城文旅大业的超级试验田

1999 年我给宋城做战略策划时,宋城还是一家传统的旅游企业,主要有两大项目:宋城景区和杭州乐园。当时主题公园已经泛滥,景区重资产模式难以为继,为此,黄巧灵问计于智纲智库。

我没有就旅游而谈旅游,而是站在杭州城市发展大势,以及宋城企业战略的高度,提出要跳出旅游,以"泛地产"的理念做城市运营,建议把杭州乐园及其周边的几千亩土地整体运营,命名为"天城",取自马可·波罗当年来杭州时惊叹杭州是"世界上最美丽华贵之天城",开展旅游观光-休闲度假-生活居住-文化娱乐等全产业链运营,打造一个花园式卫星城市,一个微型的"休闲城市"。后来,宋城及时抓住杭州市提出打造"东方休闲之都"的战略契机,创造性提出"休博会"构想并被杭州市政府采纳,"天城"也顺理成章成为"休博园"。宋城借势借力，经此一役，完成了跨越式发展。

宋城的成功引起了全国关注，很多地方政府投怀送抱。之后几年，迷失于地产思维惯性，扩张过快，几乎失控。最后宋城决定收缩回来，重新盘整企业战略，于是就有了宋城的第二次出发。

这次宋城决定聚焦文化产业，这也是回归创业的初心。黄巧灵在下海前曾在丽水管过地方演出团，后来读了古典文学的研究生，研究的是红学（红楼梦），是一个文化情结很深的人。黄巧灵终于想明白了：我不能跟着开发商跑，做地产永远做不过万科、绿城，我应该做我自己，以文化旅游为核心，而不是以房地产或其他。

宋城文化产业的切入点是旅游演出，总导演就是黄巧灵本人。原来宋城景区里有简易的露天演出，后来发现演出比景区更能吸引游客，于是配菜变主菜，改成室内演出，推出《宋城千古情》，很快就观众无数，供不应求，于是又斥资 1.5 亿元建设 3100 个座位的宋城大剧院，演出也不断升级，旺季每天演出 9 场，每年演出 1300 余场，宋城景区每年数亿元的利润。《宋城千古情》成为宋城集团的超级模具，千古情系列开始受邀在三亚、丽江、九寨等顶流旅游目的地攻城略地，2010 年宋城演艺在创业板上市，成为中国文化演艺第一股。

3. 借势造势，引爆新市场

酒香也怕巷子深。现在的世界就仿佛一个大舞厅，灯光不停闪烁、时明时暗，音乐时而舒缓、时而激烈，很多人在起舞，但是 99% 的人都处于黑暗之中，大家都不清楚这些人的模样，因为聚光灯只有一束，只能打给舞台上的主角，光柱外面的人跳得再好也没用。黑暗中的舞者，最大的梦想就是聚光灯在移动的过程中能打在自己身上，让别人发现自己比台上的明星更加优秀，这样一个新的超级巨星就诞生了。

当今时代，营销已经上升为战略问题。战略营销不仅能引爆市场，能在短期内带来直接的效益，更能在消费者心中构建一种全新的认知，成为一条无形的护城河，带来长期的竞争优势。竞争的最高境界是成为游戏规则的制定者和解释者，战略营销就是建立游戏规则的重要方式。

对城市而言，战略营销不是常规的城市内产品、企业、品牌、文化、贸易投资环境等全方位的营销，而是挖掘和传播城市独特性的价值，从而使其一枝独秀、脱颖而出，为人所知所识，发挥"引资效应"，带动城市经济繁荣；对企业而言，战略营销是企业的价值创造力、品牌传播力、渠道控制力等的集大成，目的是有效整合企业内外资源，创造或引领市场。

战略营销不是形象工程，也不是给自己贴上一个美丽的标签，而是寻求错位经营和差异化竞争之道，挖掘个性与灵魂，并用现代的整合营销手段将其传播出来，让更多的人接受它、理解它。战略营销是一个牵一发而动全身的系统工程，是城市和企业发展战略当中的关键环节。

我常说，营销分为三种：挖掘并放大卖点属于手榴弹式的营销，蹭市场热点放大影响力属于导弹式的营销，在时代或行业发生根本性变革的时刻通过营销将自身塑造成时代的示范和模板属于原子弹式的营销。

战略营销的关键在于对形势的利用，要与时代、行业的重大变革机遇相结合，形成时代、行业变革的标志性事件，"好风凭借力，送我上青云"，便能取得广泛的舆论效应。因此，重磅的战略营销往往会通过策划超级事件或制造超级话题，快速建立市场认知，成为爆款产品、明星项目、全民话题；往往能跳出产品和服务本身，通过代言产品品类、制定行业标准、引领行业模式等，进而掌握行业话语权。

我们当年在做星河湾的策划时就提出，星河湾的广告策划要有革命性的跨越，不单要将看得到、摸得着的东西展示给消费者看，更应将看不到、摸不着、只是感觉得到（甚至有时还包括感觉不到）的东西展示给消费者看，引导消费者去感受、去体会星河湾的生活方式、格调等。广告公司的任务是将开发商的实力、精神、态度总结出来，通过广告形式，让社会了解、让消费者了解引导"房地产界的劳斯莱斯"是怎样用心打造出来的。

战略营销尤其要注重对文化的把握。在日益激烈的市场竞争和区域竞争中，文化常常可以起到化腐朽为神奇的作用。文化承载量越大的项目，其效益释放量也就越大，效益的增长不是加法量级的，也不是乘法量级的，而是原子裂变量级的。未来中国的竞争是文化板块的竞争，谁能把握住每个板块背后的文化底蕴，谁就能掌握竞争的主动权。

真正优秀的营销的精妙之处就在于，注意捕捉特定的历史文化浸染下形成的区域文化个性与社会经济结构及消费心理偏好，然后巧妙地将区域文化底蕴注入项目的理念（概念）开发及市场推广策略之中，以获取厚积薄发、石破天惊之效。如碧桂园借用"可怕的顺德人"、昆明世博会推出"彩云之南，万绿之宗"的云南新形象、茅台的文化酒理念、武夷山的"千载儒释道，万古山水茶"等。

◎ 案例

武夷山：抢占人文自然"双遗产"桂冠

1999年，我受邀来到武夷山时看到，这里的旅游市场并不景气，还停留在浅层次的观赏旅游阶段且知名度低，其影响主要限于华东地区，很多人只知道福建有个武夷山，但对武夷山的旅游究竟有什么内涵却不甚了了。由于缺乏系统的宣传，武夷山就像一块未经雕琢的璞玉，"养在深闺人未识"。实际上，武夷山的价值并没有被真正挖掘出来，更谈不上传播与推广了。巧的是，当时的武夷山正在向联合国教科文组织申报世界自然遗产和世界文化遗产，在此之前只有泰山、黄山和峨眉山获此殊荣。于是，如何用最简单的语言表述出武夷山的价值和内涵，成了当地政府颇为头疼的一道难题。

我很快就发现了一个有意思的现象，武夷山的旅游资源虽然不可谓不丰富，但哪一个也不能拿"单项冠军"。

自然遗产方面。论水，武夷山虽说有令人心旷神怡的九曲溪，但比不过三峡的气势、西湖的柔情、漓江的舒展；论山，武夷山虽说也有令人叹为观止的丹霞地貌，但也比不过泰山的雄伟、华山的险峻、庐山的妩媚；论茶，武夷山也有丰富的茶文化，其特产的岩茶闻名遐迩，但比不上杭州的千年龙井。

文化遗产方面。论传统儒家文化，武夷山是朱子理学的摇篮和圣地，南宋著名理学家朱熹曾在此著书立说、生活长达50年之久，但它却无法与山东的曲阜比肩；论佛教，自唐代起就有高僧建寺于山中，素有"华胄八小名山之一"之名，但也无法与五台山这样的佛教名山相提并论；论道教，武夷山是道教三十六洞天之十六洞天，相传有诸多道教名流在此修炼，却又比不上久负盛名的武当山。

在此之前，武夷山对外宣传的口号都不够理想。例如，因有"桂林山水甲天下"在前，武夷山的"奇秀甲东南"就会有寄人篱下之感；"碧水丹山"一句，虽然可让人望文生义、一目了然，但是没有留给大众充分发挥和延展想象力的空间；"秀拔奇伟"一语，突出了武夷山自身特点的综合和提炼，也为激发游客的联想留有了余地，但是，说到"秀"

和"奇",武夷山当之无愧,而"拔"和"伟"相对就有些牵强。

其实,如果换个角度来梳理,武夷山的优势正在于全能而不是单项。武夷山要想超越名山大川之间的同构性竞争,后发而先至,必须给游客一种全新的形象和理念,并将其概括为一句话,使之成为沉淀品牌无形资产的载体,让人一见倾心、一见如故,从而一传十,十传百。最后,灵感所至,我终于为武夷山找到了形象定位:千载儒释道,万古山水茶——中国武夷山。

其实,"千载儒释道,万古山水茶"并不只是一句简单的广告语,而是某种意义上具有前瞻性的战略定位。它不仅高度概括了武夷山特有的精、气、神,为旅游者的深度体验打开了一扇大门,同时也从一个侧面说明了战略定位的基本特点:唯一性、排他性和权威性。谁都没有想到半年以后,消息传来,几乎出乎所有人的意料,联合国教科文组织世界遗产委员会表决全票通过,武夷山赢得当时世界上仅有的23顶"双世遗"(世界自然与文化双遗产)桂冠之一。联合国世界遗产委员会如此评价:"一处被保存了12个多世纪的极其美妙的景观,拥有一系列优秀的考古遗址和遗迹,包括建于公元前1世纪的汉城遗址、大量的寺庙和公园、11世纪的与后孔子主义(朱子理学)相关的书院遗址……"终于,人文自然双遗产花落武夷山。

武夷山申请成功后,很多名山都跑来找我,说"三教同山,我们也有"!庐山、嵩山等鼎鼎大名的山都来找我,我很遗憾地说不行了,喊晚了。早起的鸟儿有食吃,喊晚了就没用了,其实中国几乎所有的名山都是三教同山,但所有的人都没有想到用这个方式来解决问题。很多申遗者表示不服气,觉得武夷山用了取巧的手段,但确实是我们先想到、先提出并且把老外征服了。这个办法广为流传后,现在还有很多申遗景点在按照这个套路走,但能不能成就不好说了。

节奏：把握战略节奏

学过音乐的人都知道，节奏是音乐的灵魂，轻重缓急、长短强弱，构成了旋律的主干。没有合适的节奏，再美妙的音符都会乱作一团。

在战略实践中，节奏感与方向感几乎是等量齐观的两个重要因素，方向感是战略发现的过程，节奏感是战略落地生根、开花结果的过程。我大半生都在从事战略咨询工作，经历过的老板、企业或各类咨询项目不胜枚举，我发现优秀的、基业长青的企业，或者说杰出的战略领袖，几乎都是把握节奏的大师。它们（他们）大多数不仅是在起步初期，偶然、被动踩在了点上或踏准了节奏，更重要的是在长期的发展过程中，尊重常识、敬畏规律、结硬寨、打呆仗，从偶然到必然，长期把握节奏。很多企业的衰落，也和节奏失控有关。

节奏为什么在战略实践的过程中至关重要？究其根本非常简单，一方面战略在时间上具有长期性的特点。任何事物的发展及变化都是一个从量变到质变的过程，战略也是如此，从无到有，从 0 到 1，要的是时间的洗练与打磨。

另一方面，战略具有全局性的特点，大到国家、区域，小到企业、个人，都处于一个相互关联的世界当中，外部环境的哪怕微小变化都可能带动整个系统的巨大连锁反应。不光内部资源能力的成熟不能一蹴而就，外部环境的变化发展成熟也有其客观规律。在技术更迭越来越快、市场越来越多变、行业越来越复杂的当下，如何在动荡中踏准节奏，这是最复杂的命题，往往事关成败。

同时，节奏又是最难把握的东西，因为人性使然。战略实践是个长期的过程，是一场马拉松，要耐得住寂寞、咬定青山不放松，但人性总是喜欢投机取巧、急于求成。这么多年，看到这么多企业和老板起起伏伏，可谓是"眼见他起高楼，眼见他楼塌了"。曾国藩有句话"天下之至拙，能胜天下之至巧"，行百里者半九十，真正聪明的人都在下"笨功夫"，愚蠢的人却总期待捷径。曾国藩多次科举、十年七升，靠的就是"笨功夫"，不读完这本书，不摸下一本书，不完成一天的课业不睡觉。没什么技巧和捷径，以至于湘军后来打仗也是这样。表面看起来不懂取巧、使尽蛮力，但其实反而不留死角、扎扎实实。相反，小聪明之人总要寻找捷径，遇到困难绕着走，基础打得松松垮垮。所以，慢其实就是最快，不走弯路，不留遗弊。

对企业来说，战略节奏会涉及市场节奏、行业节奏、组织节奏、人才节奏等，缺一不可。节奏至关重要，却看不见和摸不着，究竟应该如何设计呢？既要长期主义，又要灵活有度，战略节奏设计的核心就是六个字——"长计划，短安排"。

所谓"长计划"，就是把控战略的长期性，既不能逾越周边环境及行业的成熟规律，也不能逾越自身能力的成熟进程。一方面对整个过程进行有效分解，将长期目标分解成阶段性目标，战略实践的过程懂得抓大放小，只要把这些阶段性目标循序渐进地实现了，也就离终极目标不远了；另一方面培养核心竞争力，比如产品力、品牌力、创新力等，是长线行为，短期内可能影响力有限，但具有复利效应，其日积月累的效应惊人。

所谓的"短安排"，就是保持战略的灵活性，一方面将目标分解成可操作的关键动作，尤其是近期可以实现的关键性动作。为什么尤其强调近期，因为数字经济时代导致我们处在高度不确定的变化中，战略最多能管个三五年，实践性动作最多能明确到一两年。另一方面保持弹性、审时度势。越是在不确定性的时代，越要敏锐地感知趋势变化带来的机遇与挑战，而且战略本身就是个动态的过程，很多东西是逐步呈现出来的，保持节奏上的弹性与灵活性至关重要。

战略节奏就是要在计划性与灵活性之间找到平衡。很多企业都描绘过宏伟的战略蓝图，甚至也有过很辉煌的起步，但在节奏上的能力差异往往会导致最终结果千差万别。在企业战略实践过程中，谁先发现了新的战略方向甚至付诸实施通常都并不是最重要的，最终胜出者通常都在于把控住了节奏。

1. 欲速则不达，节奏千万不能失控

节奏的轻重缓急是把握形势的艺术，遵循事物发展最基本的常识规律。市场、行业、企业个体的发展和成熟都不能脱离客观规律，因而战略节奏规划的底层系统就是对规律和常识的尊重。

在"长计划，短安排"之前，战略节奏要做到有快有慢。该快的快，该慢的慢；该小步快跑抢占先机的时候不能求稳，该打基本功的时候就不能图快，这就是所谓的"慢战略，快战术"。

改革开放 40 年，市场经济风起云涌，一个个企业飞速崛起的神话让越来越多的企业错把行情当成了能力，追求速度、速度，还是速度。如果把企业看作一个孩子，那么这个孩子需要经历哺乳期、幼儿期、少年期、青春期才会进入成熟期，这是其自身成熟的客观规律。拔苗助长只会导致营养不良、各种危机加速暴露，严重的甚至使企业瞬间灰飞烟灭，而这瞬间往往只是狂踩油门和脱离了常识及规律的必然代价罢了。

想要把握战略节奏，有以下三点需要注意：

一是"通盘无妙手"。比如近现代围棋历史上最伟大的棋手之一李

昌镐下棋并不追求"妙手"，只求 51% 的胜率，甚至是"半目胜"。再如斯诺克球赛，有两类冠军球手，一类天赋极高，能打出令人叫绝的球；还有一类人貌似平平，最后波澜不惊地拿下比赛。这两类人有什么区别呢？研究发现，第一类天赋型选手通常是短命冠军，难以持续，而第二类选手的职业生涯往往长达十几年。

二是"结硬寨，打呆仗"。太平天国起义，大清正规军抵挡不住，曾国藩回老家组建湘军，消灭了太平军。一个秀才带着一帮农民兄弟，是怎么做到的？曾国藩总结为："结硬寨，打呆仗"。湘军打过的城市，现在都有很深的护城河。湘军每到一个地方就在城外扎营，挖战壕、筑高墙，只守不攻，太平军束手无策。直到水泄不通，城里弹尽粮绝，再轻松攻克。湘军就是用这种笨办法拿下一座又一座城。别人攻城用一两个月，湘军要用一两年，大部分时间都在挖壕沟，看起来更像施工队，但就是这样的队伍最终实现了胜利。

三是"日拱一卒，功不唐捐"，日拱一卒好理解，功不唐捐是佛家的话，就是功德不会白费，关键是要有日日不断之功。

我们经常会听到"发展失速"四个字，很多企业的失败基于此，发展失速不是失去了速度，而是节奏把控的失速。远近失速，长期目标与阶段目标设计失速，导致最终目标难以实现；快慢失速，要么贻误战机，要么内功不足而夭折。

上帝欲使其灭亡，必先使其疯狂。我们经常看到一些企业家，因为取得一些成功而自我感觉无所不能，眼中满是机会，没有风险。当企业弱小时，一分钱掰成两分花，他们十分小心谨慎；但当企业取得了一些成功时，麻烦反而随之而来，他们觉得机会遍地，而信心爆棚、好大喜功。企业家有雄心、渴望更大的成功本没有错，但把握好节奏十分重要。失去节奏,唯速度至上,很快会使企业因高速奔跑而体力透支,各种管理资源、财务资源、人才资源成熟速度跟不上企业的扩张速度,摊子越大,漏洞就越多,到头来危机四伏,按下葫芦浮起瓢,最终只能黯然收场。

战略不是简单的数字,更不是梦幻泡影般的臆想。越想实现目标,就越要保持定力与耐心,一味追求速度和急功近利,对企业家来说,失去平和的心态就必然失去定力,失去对常识规律的理性思考往往必败无疑。

◎ 案例

战略节奏失控的苏宁

近期陷入经营危机的苏宁,正是战略节奏失控的典型案例,苏宁成立于1990年,经历了空调经销(1990年)—电器连锁(1999年)—全渠道零售,多元化经营(2012年)三大阶段,发展成以零售为核心的多元化企业,覆盖"易购、物流、金融、科技、置业、文创、体育、投资"八大产业板块。

然而,经过了30多年发展,苏宁也遇到了重大的难关。自2013年净利润大幅下滑后,苏宁主营业务连续7年亏损,只能通过变卖资产、售后回租等手段扭亏为盈,至2020年,苏宁业绩快报显示巨额亏损已无法弥补;苏宁的投资也未达预期,2017年,苏宁战略投资恒大地产200亿元,恒大历经借壳上市失败、银根收紧、"三条红线"的连续重压,陷入了流动性危机之中,根据后续协议,200亿元转为恒大地产的股权,这笔200亿元的现金持续影响着苏宁的现金流;2021年,因运营成本过高,在为江苏足球队赢下历史上首个顶级联赛冠军后,苏宁足球队宣告停止运营……

利润下滑、关店潮、投资未达预期、融资难等问题源于苏宁的发展战略节奏失衡。2007年，家庭电脑迅速普及，互联网基础设施建设空前加快，电商成为零售业的重点发展方向。此时的苏宁正与国美杀得难解难分，2009年苏宁赢得了胜利，但苏宁创始人张近东认为低附加值的电商模式"不符合商业发展规律"，并未在行业红利期的时候加入。

随着阿里巴巴、京东等电商崛起，苏宁被迫加入电商大战，从引领者转为跟随者，提出了苏宁的多元化发展战略，跌入多元化陷阱，体育、金融、投资、科技、物流等业务板块对主业零售的支撑未达预期。以体育为例，苏宁投资国际米兰和中超苏宁俱乐部，希望投资体育可以服务零售业，提高品牌口碑，但体育难以与主业协同发展。苏宁在多元化发展中采用"先开枪，后瞄准"的策略，业务模式不清晰，金融对标蚂蚁金服，足球对标恒大，物流对标京东，在多元化中陷入战略困局。

在错过了电商这一个风口后，苏宁又在新零售转型上付出了激进的代价，成本过高。为转型新零售，苏宁小店激进扩张，2017年规划3年建10 000家店面，开店速度超过中国规模最大的便利店美宜佳，但快速扩张有速度、缺质量。2019年，苏宁小店迎来关店潮，从店数最多时的5000多家减少至1400多家，并计划缩减至1000家左右。而且，在关店同时，苏宁小店还进行了人员缩编。自2019年11月至2020年4月初，苏宁小店共进行4轮幅度较大的裁员动作，有大区团队已从70人左右减少到不足20人。可以说，苏宁被迫放弃"万店计划"的战略布局后，其新零售转型已经接近失败，此前投入的资金、资源等成本将难以回收。

该全力以赴的时候观望，该稳妥的时候贸然激进，战略节奏多重失速的背后，是缺乏战略远见的表现。

2. 长计划：制定分步走的战略路线图

"长计划"的核心是清晰划分战略的阶段性，用长期主义培育核心竞争力，用长远眼光抵御行业或个体的衰退周期。

首先，"长计划"是清晰划分战略的阶段性。大到军事战争战略，小到企业战略，制定长期阶段性计划，并形成可直接指导实践的战略路线图都是成败的关键。毛泽东在《论持久战》中从全局驾驭抗日战争发展趋势，客观、全面地分析了中日双方的优势和弱点，科学地揭示了抗日战争的发展进程和特点，清晰界定了抗日战略的三个阶段，即"战略防御、战略相持、战略反攻"，明确指出通过三个阶段，中国必将从劣势到中日平衡再到占据优势，而日本必将由优势到中日平衡再转向劣势。

"长计划"无论有多长，关键在于划分阶段，事物发展从量变到质变，阶段性的关键意义在于敏锐捕捉变化的拐点。不只是军事，阶段性也同样是市场、行业或企业演进的规律，阶段性的进阶成熟、阶段性的转换升级……不同阶段，能力要求在变、竞争要素在变、行业格局也在变，这对企业来说既是挑战，也可能是异军突起的大机遇。

长计划还要将战略转化为阶段性的"操作语言"。以终为始，围绕最终目标进行阶段性计划分解，既要结合行业及市场发展的趋势规律，又要符合企业个体的能力实际，更要结合外部环境给予的机遇与挑战。

"市场"一般要经历"兴起、成长、成熟、衰退"四个生命周期，

"企业"的发展一般也被划分为"创业、成长、成熟、衰退"等生命周期,万事万物都有周期性的规律。任何企业个体的战略节奏设计,起始于对行业或市场的规律判断,客观规律决定了行业或市场发展的形态、规模、竞争要素以及演进趋势。战略节奏的阶段性划分是对长期目标及关键步骤进行全局性的统筹,并分解成阶段性设计。每个阶段最重要的要有关键性目标、策略、组织、人等统筹保障,是客观与主观的协同统一,是常识规律与战略动作的互补性设计。

其次,"长计划"是通过长期主义培育战略核心竞争力。企业竞争力的差异,从短期来看,常常是各种显而易见的策略带来的差异,如抓住了某种机会快速规模增长(如赚足了某种眼球效应)、知名度迅速提升等;但长期来看,核心竞争力往往是产品力、组织力、文化力、品牌力、创新力、资源力等,这些能力的培养是日积月累、水到渠成的结果。因而,优秀的战略领袖必须耐得住寂寞、苦练内功,核心竞争力的打造常常是漫长而孤独的,把有限的精力与财力持续反复地投入并长期坚持下去,最终产生的影响就像滚雪球一样越滚越大。这就是经济学中的"复利思维",用发展和长远的眼光储备未来。

再次,长计划是以长远眼光提前布局,抵御行业或个体的衰退周期。我们今天所处的是一个数字化浪潮时代,不管主动或是被动,数字经济都同农业文明、工商业文明一样,创造着"信息文明"的新商业文明,在这样的时代裹挟之下,没有什么企业或个体能够独善其身。

最后,克里斯坦森在《创新者的窘境》中提到的破坏式创新,如果在工商业文明时代还是个小概率事件的话,那么到了数字经济时代,就变成了普遍性大概率事件。在驱动人类社会进步发展的三大因素"人口增长、技术更迭与机制创新"中,我们就处在技术更迭的浪潮之巅。船大难调头，越大和越成熟的企业，越容易陷入"成熟市场、成熟模式、成熟资源配置"的路径依赖。战略领袖要保持像鹰一样的视觉，敏锐感知趋势的变化，未雨绸缪、提前布局。

趋势之变很关键，但在行动上要有足够的提前量，"长计划"就是要随时准备好"在阳光灿烂的时候修屋顶"。有人恰恰是在阴天下雨时，甚至是在屋子漏得不行了时才修屋顶，为时已晚。

伴随着数字化的到来，企业增长愈发呈现出不连续性的特点。任何公司都可能面临增长的乏力，能主动变革的企业有可能迎来二次增长，也就是所谓的第二曲线。任何一个行业或者是企业发展到黄金期，即赚钱最舒服的时候，就应该关注"第二曲线"。在暴雨来临之前修缮屋顶，因为一旦当前业务开始走向下坡，这个时候不管是老板、职业经理人还是投资人，大概率都会把注意力放在如何去恢复现有业务的增长上，没有余力去顾及或创立新的业务板块。

我们服务过一家佛山做家具的企业，这家企业 7 年前请我们做战略顾问，那时正是这家企业营业额和利润的巅峰，我们给出了由"传统家具制造商"向"家居整体解决方案服务商"转型的战略，当其转型到第三、四年的时候，赶上家具行业大势不好，大批同行倒闭，这家企业也很难过，好在他们先知先觉，提前转型，现在已经步入了反弹的通道。再比如万达王健林，每一步战略转型都有足够的提前量。住宅做得好好的时候，突然转型做商业地产，其实那时是住宅地产的黄金时代；第二次从商业地产进军文旅的时候，是他做商业地产做得最好的时候，地方政府争先恐后请他去做万达广场，但他还是毅然进军文旅；虽然后来因为资金状况，把多数文旅项目卖给融创了，万达的重心又开始向真正的文化产业进军，可谓失之东隅，收之桑榆了。

3. 短安排：设计灵活的战术节奏

短安排的核心在于战术节奏要保持灵活性、弹性和敏捷性。

战略不可能是非黑即白的，"短安排"首先要保持战略节奏的灵活性。在快速变化的环境当中，战略节奏的设计一定要克服思维定式，时时跳脱出来，复盘战略与组织可能面临的新未来。

任正非曾经说过："我们将保持灰度和妥协，有灰度、不执着，才能开阔视野，看清未来的方向。灰度和妥协不是软弱，恰恰是更大的坚定。战略要用 10 年甚至更长的时间和眼光去规划，不可能是黑白分明的、完全清晰的，过程中间难免有许多变化，甚至推倒重来。大的方向不能错，大框架要更宏观一些，甚至更虚一些、灰色一些。"战略节奏不是刻舟求剑，要结合内外的变化与发展，一方面敏于发现与捕捉机遇，兵争交、将争谋、帅争机，及时把握稍纵即逝的机遇；另一方面，及时复盘，及时纠偏动作与姿势，快速识别企业正处于严峻环境的信号，并迅速做出反应。

"短安排"要保持战略节奏的弹性。中国市场需求巨大，但城乡之间、地域之间差异也巨大。很多成熟市场的成功经验，复制到中国并不奏效，战略有其适用的市场环境，需要弹性调整战术及动作，而这恰恰是最难和最容易被忽视的。就如同 eBay 在美国取得了巨大的成功，雄心勃勃地进入中国，挺进全世界潜力最大的海外市场，花重金收购易趣、全盘复制在美国与德国反复验证了的成熟模式、派来最为华丽的管理"梦之队"，结果不到两年败兴而归。有人曾经问过关于淘宝与 eBay 的竞争，阿里巴巴创始人的回答非常精彩："eBay 是海里的一条鲨鱼，可我是扬子江里的鳄鱼。如果我们在海里交战，我会输，但如果我们在江里对峙，我稳赢。"

"短安排"还要保持战略节奏的敏捷性。进入数字经济时代,多方向、多维度、广泛而可快速变化成为新商业文明最鲜明的特点。产业生态变了、周期变了,不同产业、不同要素之间的联系变得广泛而密切了。数字经济时代比工商业文明时代的资源配置方式、产业组织方式演进得更加快速而复杂。这个时候,快速适应市场变化、快速调整组织形态、快速改善生产流程等变得十分重要。在瞬息万变的商业环境中,企业要使自己的战略节奏与环境变化相协调,敏捷调整节奏,以应付必将到来的挑战。做企业、做战略和做人一样,最难跳出自己给自己画地为牢,惯性与定势常常束缚人们的思考。战略节奏的设计切忌自欺欺人,对已然发生的大变化视而不见。

战略节奏的设计不是一成不变的,而是要快慢结合、进退自如、得失有度。快慢结合,打磨核心竞争力的时候要耐得住寂寞,慢下来戒骄戒躁、苦练内功,捕捉机遇的时候要快,进入快速扩张期的时候要开足马力、全速前进;进退自如,不被发展速度、经济周期、政策变化、资源资本等外界环境所绑架,掌握高峰与低谷的平衡,长期拥有生存的主动权;得失有度,得失之间,取舍有度,敢于及时终止错误的投入,敢于为了长期价值舍弃短期的利益诱惑或利益得失。

权变:在变化中掌握主动权

《儒林外史》曾言:"礼有经,亦有权。"权是变,经是不变。不变之中蕴含着变,变化之中又包含着不变,这可以说是东方哲学的基本理念。

当今世界一直处于剧烈的变化之中,变化推动了时代的发展、社会的进步、企业的更迭,是推动人类历史、文化、社会、技术变革的重要动力。

变化是客观存在的，不以人的意志为转移，在某种意义上，有变化才能有生命力。变化又具有两面性，一面是变化带来的进步，从原始社会到农业社会，又到工业社会，再到信息社会，每一次时代的进步都是一系列重大变化演进的结果，过程中必然伴随着一波新的经济浪潮和一大批新兴企业的崛起；另一面是变化带来的危机，成功的企业都是为数不多的踏准时代节拍的幸运儿，大量的企业在时代的快速发展中没能成功踏上节拍，被时代所淘汰。

如果企业对时代的变化浑然不觉，"找不到坐标"，仍固守过去的经验，那么将来必定被拍在沙滩上，被市场淘汰，失去生存资格。就像手机行业曾经的霸主诺基亚，因为故步自封，被浩浩荡荡的智能手机大潮淹没；大润发故步自封，就注定了被收购的结局，被变化抛在了后面。

恩格斯说过一句话非常经典："每一次历史的灾难都是以历史进步为补偿的。"每当经济发展处于换挡期，总会出现一批"迷茫彷徨者"，当然更会产生一群"时代弄潮儿"。能够生存下来的物种，并不是那些最强壮的，也不是那些最聪明的，而是那些对变化作出快速反应的。战略实践也要正视和敬畏这种变化，视它为常态，随着时代的变化而及时应变，要么抢抓稍纵即逝的机会，布局新赛道；要么及时应对自身战略失误以及"黑天鹅""灰犀牛"等各类事件，顺势而为、因势利导，不断更新、不断扬弃，只有这样才能在大变革的时代存活下来。

◎ 案例

故步自封的柯达

柯达的故事比起诺基亚，更具有代表性。"你只要按下按钮，其余的都交给我们！"这是柯达公司的创始人、"大众摄影之父"乔治·伊士曼在130多年前创造的一个口号。当年柯达在模拟影像产业的辉煌超过了今天的苹果,鼎盛时独占了全球2/3的市场份额和90%的利润,但从1997年开始,整个产业发生拐点后,它的市值从当时的310亿美元一直滑到1.75亿美元,蒸发90%以上,2012年不得已破产重组,曾经在千千万万用户心中具有深刻烙印的"柯达一刻"成为历史。

不少人认为,柯达的失败在于没有抓住数字化的潮流。事实上柯达在1975年就研制出了全球第一部数码相机,而柯达的管理层却表示"很漂亮,但不要让任何人知道"。直到2003年9月,柯达才正式宣布放弃传统的胶卷业务,重心向新兴的数字产品转移,再到2009年6月,最终宣布其长达74年历史的KOD Achrome(柯达康)彩卷年底停产。

从柯达意识到胶卷业务的没落再到全面转向数码领域的决心体现,柯达耗费了近30年时间,其背后的原因是多数企业都会犯的"路径依赖、尾大不掉"的错误。

柯达公司主营业务是销售胶卷,销售业绩长期来源于消耗性的胶卷,而不是硬件。以较低价格销售相机,然后从胶卷的长期使用中获得利润。这样的制胜策略经过长期固守和代代相传,变成了不容置疑的"信仰"。对过去成功经验与成熟路径的痴迷,僵化顽固却强大的集体意识,让柯达在通向未来的道路上越跑越偏。与柯达形成鲜明对比的是老对手富士,面对数字技术浪潮,富士果断彻底结束胶片业务,壮士断腕,成功转型,成为数码影像领域举足轻重的公司。

1. 做好战略实验,抓住稍纵即逝的机会

兵争交,将争谋,帅争机,战略实施能否成功的关键在于是否能抓住稍纵即逝的机会。不论是一个国家,还是一家企业,为了在市场竞争

中抓住机会、抢先一步，就要具有敢于"做实验"的胆魄，为企业未来发展寻找"转世灵童"。

老子说："天下皆知美之为美，斯恶已；天下皆知善之为善，斯不善已。"即当全天下的人都知道某条路就是发财之路、某个时机就是生财之机的时候，机会往往已经离我们远去了。领袖之所以被称为领袖，就在于他们能在机会女神尚未向世人展露其绝代风貌时，就可以闻香识真容。所以，敢闯敢冒险，勇于实验，才能出真知；不敢闯，人云亦云，墨守成规，就永远杀不出一条血路，反而最终被机会的反作用吞噬。

事实证明，在市场变化快、方向不明确的情况下，通过战略实验探索新方向，通过牺牲短期的资源效益来换取最接近未来的那条战略主航道，对企业抢抓新一轮竞争机遇具有重要意义。

阿里巴巴是智能时代最敏锐的企业之一，面对新时代的商业趋势，阿里巴巴认为智能商业时代的战略不再有所谓的长期战略规划，即由于环境变化太快，传统的 5 年、10 年的详细战略规划不再有效，取而代之的是"看十年，做一年，长计划，短安排"的战略理念。

◎ 案例

阿里巴巴的战略实验

讲到中国这 40 年来的风云人物，阿里巴巴创始人不可不谈，并不是因为他的事业有多么成功，财富有多么惊人，而是因为他的商业行为对中国乃至世界都产生了深刻的影响。如同齐天大圣一般，他一路剑走偏锋在市场竞争中抢先一步，创造了互联网界的传奇，搅得周天寒彻，其中幕后很重要的支撑来自阿里巴巴（可简称为阿里）内部大胆的战略实验。

2011年，淘宝如日中天，随后的2012年总交易额达到1万亿元的规模。但当时电商行业的商业模式正在发生激烈的变革，B2B、B2C、C2C等电商平台大量涌现，行业内对商业模式未来将走向何方众说纷纭。此时的阿里也处于战略迷茫之境，对于下一步战略方向也无法达成一个统一共识：未来商业模式到底是B2C、C2C，还是美国的搜索引擎+无数小B2C。这直接导致的结果就是内部资源分配争执不下，团队经常发生摩擦，危机情况之下，创始人做出一个非同寻常的决定：将淘宝拆分成"淘宝""天猫""一淘"三家独立子公司，配置最厉害的领导带这三个团队，"扔"到市场上去试，即便相互竞争也没关系，目标就是优胜劣汰。而这个决策促使阿里找到了下一步的发展方向。一年后，未来的方向就逐渐明朗起来，由于独立的B2C成本太高，大家倾向于选择能够快速、低成本运营的"淘宝""天猫"平台而"一淘"作为一个部门再次重回阿里巴巴。

阿里通过战略实验越来越接近未来的主航道，甚至前些年C2B火热的时候，天猫商城推出了一种基于数据智能的C2B模式，承包了美的、九阳、苏泊尔等10个品牌的12条生产线，专为天猫提供小家电定制服务。

从阿里的整个战略实验过程中可以看到，首先要基于长期思考，形成对未来变化的战略预见，对未来最有可能发生的产业变革形成判断，这个判断是综合考虑高度、广度、深度的战略假设，这个假设要不断地被实践验证和挑战，然后被不断纠正。高效快速的战略实验反馈闭环，可能就是新时代战略变革下的新战略模式。

这种战略打法的关键在于战略预见和快速行动，战略预见指导快速行动，这是一个持续实验、动态调整的过程，预见越来越清晰，行动的方向越来越清楚，战略越来越明确，资源投入也越来越多。传统战略制定的过程变成了预见和行动的快速迭代过程。

这种战略打法的难点在于"虚实结合"，"虚"是战略预见，是战略方法论、哲学观，指导行动；"实"就是战略行动、落地策略，整个行动的核心是落在一年甚至半年的时间框架下，佐证战略预见。两者虚实结合，互为因果，相互支撑，形成目标和行动的快速反馈闭环。既然是对未来的判断，就有不确定性。无论你如何收集信息、思考、推断，当你最后做决定时，总有一步叫基于信念的那一次跳跃，所以你最终的决定必然基于信念。"因为相信，所以看见"。在很大程度上，是因为你相信了，你往那个方向努力了，它才一步步地变成现实。"远见最终是拿来证明的，不是拿来挑战的"，正是因为相信，所以最终才能做出来。

所以，战略预见其实也是理性和感性的结合：理性的一面，你要不断地挑战自己，纠正自己的判断；感性的一面，你最终依靠的还是自己对自己信念的相信。这是一个非常重要的辩证思考。

光有战略实验还不够，还需要有与"反复实验"目的相一致的组织形式，构建敏锐收集信息、快速行动、高效反馈的敏捷组织，随时准备好应对问题的战略资源调整。

大家都熟知的"阿米巴体系"便是这样一种组织形式。稻盛和夫将京瓷公司分成若干个阿米巴，每个阿米巴就是一个独立核算小组、经营单元，如果要活下来，就必须全力以赴。阿米巴体系充分挖掘了员工的企业家精神，让身居一线关键岗位的员工都能在现场负责任地分析判断、创造性地解决问题。

2. 把握时代变局，布局新赛道

2020年突如其来的新冠疫情在短短几个月内，演变为全球性"黑天鹅事件"，它让无数各行各业陷入困境之际，也更凸显了战略的重要性。"不确定性的时代，要有确定性的抓手。"当面对不确定性时，只有直面问题和矛盾，敢于担当、主动应变，才能掌握防控和化解风险的主动权，化危为机。

同时，疫情之下，很多新的机会也悄然出现。中国迅速启动了包括5G、大数据、工业互联网、人工智能在内的"新基建"，实质是对中国下一轮的是产业发展和社会管理创新的提前布局。有以钉钉、企业微信等为代表的在线办公、在线教育平台，还有叮咚买菜、盒马鲜生、美团超市、菜划算等卖菜平台，更有"直播带货"这一新经济业态甚至成为助农扶贫的新模式……疫情是危机，也可能会是中国下一轮经济发展和产业升级的一个新起点。

面对变局，"转危为机"，国家如此，企业亦然。微软创始人比尔·盖茨常常告诫员工："微软离破产永远只有18个月。"华为是一家充满危机意识的企业，一直有着"利剑悬头"的危机感。任正非在《华为的冬天》一文中写道："十年来我天天思考的都是失败，对成功视而不见，也没有什么荣誉感、自豪感，而是危机感。也许是这样才存活了十年。我们大家要一起来想，怎样才能活下去，也许才能存活得久一些。失败这一天是一定会到来，大家要准备迎接，这是我从不动摇的看法，这是历史规律。"

为了提前把握全球最新变化趋势，从中抓住机会，华为放眼全球，1999年就开始把触角探向世界市场，在国外已经建立数十个研究所，分布在美、英、德、法、俄等国家，以期实现对前沿产品、技术和解决方案创新机会把握。早在 2009 年，任正非就提出以作战需求为中心的组织整改机制，让听到炮声的人呼唤炮火，前线一发现目标和机会就能及时得到有效的支持。华为不断探索，2019 年华为成立战略研究院，和大学、研究机构等一起共同推动理论创新和基础技术创新，确保华为不迷失方向，不错失重大机会。

危和机总是同生并存的，形势有利时，善于看到潜伏着的不利因素，做好应对不利因素的准备；形势不利时，善于把握蕴藏着的转机，坚定扭转不利局面的信心。不确定性越强的时候往往正是巨大商机隐现的时候，是布局新赛道的最佳时机，越是提前谋篇布局，越能得到更多的红利。没有哪一家千亿级的企业，是在风平浪静、确定的情况下冒出来的，它们全都是通过在不确定当中捕捉机遇、反复试错、坚定前行而站起来的。

3. 对自身战略失误、经营危机、突发事件的应对

企业在经营过程中，难免面对不可预测的事件甚至不可预见的危机。当出现战略决策失误时，企业要正视问题，面对问题，切忌假装鸵鸟，无视问题，选择逃避。

企业面临重大危机的时候，往往都是上一个大台阶的前夜。稻盛和夫说过："萧条才是企业成长的最佳时机，克服萧条，就好比造出一个像竹子那样的'节'来。经济繁荣时，企业只是一味地成长，没有'节'，成了单调脆弱的竹子。但是由于克服了各种各样的萧条，就形成了许多的'节'，这种'节'才是使企业再次成长的支撑，并使企业的结构变得强韧而坚固。"

◎ 案例

李宁的"起死回生"

李宁在20世纪80年代是一个传奇人物,曾经在洛杉矶奥运会上夺得三金两银一铜,拿下了那一届最多的奖牌,被称为"体操王子"。1990年亚运会,李宁先生作为运动员代表,庄严地从藏族姑娘达娃央宗手里接过了亚运圣火火种,李宁无疑成为国家体育精神的代言者,从此李宁服装品牌开始崛起。作为老牌的本土体育品牌,李宁一度很成功,2004年,在香港联交主板成功上市,成为第一家在大陆以外上市的中国体育用品企业,2008年借助奥运塑造冠军品牌,并发布了全新口号"让改变发生"和全新logo,次年,李宁销售额为83.87亿元,成为国产运动品牌老大并走向巅峰。

"李宁"之后的衰落,原因在于高峰期运营业绩翻倍增长、表面上形势一片大好的背后,其实掩盖了战略性问题,在高增长期犯下多个致命的战略性错误:如贸然改变产品定位,推出"90后李宁"新形象,结果90后并不买账,还把老客户也给得罪了;业务没有聚焦主航道,盲目多元化,在羽毛球、乒乓球、户外、时尚等多条产品线分散用力;渠道无创新盲目扩张,传统的渠道模式没有升级,拼命增加新的终端店,最后导致可怕的库存危机等。

出来混,总是要还的。战术的勤奋掩盖不了战略的懒惰,2011年尚有近4亿元利润,2012年亏损20亿元(主要是为库存买单)。2015年,年近50岁的李宁被迫重新出山。

首先,李宁痛定思痛,制定"先走出去,再走回来"的品牌战略、国潮及新零售等一系列的改造计划。抢抓"国潮"新趋势,"中国文化+

运动视角+潮流眼界"重塑产品核心竞争力。营销方面,瞄准纽约、巴黎、米兰等各大时装周成功走入国际,越来越多年轻群体开始认可李宁潮牌。通过新零售提升营销力,与拥有强大粉丝基础的小米合作打造智能跑鞋等。

2019年,曾经3年亏损31亿元的李宁,通过战略调整终于实现持续的逆转。李宁抢抓新国潮机遇"起死回生",是企业困境反转的典型案例。回头来看,李宁的反转归根结底是握住了新时代、新变化、新趋势。当前,中国进入了品质消费和精神消费的新时代,当中国人的文化自信越来越强,国潮崛起。李宁正是抓住了民族品牌的推动力,纽约时装周上的华丽亮相与国内消费者"中国产品走向世界"的希冀不谋而合,成功引发民族认同,李宁转身成为国潮的代言。

◎ 案例

万达的"断臂求生"

中国房地产界,巨头甚多,但大多数企业都不过是"房地产界的富士康",真正在战略上可圈可点、颇具代表性的当数万达。

王健林在我所认识的地产老板当中是最有战略眼光的人之一。从某种意义上来讲,他有着天才般的战略眼光和战略思维,对未来的把握和大格局判断这方面,中国可能没有多少人能比得上他。尽管万达这几年遭遇了一些问题,但作为一个战略驱动的公司,万达具有很高的研究价值。

王健林带领万达成为房地产界的翘楚,很大程度上归因于王健林能够洞察新机遇、布局新赛道,始终坚持谋变,围绕时代变迁在进行业态组合和经营模式的创新与进化。早年由于住宅地产门槛太低,竞争激烈，万达选择进入高门槛的商业地产市场，通过商业地产形成核心竞争力；基于文旅新时代的来临，万达开始在影视、体育、亲子、文旅等消费产业布局，作为其多元化战略之一；第三波互联网科技兴起，万达加大去重资产化的步伐。

2017年像一道分水岭，万达在内外交困的重大危机下，踏上一条去房地产化道路，王健林带领万达给中国业界上演了一幕教科书式的断臂求生危机应对大剧。

2017年，万达被国家点名批评、银行断贷、股债双杀，被限制后，庞大的房地产组成的万达面临资金链断裂的风险，存活、减负成为万达迫在眉睫的事。王健林果断出售了文旅项目、万达酒店、足球俱乐部、万达物业等资产，一年减债2000亿元。2017年，万达以93亿美元的价格将76家酒店和13个旅游地产项目出售给融创中国控股，同时也以23亿美元的价格将77家酒店出售给富力地产。其后一年，万达通过向融创及中国三家最大的互联网公司——腾讯、苏宁、京东出售其14%的股份而获得了54亿美元的注资。然后通过成立以轻资产为主、重资产持有为辅的万达商管集团等一系列的组织变革，调整集团组织架构，完成了集团战略的调整。

拾轻"弃"重的万达轻资产战略初见到效果。2018年，万达服务业收入1609亿元，占总收入的75.1%，房地产收入仅占24.9%。应该说万达已经不是房地产企业，而是以服务业为主、有房地产业务的综合性企业集团。2018年开业的万达广场中，轻资产已达19个。新发展的58个万达广场中，轻资产达50个。从2019年起，开业的轻资产广场超过一半。

回过头来看万达的轻资产转型之路，其实是不得不走的（也是顺应时势的）一步，过程异常艰辛，庆幸的是这一场剥皮蚀骨的痛终于换来了万达的脱胎换骨。一是，其实早在2015年7月，王健林就发布了"万达旅游发展战略"，表示万达正全力转型。那时候万达已经意识到房地产是强周期性行业，好几年差几年，在周期变化中有很多企业死掉，大型企业通过开发比较多的项目似乎可以一定程度熨平周期，但是不可能完全摆脱周期。二是，房地产现金流不长远。房子不是快销品，更新换代是很慢的，很多人买一套房子住一辈子，甚至传承几代人。一个国家城市化率达到70%左右，房地产市场就会萎缩。所以，大势所趋，万达一定要坚决转型，而2017年的危机事件成为万达提前完成转型的快进键。

王健林在接受《财新》专访时这样解释卖产的原因："要说背景，应该说是国家政策、发展环境是大背景，企业发展总要顺势而为，这个势就是国家经济发展大趋势。"

如果说胜仗谁都会打，那么这场败仗可以说打出了王健林战略家的风采，没有谁能一生不败，如何在败军之中快速止损，壮士断臂，保留元气，需要极高的战略素养。不怨天、不尤人，不认命，干脆利落，认赌服输，争分夺秒地跟随趋势一起变，主动"瘦身"，比起那些垂死挣扎、固守待援、负隅顽抗最终留给社会、银行、伙伴一堆烂摊子的企业，王健林可以说是不失英雄本色了。

CHAPTER 9 ——————— 第 9 章

如何避免战略陷阱

40多年来，中国经历了一个前所未有的雄心时代，与世界上其他任何地方相比，这里每平方公里的土地都上演着更多的人间悲喜剧，无数人在这场财富狂欢盛宴中分得了一杯羹，找到了通往财富大门的密钥，尤其在今天，各类资本助推着一个个不切实际的梦幻泡影。许许多多的企业家在这条路上取得了世俗的成功，除了他们个人的努力与天资之外，成功有一大部分要归因于这个雄心时代。遗憾的是，可辨认的事实真相却不多，很多故事隐藏在重重帷幕之后，坊间流传的多是一些流言蜚语。

从"中国饮料大王"李经纬、名震中华的牟其中，到巨人奇迹的缔造者史玉柱；从说出"一个亿的小目标"的王健林，到龙湖创始人吴亚军……林林总总上千位企业家，我作为一个身份特殊的社会观察者，或曾同他们打过交道，或曾长期近距离地观察过他们。

有些企业家之所以会在风云变幻的经济大潮中起起落落，无非是因为人性的三大特点：贪婪、侥幸和虚荣。当其中大多数人因种种原因或落败或退出江湖的时候，舆论无一例外都是从经营上去总结他们的失败之因，对照与他们同出于草泽而今功德圆满的少数幸运者，他们的失败归根结底还是为贪婪、侥幸、虚荣所驱驰。

人性的这三大特点中，隐藏着诸多的战略陷阱，不止他们，即便是现在风头正劲、一时无两的企业家，若无法驾驭这三大特点，"死亡"也只是早晚的问题。实际上，小到一个产品，中到一个市场，大到一个行业，从无到有、从小到大都有其成长的客观性，这是不能忽视的常识，揠苗助长、急于求成，最终结局多是一地鸡毛。基于人性的贪婪、侥幸、虚荣这三大特点，我们总结出七种极具典型性的战略陷阱，并加以相应的案例说明。下面，就让我们在一个个令人扼腕叹息的故事与传奇中，看看那些曾经叱咤风云的大佬是如何折戟沉沙、走向灭亡的。

人性弱点与战略陷阱

1. 贪婪

马克思在《资本论》里曾说过："资本如果有 50% 的利润，它就铤而走险；为了 100% 的利润，它就敢践踏一切人间法律；有 300% 的利润，它就敢犯任何罪行，甚至冒绞首的危险。"

在贪婪的驱使下，难填的欲壑会让人失去对时势的准确判断和对自我的清醒认识——殊不知，这就是走向灭亡的第一步。

陷阱一：过度超前陷阱

第一种由贪婪引发的战略陷阱是过度超前。企业为保持市场领先，需要保持对技术、业务、产品、模式等的不断创新，以确保时刻对时代趋势的敏感。比较合理的创新是适度超前，要尊重市场、技术与行业的发展规律和所处的阶段，用动态、发散、辩证的方式去把握企业这艘大船的航向。春种秋收、瓜熟蒂落是自然的规律和节奏，揠苗助长永远只能是自欺欺人的骗局。

汉能集团的李河君就是前车之鉴。我虽然没有直接和李河君交流过，但和汉能集团或多或少打过一些交道。几年前我们去硅谷考察时，汉能集团的高管专门接待过我们，带我们去参观汉能斥巨资收购的美国实验室。但即使在汉能最风光的时候，我都为他们捏着一把汗。李河君的行事风格太过于激进，他虽深知汉能面临的技术难关和商用瓶颈，但想利用资本滚雪球的方式实现超常规的发展——殊不知，一口是吃不成胖子的，只能把自己撑死。

应该说，李河君的愿景很伟大，也很令人振奋，汉能集团所涉足的薄膜发电技术也曾被视为最有前景的光伏技术。但至目前，该项技术无论是成本还是转换率，都比不上晶硅光伏技术。而且因为技术投资巨大，汉能不得不用各种融资手段去填补现金流的空缺。产业园的盲目扩张随之而来，短短几年内，许多城市遍地开花，他们甚至将大量优良资产进行质押。在经历了股票暴跌时被香港证监会叫停买卖和国家收紧对光伏电站建设的补贴政策后，汉能终于走到了悬崖边缘，沦落到连工资都快发不出来了。或许历史会证明李河君眼光的正确性，薄膜发电终将改变世界，但这个未来究竟有多远，谁也不知，至于汉能最终能走多远，也只能且行且看了。

总之，战略的时机把握，以超前半拍为恰到好处。在平静的海面下找到趋势的潜流，让企业行船"适度超前"，顺应大潮的流向，借势、借力,以立于潮头,成为时代的"弄潮儿"。

陷阱二:"大跃进"陷阱

第二种贪婪引发的战略陷阱是"大跃进"。

罗马不是一天建成的,企业发展新业务、推广新产品和新模式也不是一蹴而就的。斗志昂扬、激情饱满、全情投入的确非常必要,但如果忽视战略节奏的把控,往往会欲速则不达,结果常是入不敷出、难以为继,在一场声势浩大的运动后走向灭亡。

昔日的顺驰就是这样的。顺驰成立于1994年,是天津的一家本土企业。1999年,其销售额不过2亿元。2004年,孙宏斌高调提出"赶超万科,成为全国的'NO.1',3年后做到300亿元甚至500亿元,10年后做到1000亿元"的目标。今天看来,市值几百亿元甚至上千亿元的地产公司并不鲜见,但放在2004年,这个目标足以令业界哗然,其急于求成的心态暴露无遗。

当时,顺驰以强势的姿态在全国攻城略地,在短短一年时间里,储备土地面积近千万平方米,用于天津和异地买地的资金超百亿元,企业的员工也从几百人激增到2000人以上。为了速度,顺驰接连犯下致命错误,对市场判断过于乐观,忽略了宏观调控的威力;对项目布局过度随意,从一线城市到四线城市大显"通吃"神威,资源配置与速度严重脱节,透支了财务资源(2003年时,顺驰自有资金不足10亿元,而购置土地金额超过了100亿元),加上前期建设投入,顺驰陷入严重的资金危机;另外,人力资源严重跟不上扩张需要,20多岁匆忙上任的总经理比比皆是。快速疯狂扩张的顺驰,尽管拥有了令业界羡慕的庞大土地储备,但严重透支了企业财务及人力资源。顺驰遇到了几乎所有快速扩张的企业都会遇到的"大跃进"陷阱，直接导致其危机的"资源匮乏症"只是表象而已。

当危机初现端倪之后，企业如果不赶紧刹车，常常会面临祸不单行甚至完全失控的局面。2005年中国楼市迎来大调控，由于对市场判断乐观，对宏观调控的力度和效果估计及准备不足，高速扩张的顺驰资金链断裂。2006年，顺驰正式签署了股权转让协议。孙宏斌以12.8亿元出让了55%的股权给香港上市公司路劲基建，失去了对顺驰的绝对控制权，顺驰从此成为"因扩张过快而资金链断裂"的失败案例代表。2007年路劲基建再次注资9亿元，拥有顺驰94.7%的股权。

高速周转、快速扩张的模式颇具颠覆性和竞争力，但超速增长背后隐藏的危机也会加速暴露，顺驰终究没能逃过"青春期"成长的烦恼，终究还是"其兴也勃，其败也忽"。但我认为更值得深思的是"顺驰人"疯狂追求速度的心态。如果把握好节奏，顺驰能够成为一家非常优秀的公司，但如果把握不好，它就要为盲目扩张造就的"奇迹"付出代价。总之，事实胜于雄辩。

如今逆风翻盘的史玉柱，也曾因急于求成而摔得很惨。1989年7月，安徽青年史玉柱来到深圳淘金，凭借耗费9年时间研发的排版印刷系统软件以及广告宣传，赚到了他的第一桶金。1990年，他到珠海继续创业，创办巨人集团。之后他继续放手一搏，利用广告宣传，巨人成为资本金过亿元的中国计算机行业的领军企业。史玉柱本人也被评为了中国十大改革风云人物、广东十大优秀科技企业家。在事业巅峰期，史玉柱决定建造标志性建筑——巨人大厦，为争一时之气，史玉柱将大厦层数定在了70层，预算为12亿元，工期6年。之后，他一边卖楼花搞预售，一边进军保健品和药品行业，公司开始全面多元化——在计算机、保健品、药品等行业光独立的分公司就有30多个，还设计了"三大战役""八大方面军"，直接"参战"人数高达几十万。但建造巨人大厦的资金黑洞越来越大，史玉柱不得不抽调保健品资金去填窟窿，巨人集团的财务危机渐渐浮出水面，并最终崩盘。盲目追求多元化，结果资金因多线作战被套死，巨人集团便失去了抗风险能力——一个小窟窿，就拖垮了整个公司。盲目追求发展速度，只会导致企业膨胀，在轰轰烈烈之后，等待其的只有灭亡。

史玉柱的过人之处，就在于摔了这么大一个跟头之后，还能重整旗鼓，东山再起。但比起现在的"金融玩家"史玉柱，我更喜欢当初那个"一事能狂便少年"的"小巨人"。经历过重大挫折的他，已经从热血青年变成了精明的商人。

陷阱三：四面出击陷阱

第三种由贪婪引起的战略陷阱是四面出击。

大部分过度超前的企业家只是被贪婪蒙住了双眼，误判了形势和自身能力，或对时机的把握出现了差错，但是他们还是"弱水三千，只取一瓢"的专注者。相比于他们，那些失败的四面出击的企业家就完全是"咎由自取"，偏离主航道导致等待他们的只有灭亡。

一些企业家在完成原始积累或是获得一定的成功后，便会开始迷信投资多个领域实现财富倍增的神话。这种企业家大部分没有经历过产业资本的洗礼，其财富主要来自股市或期货市场，用起钱来往往"一掷千金"，毫不心疼，这种人的财来如风雨，去似微尘。直接通过金融资本发财的企业也好，企业家也罢，如果想要继续在商海中冲浪，那就必须补课，而且付出的代价不会低。

乐视网，曾经的创业板第一大牛股，在老板贾跃亭的带领下开创"七大生态化学反应体系"，其从一个视频网站，先后跨界到超级电视、手机、汽车、生鲜等，业务涵盖互联网视频、影视制作与发行、智能终端、大屏应用市场、电子商务、互联网智能电动汽车等。巅峰时，其市值在不到 3 年内增长 30 倍达到 1700 多亿元。2016 年，一度如日中天的乐视开始摇摇欲坠：先是乐视网对乐视影业 98 亿元的天价收购因监管问责而宣告失败；紧接着，年底又爆出乐视手机资金紧张，拖欠供应商款项的传言；之后，陆续发生贾跃亭股权质押爆仓风波、乐视融资危机、乐视体育业务全线溃败、乐视北美公司大裁员等种种事件。2017 年 4 月，乐视正式停牌，而贾跃亭也辞去了其上市公司乐视网的总裁职务，"乐视帝国"分崩离析。乐视披着生态的伪外衣，企业业务过度延伸，四面出击，形成一人追多兔的不堪局面。

曾经有人问，贾跃亭会是下一个史玉柱吗？和当年的史玉柱相似，贾跃亭靠着多元化生态布局，打造了多个"烧钱无底洞"。35 岁的史玉柱欠下了 2.5 亿元债务，巨资修建的巨人大厦拖垮了巨人集团，之后史玉柱东山再起，竟然把之前欠下的债务全部还清。其实如果他申请破产，完全会有不一样的结局，但史玉柱要负责到底，这就体现了大企业家的底气与修养。无独有偶，乐视崩盘后，贾跃亭也曾表示会负责到底。但几年时间过去，泥潭深陷的乐视没有创造出奇迹，贾跃亭还在大洋彼岸追逐造车梦——从这点来说，他不如史玉柱。

对企业家来说，战略的重点常常不是抓住机遇，而是拒绝诱惑——不做什么比做什么更重要。贾跃亭就是不懂拒绝的典型，他的确找到了"金矿"，也被潮水般涌来的资本推上了山巅，但问题在于他没能控制住局面。小时候父母给我讲过一个故事：兄弟俩发现了一个装满财宝的山洞，老大很老实，只拿走了一件宝物，而老二野心太大，把所有能装能带的宝物都放在了身上，最后山洞门关了，他自己被困死在了里边。面对"金矿"的贾跃亭，产生了无限的联想，觉得随便做一做，自己的事业就可以无限地延展，放大成百亿元、千亿元规模的产业。这种故事在现代商业社会中比比皆是，面对巨大的诱惑，能全身而退的人实在少之又少。

规律是不以人的意志为转移的。四面出击的结果，往往是短期内可能看起来收益颇丰，但是由于偏离主航道，核心竞争力逐渐缺失，一旦遇到资金链紧张或者行业风险，"企业大厦"将迅速崩塌。

2. 侥幸

我常说，中国有许多企业家在偶然中成功，在必然中被消灭——成功蒙蔽了他们的双眼，他们每一个人都相信自己就是时代的宠儿，独得上天的眷顾，但现实往往会给他们一记响亮的耳光。

陷阱四：机会主义陷阱

第四大陷阱，是由侥幸导致的机会主义。机会主义只能造就一时的神话，却会在一瞬间消失于时代的滚滚洪流之中。风云转瞬即变，也许是因为成功与财富来得太容易了，企业家倘若因投得一时之机，错把偶然当必然，而不能根据情势之变迁及时地调整策略，那么，他离栽跟头也就不远了。

有一些企业家完全是"小生意人"思维，错把别人的成功和行业风口当成机会，而真正的机会要符合市场发展的客观规律。企业家选择机会不仅要契合自身的发展现状，还得看清行业发展阶段和技术成熟度，切忌随波逐流和只做短线。

这不禁让我想起一位知名企业家——许家印，在我看来，其人"赌性"实在太重。应该说，老板都有"赌性"，但像许家印这种赌法我从来没见过，他不仅仅赌经济，方方面面都在赌，而且几次看似要输，却都赢了。当年许家印到广州扯旗单干，广东的老板们对他不屑一顾，给他取了个外号叫作"响尾蛇导弹"。许家印这个人的厉害之处在于洞悉人性，他的产品永远是极便宜的，开盘必特价，特价必升值，怎么吸引眼球就怎么来——捡便宜的人肯定大有人在。这种做法高效率低成本，恒大低价入市，寻找周转，从此异军突起。

2007年开始的金融危机，让快速扩张的恒大几近破产，一些财力雄厚的潮汕籍老板甚至还向我咨询能不能收购恒大，其中甚至有人和恒大内部进行了实际性接触。四面楚歌的许家印孤注一掷推动恒大在香港地区上市，如果上市失败，就真满盘皆输了。那段时间许家印成天跑去香港地区，结交郑氏父子，用各种手段拉近关系，终于获得郑裕彤的青睐，签订了饮鸩止渴式的对赌协议，拿到了救命钱。后来上市的时候，股价破发，郑裕彤又帮忙站台，让他站稳脚跟。恰逢我国出台"4万亿元刺激政策"，全中国的房地产企业一下子活过来了，恒大几百万亩的土地资源一夜之间成了巨大财富，濒临死亡的恒大一下子赢得了一个新世界，这也为许家印后来成为中国首富铺平了道路。

"赌性"是老板共有的特质，但像许家印这种"超级赌王"，我第一次看到。此人确实是"超级枭雄"，在高风险、高收益的路上，同时出发、同样做法的其他人纷纷退场，只有他还在高空作业，辗转腾挪，让人看得胆战心惊。或许真有逢赌必赢的人，或许偶然真的能成为必然，或许在河边走真能不湿鞋，但这就超出我的认识范围了。

3. 虚荣

曹雪芹曾写道，"世人都晓神仙好，惟有功名忘不了""世人都晓神仙好，只有金银忘不了"。"忘不了"这个词用得妙，很多事只有得到过的人才知其滋味，名声和金钱尤是如此。对战略统帅来说，此二者极其容易使其迷失。

陷阱五：统帅迷失陷阱

统帅迷失分为两类，一类是政治情结过重，避实向虚；一类是耽于享受，丧失动力。

在中国，有一类老板对金钱的兴趣远没有对名誉、地位、权势以及影响力的兴趣浓厚，也就是说，他们有非常强烈甚至狂热的政治情结。他们的案头置放的是中国的传统经典，诸如《道德经》《孙子兵法》《资治通鉴》等。但因造化弄人，他们的仕途阴差阳错没有出路，于是便纷纷下到海里，乘风破浪。

受儒家政治文化思想"学而优则仕"的影响，企业家获得政治声誉，对企业的发展确实有一定的好处，但企业家的政治情怀太过于浓厚，企图用情怀或政治理想治理企业，最终将扰乱企业经营。

南德集团的前董事长牟其中也是一个典型的例子。1991年，牟其中倒卖飞机成功，这也许正是其失败的开始。用中国的轻工物资去换苏联的飞机，是原始的"以物易物"贸易，但所涉数额巨大，又欠缺信用中介，操作环节繁杂，成功的可能性几乎为零。一般的头脑清醒者想也不敢想的疯狂事，牟其中却硬是把它变成了现实，难怪当时的人们把他神化了——如果他自己也以为自己无所不能，那其后的失败便是迟早的事了。

其实，牟其中芝麻开门式的奇迹，可以说是一场天算胜过人算的赌博，皆因正好遇到苏联解体（不要说资源，连国土都要重新划分）。那时苏联国内局势的空前动荡，才使得他们决心冒一次天大的风险，飞机掌控部门对明天未知，一咬牙："再不冒险，以后恐怕连冒险的机会都没有了。"于是，在没有任何保障的情况下，飞机先期飞抵中国，牟其中凭此拿到了第一笔资金，并由此启动了交易链。牟其中成功了！这正应了美国作家马克·吐温的那句话："虚构的故事要讲求逻辑，现实的故事则不必顾忌逻辑。"牟其中硬是用"空手套白狼"的手法把4架图-154换了回来，从而演绎出了一个前所未有的商业传奇。

既然"空手"可以倒来飞机，那么，世界上还有什么做不到的事情呢？这个偶然的巨大成功膨胀了牟其中的"革命理想"，其想象力得到了空前的释放：一会儿想在满洲里搞一个东北亚经济区；一会儿想发射卫星；一会儿想把喜马拉雅山炸个口子，让印度洋的暖流进来，把西藏变成江南；一会儿又谋划着在地球上建几个硅谷，最后想来想去，把自己送了进去。

"知人者智，自知者明"，这是生存智慧的绝佳写照。知人者，即知晓这是谁人之天下，这是何样之社会，这是怎样之环境；自知者，即清清楚楚、明明白白地知道自己是谁，有多少斤两。这两句话说起来简单，却需要一生的修行。

另一类统帅迷失陷阱指的是创业者"夭折"。在企业不断发展壮大并获得一定成绩之后，创业者便往往会开始迷信"自动运转"，失去企业创立之初的"初心"，表面上人还在公司，但不抓战略、疏于管理，进取心缺失，虽有统帅之名，但已无统帅之实。

成立于1992年的海鑫钢铁集团，在前任董事长李海仓的带领下，在10年之间发展成了一个以钢铁为主，以房地产、水泥等为辅的大型企业，李海仓自己也成为身家数十亿元的大富豪。但天有不测风云，在事业发展的黄金期，李海仓却因为生意摩擦被枪杀于办公室，正在澳大利亚留学的其子李兆会仓促之间回国接班。当重任都压到肩头之初，李兆会仿佛一夜间长大，全身心地投入工作，在他上任的第一年，正值"非典"肆虐，随之而来的是煤价高涨、用电受限、运输紧张，但李兆会危机处理得不错。在他的带领下，2003年成为海鑫钢铁集团发展最好的一年，这一年海鑫资产总值达到50多亿元，漂亮的业绩让公司上上下下的质疑者哑口无言。

但事情随后出现了变化，与每天泡在车间的父亲不同，李兆会对资本市场的运作更感兴趣，在专心搞钢铁3年之后，李兆会就去北京试水资本市场了。当时正值全民炒股的高峰，手持数亿元现金的李兆会通过海鑫实业和海鑫钢铁先后投资了光大银行、新能泰山、万向德农、益民集团、中化国际、太钢不锈、日照港等，获利近40亿元。在资本市场上，李兆会风光无限，但在实业领域，由于钢铁行业周期性衰退的到来，全行业平均负债率上升接近20个百分点，海鑫也难以逃脱。资本市场上的风光并没有挽救李兆会的海鑫集团。由于长期待在北京，他对公司事务的介入逐渐减少，集团陷入管理混乱的窘境，资金链出现断裂，亏损负债进一步恶化。后来，该集团更是陷入全面停产的泥沼，加之遇上钢铁行业遭遇寒冬等影响，最终破产。

陷阱六：故步自封陷阱

对企业来说，昨天的成功可能会成为今天的失败。当发展到一定阶段，并且取得骄人的利润和知名度时，一些企业便会开始迷信自身的技术权威，将目光锁定在短期形成的丰厚利润上——企业家本人也开始走上人生巅峰，太多的金钱与利益蜂拥而至，太多的谄媚者溜须拍马，太过舒适的环境让他们忘记曾经的腥风血雨，也让他们忽略了"山雨欲来风满楼"。

故步自封就是路径依赖，盲目维护自己昨天的成果，而对外部环境的变化视而不见，难以接受新事物，不根据行业发展趋势和市场需求的变化而开展新的探索——这样的企业家直接表现出高度的自负，自负到觉得自己讲的话都是正确的，"我们的流程制度都是正确的，我们的方向、团队都是正确的"，最终难逃被市场淘汰的命运。

从时代先驱的数字英雄到落寞的败局者，雅虎的"过山车"历程甚至还不到10年。1995年雅虎上线时，创造了最早的门户网站的概念，造就了成立一年就登陆纳斯达克的神话，市值达到1280亿美元。1996~2006年这10年间，雅虎的营业额增长了260倍——一直是全球互联网排名第一的公司，并且长期压制住了美国在线和微软的MSN。在2006年全球互联网公司前20名中，雅虎、雅虎日本和雅虎中国分列第1名、第7名和第14名。同一年，当时的Facebook同意以10亿美元的价格将公司出售给雅虎，但就在交易前，雅虎临时变卦，试图将价格压低到8.5亿美元。这种出尔反尔的行为让扎克伯格颇为不满，扎克伯格当众撕毁了协议书，原本谈妥的交易也随之告吹。如果说，雅虎仅仅是拒绝收购外部公司，那么问题还不算大，更大的问题是，它一直"坚定地"固守着自己的模式。进入新世纪后，搜索引擎的兴起对门户网站产生了巨大的冲击。相比于传统门户网站，用户更偏爱通过个性化、精准化的搜索引擎来获取信息，雅虎由此开始由盛转衰。自此，雅虎的故步自封让其开始一次次错失电商、视频、社交网络、游戏等领域的良机，这头曾经的互联网行业开山鼻祖式的"大象"日益被市场边缘化，终被市场淘汰，而最后仅有雅虎日本存活。其实，雅虎的倒下也不算冤枉，历史曾给过它太多机会。

美国有个很重要的指数叫标普 500，它引用的是美国 500 家主要上市企业的股票价格，几乎涵盖了所有行业。通过历史数据来看，2006~2016 年，500 家上市企业当中有 180 家企业发生了变动，它们离开或者重新进入了标普 500 指数。随着企业增长和迭代速度的变快，很多人都预测在未来 15 年（2017~2032 年）当中，500 家公司里面可能会有 75% 的公司被你从未听说过的新公司所取代。我们熟悉的诺基亚、柯达都是著名的被退出者。可以预见，在不久的未来，将会有更多知名企业倒在故步自封的陈年旧梦里。

陷阱七：政商关系陷阱

最后一个战略陷阱——政商关系，可以说综合体现了人性的所有弱点，也是最复杂的陷阱。

政商关系是中国商界的一个古老命题，中国经济是政府主导型经济，中国式战略从某种角度上来说，是一门微妙的"政治经济学"。在算经济账的时候，也一定要考虑政治账，这是中国的国情。项目的成功不仅要有经济效益，还要有社会效益。政治、经济可以相互转换，转换得好，各得其所；把握不好，要栽跟头。所以，杰出的战略策划应该既能为政府排忧解难，又能为市场增添效益，比翼齐飞。企业在发展过程要考虑政府因素的存在，要做到尊重或亲近政府，但一定要远离政治。中国几乎所有成功的企业家，无一不是极具政治智慧的。而失败的企业家，很大一部分就是落入了政商关系陷阱。

企业政商关系破裂多体现在产权改制、进军战略性产业等过程中，企业要审慎处理与政府、国企的关系问题，警惕其中的政治风险。

中国 20 世纪 80 年代末 90 年代初的那一批企业家，鲜见风平浪静，大悲大喜常伴随着他们一生，李经纬就是其中的典型代表。李经纬这个人最大的特点就是他敢于拼搏，敢于闯。他本来只是健力宝的看门人，但他把自己当成老板，这就是他一直在刀尖上舔血、跳舞的一个很重要的原因。

在下海后，虽然我和健力宝不再来往，但是依然很关注这家企业。2003年的一天，我去广州，在广州的中山东风路居然发现了一个健力宝大厦。当时一个企业能够在广州这种寸土寸金的地方建一个总部大楼，可是极为罕见的，而且这意味着健力宝把总部搬到广州了。当时我就担心，健力宝这个做法可能会恶化跟三水县（现已改为三水区）当地政府的关系。

之前我给李经纬当顾问的时候，就已经深刻感受到他跟当地政府的关系非常恶劣——矛盾由来已久，李经纬跟三水县领导严重不合。他的眼睛是向外的、全球化的，接触的经常是中央领导这种级别的（而一个人如果见大场面、大人物多了，就习惯了），这样他肯定跟地方县委书记那些级别的官员有隔阂。按照对方的说法，就是尊重不够，往大一点说就是越位。但健力宝当时势大，当地领导也没办法，所以就是满肚子怨恨，只等着落井下石。这个矛盾是躲不掉的，只不过是在等这根导火线引爆。没想到这一刻他们终于等到了。

2002年，江湖上突然冒出个叫张海的奇人，当时才28岁。我看了当时《南方人物周刊》封面文章对他的专访，简直写得神乎其神。那时候张海踌躇满志，志得意满。有一天他刚坐上飞机飞上海，无意中看到一篇报道：因为健力宝经营不善、负债太多，三水县政府要出售健力宝，李经纬想成为第一个接盘者，但政府说"你没有钱，凭什么接盘"，李经纬就联系了新加坡的一家资本公司，当时还有很多人也在觊觎这个项目。

张海看到这篇报道以后，立刻下了飞机，直奔三水县，见了三水县书记，也见了李经纬，顺利接手，成了健力宝新主。现在江湖上流传着一张非常精彩的照片，展现的就是健力宝拍卖转手仪式——那是一个公开的仪式，海内外都很关注。当最后宣布健力宝的接盘者不是李经纬而是张海时，现场的李经纬仰天长叹。这张照片被人拍下来后，变成只要讲到企业家宿命就会用到的经典配图。

张海接手后，短短三五年就把健力宝玩垮了。他本身就不是做实业的人，在里面玩"空手道"，不按牌理出牌，还爱"装神弄鬼"。最后的结果，健力宝垮了，张海也被抓了，一个好端端的企业，也就这么完了。

那当地政府当时为什么"宁赠友邦，不予家奴呢"？背后的原因就是李经纬跟当地政府没处理好关系，弱干强枝，离心离德。作为地方最大的财政收入来源，健力宝的离心行动越来越让三水县政府坐立不安，1997年双方在健力宝总部迁至广州的问题上彻底闹僵。最终，健力宝被拱手让给了他人，一个时代的传奇黯然收场。

在人类历史的发展过程中，总要有一些敢吃螃蟹的人，所有的改革就是从"违规"开始的，但就是这样的一个个"违规"者，把旧体制撕开口子，让路越蹚越宽，他们终会成为一个时代的风云人物。

历史总会清算，有人会平安落地，有人会成为祭台上的祭品，这就是命运的一种辩证法，改革开放的先驱几乎都要面对这一关。

命运有如万花筒一般，只要有时间，总会转到你期望的那幅画面。但是真正能够成为时间宠儿的，又有多少人呢？

摆脱陷阱与自我超越

贪婪、侥幸、虚荣是人性的双刃剑，在创业之初，它曾在企业家身上发挥了巨大的正面作用，敢闯、敢拼、敢冒险；但在企业逐步壮大之后，反作用会愈加突显，曾经的冒险变成了冒进，曾经的谨慎变成了故步自封。这不是个例，而是共性，无论古今中外，任何优秀的制度、伟大的理念乃至杰出的人都无法逃避时间的侵蚀，这是历史的规律，也是人性的必然。只有坚守战略，头脑清醒，莫把偶然当必然，才能躲避陷阱，拥抱成功。

如何坚守战略，把握人性，摆脱战略陷阱，变坏事为好事呢？我有五个建议。

第一，对趋势变化保持敏锐的感知。

我一直强调："小老板做事，中老板做市，大老板做势。"这是指在企业发展的不同阶段，老板运作企业的不同方式。小老板只要兢兢业业地把该做的事做好，就可以了；中老板仅把事做正确还不行，他们还必须懂得如何做正确的事，懂得市场竞争的策略、手段，懂得管理团队的打造与企业文化的宣导；而大老板除了懂得做"事"与"市"之外，还必须具备根据中国宏观的经济大势、区域经济趋势以及行业发展态势创新商业模式的能力——也就是说，他们必须具备战略思维能力，具备整合社会资源的能力，从而能紧扣时代脉搏，引领市场潮流，成为与时俱进的"火车头"。具体来说，一是要懂政治；二是要懂国情。火候要掌握得非常好，或早或晚都不能成事。

第二，认清自己的能力边界。

"知人者智，自知者明"，是生存智慧的绝佳写照。知人者，即知晓这是谁人之天下，这是何样之社会，这是怎样之环境，即上文所说的，要对趋势变化保持敏锐地感知；自知者，即清清楚楚、明明白白地知道自己是谁，有多少斤两，具体来说就是一定要找到自己的核心力和方向，发挥"长板效应"。这与管理学上的短板理论正好相反。短板理论是说一桶水的盛水量，取决于最短板，所以要想办法补短。我们很多人就上了当，花了许多精力在自己不擅长的方面。从战略上来讲，每个人要找到你的长板是什么。黄文仔的长板是精品意识，做到极致，可以成功；王健林的长板是跨界与整合，要风得风，要雨得雨。任何企业家都要找到自己的核心能力，充分发挥这些能力。

以腾讯和阿里这两大互联网巨头为例，面对不确定的未来，两者采用的是完全不同的驱动发展模式（战略驱动和创新驱动），分别对应了智能时代企业战略的两大聚焦点：模式创新战略和技术创新战略。

阿里是战略驱动，注重宏观的战略构架。其集团顶层设计了整体的构架体系，然后下面的团队会坚决地执行，在很多情况下，即使是错误的决策，也会无条件地执行。当然，顶层设计的战略部门也在不断地修正纠偏。腾讯则是创新驱动，集团没有完整的顶层设计框架，只有未来发展的方向（比如拥抱产业互联网），下面的团队不断地探索和创新，当某一个创新产品获得成功，再进行全面推动和推广（比如微信）就是这样诞生的。两者基于自身的能力边界，采用了完全不同的发展模式，但同样获得了成功。

第三，时刻保持敬畏之心。

我认识一个身价上亿元的老板，其办公室墙上挂着的座右铭是：贵在大胆。王健林也曾有一句名言："什么清华北大，不如胆子大。"

这种说法对不对呢？要看企业的发展阶段。早期，靠打擦边球，甚至不惜走私、造假发达起来的老板不在少数。但人间正道是沧桑，俗话说"人欺地皮，地欺肚皮"，从某种意义上说，市场是公平的，你用什么方式与市场对接，市场就会用相匹配的方式回馈你。

我们不要老想着"人定胜天",人首先要认识规律,尊重常识。只有掌握企业发展规律,才能把握企业的生存密码。查理·芒格曾说:"所谓常识,是平常人没有的常识。在说某个人有常识的时候,我们其实是说,他具备平常人没有的常识。人们都以为具备常识很简单,其实很难。"很多企业都是误打误撞入门和做大的,所谓"男怕入错行,女怕嫁错郎",未来行业的规律性会更强,企业要科学地进行战略定位,才能走得更长远。

就目前来说,机会红利正在全面消退,这几年就是一个巨大的分水岭:以前,是机会主义时代,胆大就能成事;以后,将是长期主义时代,对企业家的要求将越来越高。

从 1978 年改革开放到 2013 年的 30 多年,是"大破"的年代,经济上破掉了"计划经济",思想上也破掉了禁锢,生态环境也被大规模破坏。

那 30 多年里,发展就是硬道理。鼓励的就是敢冲、敢想、敢变通。

多少人一边骂腐败,一边投奔腐败;一边骂着道德沦丧,一边昧着良心做事,这样的发展是不可持续的,也是注定不会长久的。

我在 2014 年底曾写过一篇文章《三个重建将改变中国》,6 年过去了,回过头来看,"三个重建"全部兑现。

第一个是秩序重建。原来上有政策,下有对策,贪腐问题之严重,说是千疮百孔都不为过。现在这个时代结束了,中央树立权威,官场风气彻底改变,做到了令行禁止,甚至还会倒查 20 年。

第二个是文化重建。尊老爱幼、忠孝节义、礼义廉耻,这些传统的价值观要重新提倡,必须要对得起天地良心,然后我们才能可持续发展。杀鸡取卵、不择手段,民族是没有救的,一定要建规矩、立章法。

第三个是生态重建。绿水青山就是金山银山，保护环境之前喊了多少年，基本看不到成效，现在的力度之大，小作坊、小矿山说关就关，说整顿就整顿，不管触动谁的奶酪，一查到底。

在这样的大背景下，很多拼命挣钱、不择手段挣钱的老板感到不适应，这是必然的。大家要有思想准备，以后靠数量发展和不计代价的方式，从政策、文化、生态上都不会得到允许的。新消费需求、新技术引领、新增长模式都将使整个环境重新洗牌。整个中国发展到今天，终于迎来一个新的时代：好人赚钱的时代到来了。对企业家的生存之道来说，小老板靠勤奋，中老板靠智慧，大老板靠德行。以后对企业家的要求将越来越高——有恒才才有恒心，有恒心则有恒财，这是一个长线思维。

保持敬畏之心的典范就是龙湖的吴亚军。在地产界，龙湖是出了名的稳健，有着稳健增长的经营业绩、表现漂亮的财务数据以及表现不俗的行业产品、品牌和口碑。其实这背后的根源，就在于吴亚军有敬畏之心。

我和吴亚军打交道这么多年来，除了业务上的合作外，私交也一直很好，吴亚军身上最鲜明的特点，就是时刻保持敬畏之心。近几年，随着实体商业超量开发和同质竞争加剧，商业物业市场竞争更加激烈，在如此残酷的环境下，龙湖商业偏能脱颖而出，成为每个区域乃至全国的经典商业地标。究其原因，龙湖不仅仅是以商业开发者的角色布局市场，而是以一个自持比例高达 50% 以上的运营者的身份参与商业业态的打造，自然广受各地政府欢迎。

我作为历史的见证者，深知天街这个产品完全是吴亚军危机感的产物。2001 年，龙湖在重庆刚刚站稳脚跟，拿到了一个观音桥的商业片区开发项目，建设完成后，吴亚军做出了令人大吃一惊的决策——自持物业。我问她原因时，她的回答很坦诚："当时龙湖已经有 1000 多名员工了,我总担心哪一天房地产这个行业出现危机,就像农村的荒年一样,如果我现在选择迅速套现,把房子都卖了,然后滚动开发,哪一天荒年真来了,我的员工靠什么吃饭呢?我现在自持大量物业,其实就是从广积粮的角度考虑的。"

吴亚军的想法很朴实,也很平和,但这样一路走下来,20年过去,天街系列已经成为龙湖最坚实的业务板块,光是每年的租金就足以让其他高周转率的房地产商眼红,这种稳健的经营理念也让龙湖的融资成本极低,和其他房地产商形成了鲜明的对比。

其实,对处于一定阶段的大老板来说,金钱仅仅是追求卓越与创新顺带产生的结果,财富在他们心中只是实现个人价值理念与终极人生意义的一种媒介。这是个"十倍速"发展的社会,也是一个"摩尔定律"大显身手的时代,产品可以快速克隆,模式可以瞬间模仿,只有企业的内在精神气质无法复制。这种内在的精神气质,就是企业家独特的人格、操守、魅力、理念以及由此而塑造的企业文化。正是从这个意义上说,一个企业能长多大,就要看企业家的心有多高,企业家的高度决定了企业的高度。

第四,随时保持归零心态。

每个人的思想都是他过去人生的总和,这对那些成功人士来说更是如此。越是成功的人,自我认知越难,因为他们有着丰富的成功经验,可是当外部世界在变,他们的经验不变的时候,昨天的成功经验就会成为今天的绊脚石。企业家可以自我审视一下,只要是10年还没有上台阶的企业,绝大多数都存在战略问题。这样的企业不出问题还好,一旦遇到危机,就会变得困难重重,最后被淘汰出局。唯有长期坚持批评和自我批评,才能找到自己的差距和不足,才找到前进的方向。

能以归零心态应对世事沉浮，保持学习的热情与动力，不仅是对过去荣耀、挫折的一种舍弃，也是对自己人生经历的一种扬弃。否定自己需要很大的勇气，这不仅是一种美德，更是一种力量。一个失去自省能力和学习能力的人，无论他有多辉煌的过往、多庞大的基业，失败只是早晚的事情。

第五，学会做减法，拒绝诱惑。

这些年来，我见过太多的企业家由于一念之差，走上了不归路。有很多人问我：大家一起出发，为什么有些人可以"直挂云帆济沧海"，有些人却"中途夭折"、郁郁而终？我说：人生中，包括企业、优秀的人、有科学头脑的人、重视战略的人、找准方向的人，相当于在高速公路上开车，越走越顺。战略决策把握好了，能少走弯路。有些人速度也不慢，但路选错了，总是在断头公路上跑，所以永远到不了目的地。这就体现了战略的重要性。

前行道路上，企业家必须经得起诱惑，对自己所从事的行业有所坚守，这就需要企业家对自己的行业发自内心地热爱，并能乐在其中。孔老夫子有句话是这样讲学习的，叫"知之者不如好之者，好之者不如乐之者"，做企业也是这样。所谓"乐之者"，正对应爱因斯坦所说的"兴趣是最好的老师"。可以说，以所从事的行业为"乐"，是很多企业家最终做成行业老大的重要原因。我本人也是这样，基本上约 30 年一直是在一个很清晰的轨道上，没有走过弯路，即便转换，也是前一步为后一步打基础——这样才走得稳，走得远。在这个过程中，也有不少利益诱惑、捷径的吸引，但对我都没起作用。企业发展也是如此，只有坚守战略的价值，坚定目标和方向，"虽九死而犹未悔"，才能"会当凌绝顶，一览众山小"。

CONCLUSION ——————— 结语

穿越无人区

一篇读罢头飞雪，但记得斑斑点点，几行陈迹。

写到此处，这部长达20万字的拙作，算是正式告一段落了。回顾这段写作时光，乃至追溯这40多年来寻找战略的漫漫历程，我总会不由产生某种"庄周梦蝶"之感。"我是谁""我从哪里来""我又将向哪里去"这些问题时常萦绕在我的脑海。

佛经有云，指着月亮的手，并非月亮本身。如果说战略是一轮明月，作为咨询机构而非实际操盘者的我们，更多扮演的是指向月亮的手，而非明月。但一路走来，作为独立第三方，我们参与了无数关键的战略选择，见证了太多的兴衰成败。一个个时代的枭雄，或火中取栗，或冰上舞蹈，或艰苦攀岩，或跌落悬崖，但正是他们不遗余力本色演出，奏响了一个金戈铁马时代的主旋律。回首往事，我不免有些"二十余年如一梦，此身虽在堪惊"的恍惚。

这种恍惚感也揭示了本书的另一重价值所在。这是一部源于时代，也忠实记录时代的作品。从混沌无序、充满暗礁潜流的海洋，到一幅波澜壮阔、蔚为壮观的民族复兴画卷，今日之中国，正在步入一个历史性的时刻，从最初的跟跑，到并跑，再到领跑，穿越无人区的时刻即将到来。

何为无人区？就是无领航员可跟随，无路径可依赖，无规则可遵循的陌生区域。正如华为创始人任正非在中国科学技术协会全国代表大会上的发言中所讲："华为现在的水平尚停留在工程教学、物理算法等工程科学的创新层面，尚未进入真正的基础理论研究。""随着逐步逼近香农定理、摩尔定律的极限，华为正在本行业逐步攻入无人区，处在无人领航、无既定规则、无人跟随的困境。""华为跟着人跑的'机会主义'高速度会逐步慢下来，创立引导理论的责任已经到来。"

任正非讲话中所说的"无人区"，更多指向重大技术创新领域。但从更广义的层面上讲，不仅华为即将进入技术的"无人区"，在经济、政治、文化、制度等诸多层面，中国也将进入"无人区"。

纵观当今之世界，无论呈现怎样的变局，国家的起伏兴衰有多么波澜壮阔，主流仍然是东西方的竞合博弈，而且不仅仅是经济、政治和军事的博弈，最根本的是文化之间的博弈。纷繁复杂的表象之下是两种文化的本质区别，这种区别带来东西方哲学体系、价值观念、伦理道德、政治认知、社会运转逻辑、科学态度的巨大分野。

在文明发展的不同阶段，东西方各有高光时刻。古希腊与春秋战国并驾齐驱，均创造了灿烂的文化，随后的罗马帝国和汉朝并立于欧亚大陆两侧，也堪称双雄。但在随后的漫长岁月中，西方陷入中世纪漫长的黑暗时代，而中国自周秦之变以来，大一统制度形成，历经朝代更替，强敌入侵，依旧岿然不动，成为东方文明和"天下秩序"的中心。

然而随着 1840 年前后英国完成工业革命，近代化浪潮席卷而来，尤其在美国崛起之后，西方文明更具备了压倒性的优势。而中国则面临着从科技、制度、组织、思想等全方面落后于人的现实，在入侵的列强面前连连败退，人民陷入水深火热之中，国将不国。

因此，自近代至新中国成立前，救亡图存一直是中国的主旋律，我们从天朝上国变成了后进生，开始放下尊严，向西方学习。无数仁人志士领导国人经历了无数艰难困苦、跌宕起伏的奋斗，不管是师从欧美，求学日本，还是寻梦马列，始终不变的主题都是学习。

相比之下，百余年来中国都是谦卑好学的好学生，孜孜以求，日夜精进，而西方世界却始终昂着高贵的头颅，自诩为世界中心。整个人类文明的话语权也被西方所掌握，西方的哲学观、世界观和价值观是唯一真理。在傲慢的西方人眼里，但凡不接受这套游戏规则的，都是落后、愚昧、需要被拯救的野蛮国家，即使有着悠久文明史的中国也不例外。他们既不了解中国，也不屑于了解。

当然，并非所有的西方精英都短视。被誉为"近世以来最伟大的历史学家"的英国学者汤因比就曾经对中国的未来作出预言。20 世纪 80 年代初，我曾读过他的一本书，叫《展望 21 世纪：汤因比与池田大作对话录》。在汤因比看来，过去 500 年，在西方的推动下，全世界已经在除政治以外的各个领域（经济、技术等）实现了统一，但汤因比认为，西方将难以完成全世界的政治统一，"将来统一世界的大概不是西欧国家，也不是西欧化的国家，而是中国"。

按照汤因比的设想，未来世界的统一不是靠武力征服，而是和平统一，"一定是以地理和文化主轴为中心，不断结晶扩大起来的"。而这个主轴，汤因比认为不在美国、欧洲和苏联，而是在以中国为领导的东亚。

《展望 21 世纪：汤因比与池田大作对话录》一书出版时，中国尚深陷泥潭不能自拔，国力与现在亦不可相比，汤因比却能提出这样的论断，这份远见着实惊人。但可惜，有汤因比这样眼光的人少之又少。傲慢的西方人，始终不肯低下高贵的头颅，在苏联解体后甚至认为"历史已经终结"，人类文明从此将走向民主自由的顶峰。这一俯一仰的态度间，实则隐藏着中国悄然崛起的密码。

经过改革开放 40 年的积累，中国成为世界第二大经济体，在国际社会拥有了越来越多的话语权，走出了一条具有中国特色的发展之路，而西方社会自身的发展和治理却暴露出诸多问题。

突如其来的新冠疫情就像一张考卷，在这场考试面前，各国政府表现出巨大的执政能力差异。如果说疫情尚属于"黑天鹅事件"，但难民问题、福利问题、老龄化问题、民粹主义、种族主义和严重的极端势力等诸多问题，都说明了西方的传统政治制度、市场制度、社会治理制度和文化制度已经无法全面解答当今人类社会面临的诸多问题。

同时，国际形势的日趋紧张也加速了中国进入无人区的进程。近年来，伴随着发展，中国对世界的影响愈发举足轻重，以美国为代表的部分国家正在想方设法遏制中国，这种遏制正在全方位展开，从贸易之争，到产业之争，以及背后的科技之争，甚至是金融之争、国际话语权之争、地缘政治之争，这些争端可能都会在日后轮番上演。那个中美矛盾不显山不露水，中国继续韬光养晦、绝不当头的时代一去不复返了。

很多人都以为中美关系走到今天这个地步是因为中国过于高调、不再韬光养晦了，但真相其实很残酷：在打压中国的问题上，几乎是美国的全民共识。如果认为美国是因为中国高调才修理中国，那真是低估了美国人的智商与决心。我们要做的是抛弃幻想，做好长期竞争的准备。

从技术革命的角度来看，中国同样即将步入无人区。每一次大型技术革命的周期沉淀，都造就了全新的人类文明变革。冷战结束至今，西方各国已经在第三次工业革命后占据了巨大的技术领先优势，中国等发展中国家只能苦苦追赶。然而，在技术革命带来的数字化浪潮下，企业的商业模式、商业思维面临彻底重构，世界正进入到一个崭新的时代——数字化生存时代。中国也迎来了新的历史机遇期。

领跑者尚且自顾不暇，那前路究竟在何方？当修昔底德陷阱和中等收入陷阱内外交织，老师露出狰狞獠牙，我们又该去向谁学习？当智能时代来临，人类文明面临底层变革的时候，我们又该选择怎样的发展路径？这一个个问题都标志着中国从最初的跟跑，已经逐渐发展到了并跑阶段，甚至在某些领域已经具备了领跑的实力，穿越无人区的时代即将到来。

福耀玻璃的案例，正是中国全方位步入无人区的一个典型缩影。2019年，一部名为《美国工厂》的纪录片在世界范围内引起强烈反响。这部纪录片讲述的是中国福耀玻璃集团接手美国俄亥俄州一座废弃的通用汽车工厂，将其改为玻璃工厂并雇请上千位蓝领美国员工的故事。在这片被时代抛弃的铁锈带，中国式发展模式和美国传统思维的碰撞，给美国民众带来了巨大冲击，但同时也带来了新的思考。

福耀玻璃的创始人曹德旺曾说："中国的希望在于中国人自己的觉悟。如果每个行业都有人执着地把自己的事业与国家联系起来，而执着于这项事业的人，不但能够成为自己这个行业的领袖，为自己与社会创造财富，而且有机会跻身于世界这个大舞台，为世界创造价值和财富。"

这段话充分体现了一位杰出企业家对世界格局和企业使命的战略思考，也正是有了任正非、曹德旺等一批企业家的实践，这条穿越无人区之路才有了更加坚实的基础。

和一些对中国前途与命运患得患失的人不同，面对穿越无人区的挑战，我始终怀有自信。

从技术角度而言，总结以往的三次科技革命，无不是生产力的调整走在了生产关系的前面。首先是新通用性技术的诞生，随后是建立在新通用性技术基础上的应用创新爆发，辅以潜在的重大需求，共同推动社会转型并进入新一轮的周期。

在当下世界，再怎么强调数字经济的重要性都不为过，从技术周期、技术应用、商业底层逻辑各个层面来看，万物互联的数字化时代即将到来，它是人类历史上的三种社会经济形态之一，是继农业经济、工业经济之后撬动全球经济的新杠杆。

与以往科技革命不同的是，前三次科技革命都首先发生在西方资本主义国家，中国作为后进者，只能苦苦跟随，陷入低端技术的路径依赖。而在新一轮科技革命浪潮中，中国正在迎头赶上，在广泛的应用场景和海量数据的支撑下，数字革命首先在中国爆发的可能性将超过世界任何一个国家。

从国际体系层面来看，对于中美关系的长期走向，我依旧持谨慎乐观的态度。过去中美之间能保持相对融洽的关系，其主要原因并非美国有多温和，中国有多低调，而是两国的综合国力长期有着巨大差距。但当中国以不可阻挡的趋势崛起，而欧洲和美国都处于持续的相对衰落，中美综合国力差距越来越小，而美国试图让中国自主西化的想法又遭破灭后，摩擦是在所难免的。

但无论从产业结构、文化理念，还是政治制度上看，中美都不是你死我活的敌人，而是一对"剪不断，理还乱"的欢喜冤家，谁也替代不了谁，谁也离不开谁。这话讲了几十年，但再没比现在这十字路口、这关键点上更发人深思了。

中美关系所影响的不仅是两国国运，而且是人类的未来。目前国内还有一种浪潮般的声音，说中国已经不需要开放了，这是完全错误的说法。我们需要的恰恰是更广泛的开放、更负责任的大国担当、更加国际化而非民族化的视野、对全球秩序重建更加深入的参与。

我们绝不心存侥幸，不过要始终怀抱善意。或许再经过5～10年，当美国发现打又打不死中国，离又离不开中国的时候，中美之间才有坐下来谈的可能，那也将开启人类历史的一个新纪元。

从人类未来的发展模式层面来看，在诸多问题中，我们愈发明显地发现，西方特色的自由、民主价值观和以此为基础的政治体制已经无法回答当下严重的经济与社会问题，对数百年西风东渐的中国来说，一个古老的命题——如何用东方智慧解读中国乃至回答世界，正在浮出水面。时代正在呼唤东方智慧和东方式战略的复兴。

我相信，和"言必称希腊"的民主、自由一样，东方文化的很多精辟论述，尽管历经千年，仍有很强的指导意义。而中国最大的优点恰恰在于我们是学生，而西方是老师。只有中国才能集东西方文化之所长，把中国长期积累的政治智慧和文化传统与现代化国家治理的精髓有效结合起来。

假以时日，当中国没有按照西方预设好的发展模式，走出了一条中西合璧的成功之道，背后的奥秘是什么？规律是什么？能解答好这个问题的一定不是西方智库，而是植根于中国本土，且跟这个国家同呼吸共命运的东方智库。

到那时，东方式战略一定会与西方式战略形成分庭抗礼之势，扎根于中国本土的国际一流咨询公司一定会出现。如果我们能够为东方式战略的勃兴做出一点贡献，留下一些成果，也算不枉时代的馈赠了，这也是我写作本书的初心。"路漫漫其修远兮，吾将上下而求索"。也许在很长时间内，我们仍没有清晰的结论，但这才是真正的大势所趋，也是所有"小道理"需要服从的"大道理"。

当你聚焦于远方的山峰时，山谷就会成为充满希望的旅程，每个独立个体的思想除了个人的烙印之外，也有他所处集体的烙印，更有特定历史时代的烙印。本书的内容与其说是一个人的历险，不如说是一个团队的智慧结晶。在这本书中，我希望能通过一个中国本土战略咨询机构的实践经历和理论总结，尝试勾勒出中国战略咨询业的发展脉络，展示出中国在这一"穿越无人区"的伟大历史进程中的战略运用之道。

在这里，我首先要感谢这个伟大的时代，为像我这样的知识分子提供了"寻找战略"的机会和可能，也让我走出了一条既不依附于达官显贵，又不依附于财富阶层，而是与他们平等互动、平起平坐的战略之路。其次要感谢多年来陪伴智库成长的客户们，我们有缘，且有幸与许多真正引领这个时代的精英相逢，每一次相逢都是一次难得的成长，都是一次彼此激荡、教学相长的过程；还要感谢一路走来的智库同路人，没有众多智库同行在前线对众多难题发起冲击，本书就成了无本之木、无源之水，没有多次的"围炉夜话""促膝长谈"，本书同样也无从着手。智库的咨询师大多是大学一毕业就加入智纲智库，经历了一场场战争的锤炼，带着满身硝烟和身临其境的体悟，一起坐下来头脑风暴，取长补短，联手在繁忙的工作之余完成本书的筹备工作，为本书打下了坚实的基础。

本书部分观点的提炼和案例的收集是由智纲智库上海中心总经理路虎统领，徐露农、黄栋、王放等诸位同事协助完成的。全书的统稿、整理和润色工作是由我的助手窦镇钟协助完成的，他为本书的最后成型做出了重要贡献。智纲智库运营整合中心总经理杨镇宇、北京中心总经理任国刚和纲略投资总经理云亮作为智库多年的风雨同路人，也为本书提出了大量建设性意见。

在成书过程中，机械工业出版社的岳占仁先生和李文静女士非常认真负责，与智库团队反复协商讨论，前后四易其稿，在此一并致以诚挚的谢意！

一切都是没有结局的开始，一切都是稍纵即逝的追寻。当这些智库积累近30年的战略思想成果终于要结集成书，毫无保留地奉献给社会时，我心里感到莫大的欣慰。无论世人用什么样的眼光来评判智纲智库，也无论智纲智库曾经遇到什么样的风浪和挑战，有一点不变的是，我们始终如一地深深扎根于脚下的这片土地，始终与中国社会经济的前进步伐同频合拍。我们始终坚守着初心——打造中国最好的战略思想库。

岁月长河间，无数得失荣辱都不过是波光云影；真正值得铭记的，是我们矢志远航的目标和乘风破浪的体验。我们从一个人，走成一群人，最终走向一个东方式战略勃兴的伟大时代。在团队的共同努力下，智纲智库的方法论、案例库和口碑也逐渐形成。人生百年，吾道不孤。在这个风云变幻、潮起潮落的大时代里，"只问耕耘，不问收获"也许是我们最好的选择吧。

APPENDIX ——————— 附录

东西方战略的起源与流变

人类，是战略认识的产物，是战略方法的归纳者，是战略实践的操盘手。一部人类史，是一部战略的生成与发展史；一部战略史，也是一部人类的奋斗与进化史。从古至今，战略的发展大致经过了以下几个阶段。

战略起源于人类早期的生存演化，是战略认知让智人脱颖而出，历经自然界的万千磨难，最终演化为现代人类。

战略成型于国家和民族间的军事斗争。"作战的谋略"的意思将战略推向了金字塔顶层，或曾合纵连横，或曾围魏救赵，或曾无中生有，战略在兵家的尔虞我诈中羽翼渐丰。

战略成熟于政治影响下的世界格局之变，随着大航海时代的到来，风帆所至，无远弗届，全世界逐渐形成一个整体，从力量压制的海洋霸权时代逐渐走向以价值认同为前提的文化时代，战略开始在国际政治领域发挥重要作用。

最终，战略在商业世界中得到极大弘扬并被发挥得淋漓尽致，并将从封闭竞争走向开放共赢，创造下一个时代的生活方式。

放眼未来，全面数字化的拐点已经来临，数字化时代的网络化协同、智能决策分析、高效资源匹配将成为战略的新命题，在凶猛袭来的数字化浪潮下，企业的商业模式、商业思维面临彻底重构，战略也将面临颠覆式的革新。

战略萌芽于生存：人类的生存竞争演化出战略起源

在资源稀缺和生存竞争的双重压力下，求生的本能驱使着我们的祖先不停进化，经历了数万年乃至数十万年物竞天择、优胜劣汰的淘选后，幸存者逐渐形成了和其他动物迥然不同的思维模式，他们更善于思考，能够更好地把握与操控社会关系。更好地通过结盟与合作确立内部社会关系，并且策略性地采用欺骗或者暴力手段与外部力量对抗，战略的雏形就这样出现了。

从大约 200 万年前到大约 1 万年前，整个世界同时存在过很多人种，除了智人以外，还有尼安德特人、梭罗人、弗洛里斯人、丹尼索瓦人等，这些人种都是起源于非洲，拥有共同的祖先，都会基本的交流语言和使用简单的工具，都会用火进行烹饪并采取聚居合作的形式抵御野兽侵袭。这些人种在很长一段时间内割据着亚欧内地，丹尼索瓦人在东亚，尼安德特人在欧洲，智人在非洲，各自相安无事繁衍了数万年。

如果不出意外，他们也能共存至今。但这个世界就是在不断意外中演化的，大约 7 万年前，一直在东非活动的智人突然迅速扩张到阿拉伯半岛，并且很快席卷整个欧亚内地，每当他们抵达一个新地点，当地的原生人种很快就灭绝，一直持续到大约 1 万年前，这时地球上的人终于只剩下智人一种，独享地球。

为什么智人拥有横扫全球的战斗力，是因为他们的认知能力有了革命性的进展，他们拥有了全新的思考方式和沟通方式，并且学会了假设性的思考，能够在某个假设的基础上进行群体交流，也就是虚构故事。是故事把智人更好地组织了起来。尼安德特人是智人最强劲的对手，他们身材更高大，脑容量也比智人高，但他们唯独缺乏讲故事的抽象思维能力，在没有亲眼见到的情况下，他们无法想象出一头河边饮水的牛，因而也无法进行提前组织、动员、演练追捕这头牛。㊀《人类简史》的作者赫拉利把智人身上这场巨变，称为"认知革命"。

正是因为这场认知转变，人类最伟大的智慧——想象力产生了。从古到今，任何大规模人类合作的根基都是某种只存在于集体想象中的虚构故事，讲故事促进了人类社会的合作。最早的战略其实就是讲故事，人类用讲故事的形式描绘宏伟的蓝图、凝聚共识、设想行动计划、组织人力资源、采取行动并及时反思，正是这种战略能力让智人夺取了生存的权利，逐渐演化升级为现代人类。即使到了今天，一个好的战略依然首先是一个精彩的故事，其组成部分环环相扣，内在的变化与流动如同动画般栩栩如生地展现在人们眼前。

战略崛起于军事：人类的军事竞争让战略登堂入室

"国之大事，在祀与戎。"人类文明的发展史，就是一部"祀、戎"

㊀ 尤瓦尔·赫拉利. 人类简史：从动物到上帝 [M]. 林俊宏，译. 北京：中信出版社，2017.

相见的历史。古时候祭祀的牺牲品,就是战败的俘虏,因此,无论是祭祀天地还是兵戎相见,都要大开杀戒,战争也成了人类早期文明进程中至关重要的环节,作为"作战的谋略",战略也伴随战争正式登上历史舞台。

以军事为核心的战略学派是几千年来最主流的战略学派。它主要研究战争的基本规律,总结如何克敌制胜,侧重于对朴素的战略哲学思想和实用的作战原则的总结。

追溯历史,不断升级的战争把人类战略智慧推向巅峰,在血与火的淬炼中,涌现出很多总结军事智慧的战略大家与巨作,如孙子《孙子兵法》、克劳塞维茨《战争论》、约米尼《战争艺术》、李德·哈特《战略论》、毛泽东《论持久战》等。纵观这些战争历史和知名的战争论著,可以发现,人们对战略的思考越来越复杂深刻。

西方最早总结战略思想的是历史学家,在光怪陆离的历史背后,往往沉淀着最深邃的人性逻辑,也沉淀着最精华的战略智慧。希腊历史学家希罗多德《希波战争史》和修昔底德《伯罗奔尼撒战争史》当中,就已经出现了对战略的描写,但很多只是就具体的战例进行提炼,并没有形成完整的体系。

在修昔底德之前大约 100 年,战略史上第一部不朽著作《孙子兵法》已经在中国诞生,其作者孙子是当之无愧的人类历史上系统总结战争规律与原则的第一人,也是东西方一致推崇的"兵圣"。

《孙子兵法》主张从宏观角度,跳出战争看战争,从天、地、法、人等多个维度剖析敌我双方的优劣势,孙子的核心主张是"谋略",认为战略的最高目标是"全胜",最高境界是"不战而屈人之兵",最高原则是"上兵伐谋"。为此,必须"知彼知己""庙算""任势""致人而不致于人""以正合以奇胜""避实而击虚""因敌变化"。

作为一部从战争中抽象总结的战略经典,《孙子兵法》跨越了奴隶社会和封建社会,击穿 2500 多年的朝代更迭,其主要战略思想在当今社会仍然具备指导意义。

孙子的后人孙膑著有《孙膑兵法》,在战术上做了进一步的发展。而孙膑的老师鬼谷子则被后世神化,主要讲的是权术之道和辩论技巧,其门徒苏秦、张仪等纵横家将合纵连横的权谋之道运用到极致,成为继孙子之后东方式谋略的第二个高峰。

在西方,与孙膑同时代的杰出战略家是马其顿国王亚历山大,他被誉为西方历史上最伟大的四大军事统帅[1]之首。

亚历山大青年时期曾师从亚里士多德,以其雄才大略,先是统一希腊全境,进而横扫中东地区,不费一兵一卒而占领埃及全境,吞并波斯帝国,大军开到印度河流域,在短短 13 年间,远征几千上万里,灭掉四大文明古国其三,把亚历山大帝国扩张成当时世界上领土面积最大的国家,可以说是当之无愧的军事天才。钮先钟在《西方战略思想史》是这样评价他的:

"亚历山大的伟大几乎是无法用语言来形容的……相比言之,项羽是长于战斗,韩信是长于战术,刘邦是长于大战略,但亚历山大则似乎是三者兼而有之。"[2]

在战略领域,亚历山大同样颇有建树,他将战争二分为物质战和心理战,另外还总结了若干条实用的作战原则。亚历山大其后,西方最有影响的战略家是罗马帝国的缔造者盖维斯·屋大维·奥古斯都,他在政

---

[1] 亚历山大大帝、汉尼拔·巴卡、恺撒大帝、拿破仑。
[2] 钮先钟. 西方战略思想史 [M]. 桂林:广西师范大学出版社,2003.

治和军事领域均有着非凡的战略眼光。

彼时的东方,战略之灯依旧通明,以曹操和诸葛亮为代表的三国时代,涌现出了很多经典的战略案例,是东方式谋略第三个高峰。

进入中世纪后,西方战略思想陷入了长达千年的停滞,直到文艺复兴使西方摆脱桎梏,如果说在文艺复兴之前,东西方战略并驾齐驱,文艺复兴之后的工业革命,在开启了工业时代的同时,也把西方战略思想从古典时代一步带入现代。

进入19世纪后,西方迎来了战略思想史上的高光时刻,两位跨时代的战略大师——法国的约米尼和德国的克劳塞维茨横空出世。战略和战术真正地被区分开来。战略被明确为一种和最高统帅有关,将军事手段和战争目标联系起来的东西,它超越了低层次、小范围、小规模的机动战和遭遇战,将军事领域中的所有事物联系在一起,成了一门系统的、基于经验的、按逻辑发展的科学。

曾任拿破仑军队参谋长的约米尼,是西方军事理论的重要奠基人。其主要成就是把拿破仑的实践总结为理论,著有《战略学原理》《战争艺术概论》等教科书级的著作。他最早确定了战略、战术和后勤学之间的分野,对战争的性质和规律、战略战术、军队建设等各方面从理论上进行了探讨,创立了较完善的军事理论体系。

约米尼认为,战争不是一门科学,而是一门艺术。战略则是地图上进行战争的艺术,研究整个战争区的艺术,为入侵别国或保卫本国而在战场上指挥大军的艺术,以及把军队的大部分兵力集中到战争区或作战地区决定点上去的艺术。

仅比约米尼晚出生一年的克劳塞维茨,是西方近代军事理论的鼻祖,号称"西方兵圣",与孙子并列为世界两大战略思想家。

克劳塞维茨参加过莱茵战役等多个战役，在担任柏林军官学校校长的 12 年间，研究多个战例，尤其是拿破仑的战例。他的著作《战争论》有很多深刻的洞察，并且成为全世界流传的经典名言：

- 战争是政治的延续。
- 战争充满危险和不确定性。
- 呈燎原之势的民众战争是历史发展大势。
- 集中优势兵力是最重要也是最简单的战略准则。
- 当战争打到一塌糊涂的时候，高级将领的作用是什么？就是要在茫茫的黑暗中，用自己发出的微光，带领着你的队伍前进。
- ……

克劳塞维茨和约米尼的战略理论在西方产生了极其深远的影响，其最卓有成效的践行者，当推"铁血宰相"俾斯麦、美国总统罗斯福、英国首相丘吉尔等战略家。

在理论上传承克劳塞维茨和约米尼衣钵的，则是第一次世界大战时期英国的富勒和利德尔·哈特。富勒系统地总结了现代作战原则，如目的性原则、集中兵力原则、机动原则、统一指挥原则、出敌不意原则等。利德尔·哈特则提出"间接路线战略"理论，著有战略学名著《战略论》，他主张尽量用非军事手段达到不经决战而制胜的目的。

由理论指导实践，再由实践升华为理论，西方的军事战略在血与火的淬炼中日渐成熟，而中国的军事战略理论则在停滞多年之后，于近现代重新焕发光辉，以毛泽东为首的军事家通过漫长的实践、总结和升华，把东方式军事战略推到了第四个高峰，但在系统性上还有所欠缺。

战略成熟于政治：人类的社会竞争不断丰富了战略内涵

当战略从军事领域延伸到政治社会领域，即为治国之道和国家战略。

撰写《战略入门》的安德烈·博福尔讲道：

"战略是两个对立意志使用力量解决争议的辩证艺术。这种定义把战略放到了政策的高层，包含的不只是军事冲突，还包括所有与权力相关的可能因素。战略表现为国家的最高职能，需要在不同的力量形式之间选择，协调运用，确保效力最大化；表现为战略威慑和全局控制，不再讲求某个战役的胜利，而是通过关键力量的领先来影响、控制别国，从而构建一个有利于自己的世界秩序。"㊀

近代曾主导世界的西方列强，在崛起的过程中都不约而同地奉行了"孤立主义和海权强国"的战略政策，并围绕核心战略目标做了针对性的取舍，以防止与周边强国过多树敌，并借助海洋由交往障碍变成交通捷径的契机，拥抱全球的资源、贸易网络，由此走出一条由海而富、由富而强的强国之路。

这一条大国崛起之路持续了近五个世纪，葡萄牙、西班牙得风气之先，两"牙"平起平坐，纵横海上，瓜分世界，荷兰紧随其后，依靠有利的地理位置和良好的商业信誉，逐渐从中间商变成远洋航行的斗士，成立了世界上最早的联合股份公司——东印度公司，垄断了当时

㊀ 安德烈·博福尔.战略入门[M].军事科学院外国军事研究部，译.北京：军事战略出版社，1989.

全球贸易的一半。荷兰人建起了世界上第一个股票交易所，资本市场就此诞生，并且率先创办现代银行，发明了沿用至今的信用体系。凭借一系列现代金融和商业制度的创立，17世纪成为荷兰的世纪。英、法作为传统强权，而后继起，最终由大英帝国集其大成，成就日不落帝国。

二战后的美国，继续推行了以海权论为基础的全球战略，以实行全球性军事部署为保障，以金融和创新经济为基础，以普及（西式）民主和维护（西式）人权为部分口号，以美国永久支配全球为目标的战略。此外，美国在二战中还赢得了另一场重大胜利——让全球最优秀的头脑百川汇海，为己所用，成就了美国的世界霸主。放眼世界，当今大国崛起无不以国家战略为指引。

随着全球一体化和工业文明时代的来临，国际、国内矛盾愈发尖锐，系统的现代政治战略由此诞生，并且分成了两大主要的流派：社会革命学派和大战略学派。

19世纪中叶，随着资本主义引发的社会革命的迅猛发展，在战略思想领域，社会革命学派蓬勃兴起，标志着现代政治战略的出现。

社会革命学派的主要特征是关注政治，以政治思想挂帅，发动群众进行全面的社会革命，目标是夺取政权。其开山鼻祖是马克思，还包括列宁、毛泽东、格瓦拉等革命家，其中标志性人物是中国的开国领袖毛泽东。

马克思的思想具有空前的颠覆性，成为全世界无产者社会革命的理论武器和行动指南，列宁则第一个完成了从理论到实践的跨越。

毛泽东是社会革命学派的集大成者，其战略思想主要基于马克思哲学思想，还吸收了克劳塞维茨等人的精华，同时也对孙子推崇备至。

1935～1938年，毛泽东完成《论反对日本帝国主义的策略》《中国革命战争的战略问题》《论持久战》《战争和战略问题》等。《论持久战》的影响尤为深远。

毛泽东在《论持久战》中指出："决定的因素是人不是物""战争的伟力之最深厚的根源，存在于民众之中"。㊀ 毛泽东通过研究战争的基本规律，指出了战略的指导方针与路径，引领中国革命走向了胜利。

社会革命学派由马克思开创，由毛泽东集大成，在战略思想史上大放异彩，影响深远。这两位社会革命派的代表性人物也是我个人战略思想的重要源头。

除了社会革命学派，还有一大流派不可不提，即大战略派。大战略是指超越狭隘的军事战略，从国家的根本利益出发，综合运用政治、经济、外交、科技、文化、心理、军事等手段进行长期和全方位的战略博弈。

在历史上的军事战略学派和社会革命学派当中，其实都含有一些大战略的思想，如孙子的"不战而屈人之兵"、利德尔·哈特的"间接路线战略"等。然而，大战略作为一个独立的战略学派，是二战之后，以美国为中心形成的。

大战略学派的一个重要渊源，是地缘战略学（即地缘政治学）。地缘战略学从宏大的地理空间视角进行战略分析，包括"海权论""陆权论"和"空权论"三个分支。

- "海权论"由美国海军史学家马汉于1890年创立，认为国家力量的角逐关键在于控制海洋。

㊀ 毛泽东. 毛泽东选集：第二卷 [M]. 北京：人民出版社，1991：439-518.

- "陆权论"由英国地理学家麦金德于1904年创立,认为控制欧亚内地心脏地带就能控制全世界。
- "空权论"由意大利战略理论家杜黑于1921年创立,认为制空权的获得是获胜的前提与关键。

二战之后,以美国、苏联为首的两大阵营展开了长达40多年的冷战。美苏同为超级大国,都有核武器,双方都尽力避免第三次世界大战。除了军事威慑、军备竞赛,许多非军事的手段都被运用起来,包括贸易壁垒、经济制裁、技术封锁,以及意识形态对立、思想渗透、煽动暴乱等,目的就是搞垮对手。

在这样特殊的国际关系形态下,从乔治·凯南的8000字电报的"遏制战略"到基辛格的《核武器与对外政策》,再到亨廷顿的"文明的冲突论",大战略思想日益抬头。

冷战期间,约翰·柯林斯对大战略理论进行了系统的总结,完成《大战略:原则与实践》。他认为,大战略的核心是如何使目的与手段相匹配。战略家所要做的,一是确保不偏离目的,不把手段(如动武)当成目的,二是使手段与目的相匹配,不能超出实际能力边界行事。比如,美国在越南战争中的失败,就是忘记了根本目的,在不该动武的地方动武;日本在珍珠港战役之后走向落败,是由于其手段已无力支撑其目的。㊀

柯林斯之后,美国耶鲁大学教授保罗·肯尼迪在《大国的兴衰》一书中,首次把大国竞争置于全球格局之下进行整体分析,总结了近500

㊀ 约翰·柯林斯.大战略[M].中国人民解放军军事科学院,译.北京:中国人民解放军战士出版社,1978.

年来的大国兴衰交替背后的动因,发现最重要、最具决定性的因素是经济实力;冷战史学家约翰·刘易斯·加迪斯在《论大战略》一书中,从2500年前希波战争到二战后的冷战,用大历史的视野,总结了大战略的生成机制与内在规律。

在大战略领域,美国一直引领全球,但近来有式微之势。美国大战略的巅峰是罗斯福时期,基辛格、布热津斯基亦可圈可点,而其后的美国政坛,就鲜有真正的大战略家了。

战略弘扬于商业:人类的商业竞争让战略发扬光大

商场如战场,随着市场经济迅猛发展,技术进步与商业模式创新日新月异,商业竞争日趋激烈。人类所有的战略智慧,从生存智慧、军事智慧到政治与社会斗争智慧,都在商业领域得到前所未有的大集成与大爆发。

尽管战略在今天如此火热,但其真正运用在商业领域,还不到70年。1957年,艾伦·内文斯在对亨利福特和福特汽车公司的历史定义中,第一次提到了"战略"这个词,随后的几十年中,这个响亮的词仿佛充满魔力一般,在商业世界展现出蓬勃的生命力。

作为一门全新的学科,商业战略固然可以从古老的军事战略与治国方略中汲取许多营养,但毕竟不能完全照搬。商业世界的无限多样性和复杂性,导致人们对商业战略的理解众说纷纭,流派极多。

从熊彼特、钱德勒、安索夫、波特、特劳特、明茨伯格、克里斯坦森等专家学者,到福特、沃尔特、迪斯尼、丰田、盖茨、乔布斯、马斯克、任正非等企业家,他们把商业战略的智慧推向新的巅峰。

作为企业在商海里的生存与竞争之道，商业战略自然是首先在资本主义和工业革命先行一步的西方独领风骚，而东方亦步亦趋。以中日两国为代表，东方虽然已经开始孕育自己的商业战略思想，但尚未形成新的学派。

对企业战略学派的梳理，目前流传最广的是 20 多年前加拿大管理学家亨利·明茨伯格在《战略历程》一书总结的"十大学派"⊖：

- 设计学派：战略形成是孕育过程。代表：安德鲁斯，SWOT 分析。
- 计划学派：战略形成是程序化过程。代表：安索夫，正规化定量分析。
- 定位学派：战略形成是选择过程。代表：波特，五力模型/价值链分析。
- 企业家学派：战略形成是洞察过程。代表：熊彼特，战略的关键在于企业家对未来的洞察。
- 认知学派：战略形成是认知过程。代表：西蒙，人的心智模式决定战略。
- 学习学派：战略形成是涌现过程。代表：奎因，战略是在动态的集体学习过程中涌现的。
- 权力学派：战略形成是多方协商过程。代表：萨克米兰，战略即平衡不同利益相关者。
- 文化学派：战略形成是集体思维过程。代表：莱恩曼，战略根植于公司文化和集体价值观。

⊖ 亨利·明茨伯格，布鲁斯·阿尔斯特兰德，约瑟夫·兰佩尔. 战略历程 [M]. 魏江，译. 北京：机械工业出版社，2012.

- 环境学派：战略形成是被动适应过程。代表：汉纳，战略完全是对环境变化的被动适应。
- 结构学派：战略形成是多变组合过程。代表：明茨伯格，企业在不同发展阶段应该采用以上不同学派的战略进行动态组合。

明茨伯格的分类很有价值，向外界展现出了一幅清晰的商业战略图景，只是失之于烦琐。综合前人的研究，我们将企业战略归纳为以下三个大的学派：

- 规划学派。
- 进化论学派。
- 企业家创新学派。

1. 规划学派

规划学派认为，战略的形成是一个深思熟虑的过程，规划必须先行，要依据科学严谨的方法，比如借助分析模型和数理分析等进行战略分析，尤其是对外部环境进行研判，然后进行战略设计（包括战略目标、战略方针、主要举措等顶层设计），之后再以其指导战略实施。

明茨伯格"十大学派"中的"设计学派""计划学派"和"定位学派"，都可归入这一学派。规划学派的代表性人物是安索夫和波特。

商业战略理论的正式形成，是在二战之后。一方面是计算机的发明带来的数据分析革命，更为重要的是人类在系统科学领域引发的思维革命。

1932年，理论生物学家贝塔兰菲创立了"一般系统论"。系统论认为，世界上任何事物，大至宇宙小至原子，上至国家、城市，下至企业与个体……都可以看成是一个系统。系统论的基本思想就是分析系统的

结构和功能，研究系统、要素、环境三者的相互关系和变化规律，进而利用认识到的规律去控制、优化甚至创造系统。㊀

在系统科学理论出现之前，西方几百年来通行的方法论是笛卡尔奠定的分析方法——把事物分解成若干部分，抽象出最简单的因素，然后再以部分的性质去说明复杂事物，遵循的是单项因果决定论——此种方法用于分析简单系统尚可，但是无法胜任复杂系统的研究。正当传统分析方法束手无策之时，系统科学理论应运而生。

在这种大背景下，管理学领域的战略大师相继涌现：钱德勒、德鲁克、安德鲁斯、安索夫、波特、亨德森、鲁梅尔特、普拉哈拉德、哈默、卡普兰……其中安索夫和波特为最主要的代表。

在安索夫之前，钱德勒、德鲁克和安德鲁斯形成了初步的战略理论：

- 1962 年，钱德勒的《战略与结构》提出"环境—战略—结构"之间的互动关系，认为环境决定战略，战略决定组织结构。
- 1964 年，德鲁克的《为成果而管理》阐述了战略的意义与本质，认为企业必须做出优先级决策，这代表了远见卓识；要以创造结果为导向，挖掘并抓住关键机会，然后投入所有资源和力量；创造未来需要胆识，引导消费，创造市场。1977 年，德鲁克在《认识管理》中，对战略规划进行了系统阐述。他提出，战略规划的本质是运用具有前瞻性的知识制定当前的决策，重点是确定必须做什么新业务，以及何时着手，要敢于抛弃过时的旧业务，关注新业务。
- 1965 年，安德鲁斯在《经营策略：内容与案例》中提出商业战

㊀ 贝塔兰菲. 一般系统论 [M]. 秋同，袁嘉新，译. 北京：社会科学文献出版社，1987.

略的概念。1971年，他在《公司战略概念》中创立了一个战略分析的框架，认为战略寻求的是外部环境与内部能力的匹配，即"可以做的"与"能做的"之间的匹配，"可以做的"即外部环境的机会与威胁，"能做的"即为公司自身的优势与劣势。这就是著名的SWOT分析。

1965年，一代宗师安索夫横空出世，《公司战略》一书奠定了他"公司战略鼻祖"和"战略规划之父"的地位。

安索夫长于严密的数理分析，他曾在兰德公司从事战略分析，在军工企业洛克希德·马丁公司任企划师期间提出"安索夫矩阵"，其后到大学任教，1965年在《公司战略》首次提出公司战略概念，并将战略规划分为五步（外部分析、内部分析、确定战略目标、制定战略举措和推动战略执行）。20世纪70年代，安索夫出版了《从战略计划到战略管理》和《战略管理》等，开创了系统的战略管理理论。在安索夫的大力倡导下，到20世纪70年代初，美国500强公司中85%都设立了战略部门。

继安索夫之后，在20世纪80年代，哈佛商学院教授迈克尔·波特把战略理论推向第二个高峰，被誉为"竞争战略之父"，其理论被称为"竞争战略理论"。他的代表作是竞争三部曲：《竞争战略》《竞争优势》和《国家竞争优势》。波特的主要贡献是将经济学与管理学打通，为战略分析建立了一套基本的分析框架。波特理论主要包括：

（1）"五力模型"。认为行业结构决定战略选择，行业结构取决于五种作用力——行业内现有竞争者的竞争能力、潜在竞争者进入的能力、替代品的替代能力、供应商的讨价还价能力、购买者的讨价还价能力。

（2）"三种战略理论"。总成本领先战略、差异化战略和聚焦细分领域战略。

（3）"价值链理论"。认为竞争优势来源于价值链（包括内部后勤、生产作业、外部物流及配送、营销及售后服务、采购、研发、人力资源管理、企业基础设施等）的整体协同。

（4）"国家竞争优势理论"。包括钻石理论和产业集群理论，用于分析国家与区域的产业竞争策略。

需要补充说明的是，因波特强调定位在战略中的重要地位，明茨伯格将其归为"定位学派"。而在波特之前，美国营销专家特劳特和里斯在 1969 年创立了"定位理论"，其核心是强调抢占消费者的"心智"，属于品牌传播定位，波特的定位则是企业战略定位，二者不在一个层面上。

二战之后，战略咨询行业在美国迅速成长，出现了兰德、波士顿、贝恩、摩立特等具有全球影响力的战略咨询公司。战略咨询公司注重分析模型的应用，比如系统分析法、SWOT 分析法、波士顿矩阵、经验曲线、GE 行业吸引力矩阵、五力模型、价值链模型、麦肯锡 7S 模型、战略地图等分析工具被广为使用。

兰德公司在 20 世纪 40 年代末开创了"系统分析法"。兰德是全球首屈一指的战略智库，主要服务于美国军方和政府，安索夫和基辛格都曾在兰德供职。兰德建立了一整套"兰德式理性程序"，以一流的理工科学家为核心，同时融合政治学、经济学、社会学、行为科学等多学科，通过跨学科的研究影响重大政治决策。兰德开创了系统分析法、特尔斐法等著名方法，尤其是系统分析法的影响最为卓著。

波士顿公司在20世纪60年代初创立的分析模型在战略界影响较大。波士顿公司是商业领域的首家纯粹的战略咨询公司，其创始人布鲁斯·亨德森以一己之力就创造了波士顿矩阵、经验曲线、三四规则矩阵等分析模型。

20世纪90年代至今，罗伯特·卡普兰的"平衡计分卡"和"战略地图"影响较大。卡普兰于1993年提出"平衡计分卡"，2004年又在平衡计分卡的基础上提出"战略地图"。战略地图就是从平衡计分卡的四个层面（学习成长、内部流程、客户和财务）来定义公司的目标，各个目标之间层层递进，并通过明晰这四个层面目标之间的因果关系，来描述企业战略。卡普兰还提出绘制战略地图的五大步骤（确定战略财务目标、确定业务增长路径、确定客户价值主张、确定内部运营主题、确定战略资产准备）。

当然，任何分析工具和分析模型都有其特定的应用前提与相应的优缺点，不是放之四海而皆准的。而且，过于依赖分析模型会影响独立思考，那些罗列着貌似高大上的分析模型的战略方案，往往缺乏创新和真知灼见。

针对战略界概念泛滥和混淆不清的乱象，鲁梅尔特的《好战略，坏战略》试图去伪存真，回归本质。他认为，好战略是精心设计出来的，其内在骨架无非是三大要素："调查分析—指导方针—连贯性活动"。调查分析，关键是直面重大挑战，使复杂问题简单化；指导方针，是有很强针对性的整体性的大策略，指明前进的方向；连贯性活动，是为落实指导方针而采取的切实可行的措施，相互协调、环环相扣。⊖

⊖ 理查德·鲁梅尔特. 好战略，坏战略[M]. 蒋宗强，译. 北京：中信出版社，2012.

综上所述，规划学派总体上是科学和理性的，主要基于系统科学的方法论和必要的定量分析手段，尤其注重外部环境的分析。迄今为止，规划学派仍然是最主流的战略流派，还在不断完善与发展中。

随着时代的发展，规划学派也受到一些质疑，其中最尖锐的指责，是认为其认识论在本质上来源于牛顿的机械论，不适合日益动荡、非线性和复杂的社会环境。于是，一种与之相对立的学派出现了，这就是进化论学派。

2. 进化论学派

进化论学派认为，古典意义上以未来为导向的规划学派常常无法反映实际，因为现实环境太过复杂，难以预测，也不可能提前做出有效的预见。他们给出了一个相当富有震撼力的观点——市场动态的、充满敌意和竞争的本质意味着不仅企业无法进行长期的规划，而且只有那些坚持利润最大化的企业才可以生存下来。企业的发展如同生物的进化，大自然会遴选出那些最能适应生存的物种（企业），那些无力迅速改变自己的物种（企业）则会被无情淘汰。

因此，战略不是规划出来的，而是在动态过程中涌现、被发现和加强的，战略的形成是一个持续生长的历史过程，战略是内部与外部交互影响的结果，取决于心智认知、共同学习和组织进化，最佳的战略就是集中于当前生存机会的最大化。

前文提到的明茨伯格"十大学派"中的"学习学派""文化学派""环境学派"和"结构学派"，都可归入进化论学派。进化论学派的代表性人物是明茨伯格和穆尔。

进化论学派的形成发端于人们从生态学、心理学、行为科学和社会学等新视角对战略的新探索。如 20 世纪 70 年代后期,汉纳等从生物生态学角度研究外部环境对战略的影响,认为战略是对环境的被动反应;奎因和圣吉从组织行为的角度,认为战略是在持续的集体学习中形成的;威廉·大内从文化的视角,提出"Z 理论",认为战略植根于集体价值观;普拉哈拉德和哈默提出,企业的竞争在于核心能力的竞争,而核心能力来自组织内部的集体学习。

在上述新视角、新理论的铺垫之下,进入 20 世纪 90 年代,进化论学派终于走向成熟,其重要标志就是企业战略思想史的第三位大师——明茨伯格的出现。另外,进化论学派的另一位代表人物穆尔,是当今被严重低估的战略思想家。

颠覆者明茨伯格

加拿大管理学家亨利·明茨伯格打破了长期以来以波特为代表的规划学派对企业界战略思维的垄断,为战略界吹来一股强劲的新风。其代表作是《战略过程》《战略规划的兴衰》《战略历程》。

明茨伯格认为,战略是在组织共同学习过程中自发形成的,并非规划而成。战略既不是完全深思熟虑,也不是完全自然呈现,而是二者的融合,战略的形成是一个持续摸索、学习和调整的过程。战略家必须在计划性与灵活性两极之间找平衡,过于偏向哪一端都不行。

明茨伯格提出"战略手艺化"的观点。他发现战略的生成就跟手艺人做陶艺一样,先有个大致的构思,之后边制作边找感觉,边找感觉边调整。

明茨伯格认为,战略并非源于理性的战略分析和战略模型,而是源于置身商业实践的人们的切身经验与创意。分析模型是对成功实践的事后总结，过于依赖模型和数据分析会排斥直觉和灵感，抑制创新。

明茨伯格主张战略制定的"草根模式"，反对传统的规划学派的"温室模式"。战略最初像花园中的杂草一样生长，富有成效的战略家任其生长，然后识别哪些是好苗子哪些是杂草，在适当的时候加以干预。一个随机而成的战略一旦被认为是有价值的，便会被提升，进而变成一个深思熟虑的战略。

开创者穆尔

生态学的视角一直是进化论学派的主要着力方向。进入20世纪90年代，一个基于生态学视角的开创性理论横空出世，这就是"商业生态系统理论"。

商业生态系统理论由美国学者詹姆斯·弗·穆尔创立。1993年，穆尔在《哈佛商业评论》上发表文章《捕食者与被捕食者：一种新的竞争生态学》，从生物生态学的角度，提出了"商业生态系统"这一全新概念。1996年，穆尔出版《竞争的衰亡》一书，进一步阐述了商业生态系统的概念，并深入研究了商业生态系统的核心成员（即领导企业），以及商业生态系统的生命周期（开拓、拓展、领导、更新或死亡等四阶段）。

所谓商业生态系统，就是由组织和个人所组成的有机的经济联合体。商业生态系统具有自组织的特性，并不断进化。人和组织在商业生态系统中相互依存，在不断交互中共同进化。商业生态系统的成员包括核心企业、消费者、市场中介、供应商、竞争者以及其他利益相关者（金融机构、行业协会、标准制定机构、工会、媒体、政府等）。在核心企业领导下，这些成员之间相互交织形成价值网络，内部通过价值交换而形成共生关系，多个共生关系形成商业生态系统。①

在穆尔之前，生物学的类推法经常被运用于商业研究，但非常狭隘，局限于用达尔文自然选择的物种进化理论来解释企业的个体进化，而穆尔则把目光放大到整个生态系统中的共同进化，他提出了"共同体进化"这一重要概念。

穆尔通过对微软、英特尔、迪士尼、沃尔玛等生态型企业的案例研究发现，这些企业之所以取得巨大成功，在于打破传统竞争思维和行业界限，在各自的领域构建了史无前例的商业生态系统。

穆尔认为，传统的竞争思维已经不适应新时代，相比企业之间的竞争，更为激烈的是生态系统之间的竞争。处于同一个生态系统的企业，应该是合作大于竞争，构建利益共同体。企业要想生存和发展，就必须关注整个商业生态系统，在其中找准最适合自己的"生态位"，并根据环境变化及时做出调整。

时间进入21世纪，随着互联网与物联网的快速发展，特别是5G、云、大数据和人工智能的迅猛发展，企业赖以生存和发展的商业生态系统发生了天翻地覆的变化，穆尔富有前瞻性的商业生态系统理论的价值将日益彰显。

3. 企业家创新学派

企业家创新学派，即前明茨伯格"十大学派"中的"企业家学派"，代表人物是熊彼特。

---

① 詹姆斯·弗·穆尔.竞争的衰亡：商业生态系统时代的领导与战略[M].梁骏，译.北京：北京出版社，1999.

另外,明茨伯格"十大学派"中的"认知学派"也可视为企业家创新学派的一个小分支。认知学派的代表人物是西蒙。该学派认为,战略形成过程就是战略家的认知过程,战略在本质上是一种直觉和概念,战略家对客观世界的不同认知会形成不同的战略。

明茨伯格认为,企业家学派比较适用于新建企业,或者处于战略转折期以及处于困境中的企业,因为在这两种情况下,特别依赖企业家个人的直觉、远见与个人魅力。

企业家创新学派认为,企业家个人的战略洞察力是企业成功的关键。主要观点有:

- 战略是产生于企业家的头脑之中的对未来的构想。战略深植于企业家的某些特质,如直觉、智慧、经验、判断和洞察力之中,战略是一种观念,一种长期的方向感和发展愿景。
- 战略的核心是远见,是企业家对企业未来图景的洞察过程。战略制定的主要任务是积极寻找新的机遇。
- 提倡创新和企业家精神。认为战略是面向未来的,是要冒一定风险的,战略的关键在于创新。
- 战略既是深思熟虑的,又是涌现的。它在整体感觉上是深思熟虑的,实施细节上是涌现的。许多成功企业没有系统的书面战略,但它们同样经营得很好。
- 企业家通过他的价值观、权力和意志,能自由掌控企业战略,在必要的情况下亲自参与并控制战略的执行。

企业家创新学派的始祖是约瑟夫·熊彼特。早在1912年,他就发表了《经济发展理论》一书,创立了创新理论。熊彼特提出:

- 经济发展是创新的结果，企业家的创新行为推动了经济飞跃式的发展。
- 创新就是创造生产要素的"新组合"。包括5种情形：①采用一种新产品或一种产品的新特征；②采用一种新的生产方法；③开辟一个新市场；④掠取或控制原材料或半制成品的一种新的供应来源；⑤实现任何一种工业的新的组织。因此"创新"不是指技术发明，而是一个经济能力的概念。
- 企业家是创新的组织者和"始作俑者"，企业家的工作就是"创造性破坏"。企业家精神就是不断地冒险和发现新机会，将原来没有的生产要素引入新组合体系，从而实现超额利润。
- 创新是判断企业家的唯一标准。企业家并不是一种职业，一般来说也不是一种持久的状况。只有在实际上发生了创新时，他才是一个企业家，一旦停止创新，他就不再是企业家。
- 企业家要进行创新，首先要进行观念更新，敢冒风险；其次，企业家必须具备一定的能力，包括预测能力、组织能力和说服能力。

"创造性破坏"这一颇具颠覆性的概念提出之时，人们为之震惊。如今，全球新经济对旧经济的颠覆所释放出来的巨大价值完美地印证了这一前瞻性论断。

在熊彼特之后，富兰克·奈特的《企业家精神：处理不确定性》、柯林斯和摩尔的《组织的缔造者》等进一步发展和完善了企业家创新理论，吉福德·平肖的《内部创业》提出"内部企业家"的概念，把企业家精神泛化到整个组织。这些都可视为熊彼特创新理论的补充。

在熊彼特之后，企业家创新学派中影响力最大的，当数哈佛大学商学院教授克莱顿·克里斯坦森，他提出了"颠覆性创新理论"。

1997年，克里斯坦森出版《创新者的窘境》一书。他发现，大公司习惯于在既有的技术和市场上进行维持性创新，当掌握变革性技术的小公司绕开与大公司的正面竞争，从大公司不屑一顾的边缘市场或低端市场切入，然后不断蚕食大公司市场的时候，大公司的反应迟钝，巨大的惯性使其难逃失败的命运。

尽管小公司的破坏性创新并不一定是根本性的技术创新，往往看上去只是对已知技术的简单的改进和调整，但随着其市场占有率和知名度的增加，迫使主流市场对其重新认识，这重新认识成为催化剂，进而取代现有的主流产品、服务或商业模式。大公司良好的管理反而导致其路径依赖，最终被颠覆。

虽然克里斯坦森主要强调颠覆性创新，没太强调企业家，但我们不难发现，任何一个颠覆性创新成功实践的背后，都离不开企业家的强势驱动。

熊彼特的"破坏性创新"所指比较宽泛，而克里斯坦森的"颠覆性创新"则专指能颠覆整个行业的破坏性创新，这不是常规意义上的创新，而是革命性的创新。克里斯坦森的颠覆性创新理论在企业战略思想史上的位置，堪比马克思所开创的社会革命学派在军事与治国方略的战略思想史上的地位，二者的内在逻辑亦有许多相通之处，本质上都是发动革命。

克里斯坦森提出颠覆性创新理论之后，iPhone颠覆手机行业、谷歌颠覆网络广告行业、亚马逊颠覆零售业、特斯拉颠覆汽车业……乔布斯、佩奇、贝佐斯、马斯克等卓越的企业家发动的颠覆性创新，正在重构当今的商业社会。尤其是乔布斯，对新生代企业家的影响十分深远，小米雷军等中国企业家身上都有乔布斯的影子，颠覆性创新已经深入人心，成为新经济的常态。

综上所述，企业家创新学派的时代意义是十分重大的。熊彼特在100多年前就能高瞻远瞩地指出企业家及创新在经济发展中的核心与灵魂作用，堪称伟大。在熊彼特之前，还没有人给创新以及企业家以如此之高的地位。这不仅是对经济学的重大贡献，更是对战略思想史的重大贡献。

关于商业战略理论上的叙述大致告一段落，理论是灰色的，但案例是永远鲜活的，20世纪的"福特通用之战"堪称教科书级的商业战略案例，无论是规模化低价战略还是差异化细分战略，都曾创造过辉煌。

20世纪初，福特汽车采取规模化的工业生产，效率的提升带来了成本的大幅降低，以低价的产品定位（据说当时290美元就能买一辆福特）将汽车送入了广大的美国普通家庭。1921年福特汽车占据了全美汽车市场的60%，T车型无可争议地成了20世纪初美国的畅销车型之王，汽车也从奢侈品变成了家庭代步工具。

跟随者通用为了应对福特这个价格屠夫，采取了差异化细分战略（狼群战术）。策略上，首创了策略业务单元（SBU）模式，也就是战略与战术分离并放权，由总部负责制定整个战略，各个业务单元负责战术，全权研发、经营自己的产品，形成低端车、中端车、高端车三个业务单元；打法上，用低价位的雪佛兰来阻击T型车，不惜牺牲自己的利润来消耗对手，转而由其他中档车和高档车来贡献利润。到1936年的时候，通用打败福特，在美国市场的份额占到了43%，而福特则下降至22%。至此，通用实现了完美逆袭。

规模化低价战略和差异化细分战略是商业竞争领域的两大经典，被各个行业各家企业争相效仿，追随者络绎不绝。然而，这种相对封闭式的竞争，往往都是绞尽脑汁抢占一个固定的市场。在未来信息转瞬即逝、需求变幻莫测的新时代，这种传统的商战思维亟须升级换代。

未来的商业竞争是开放共赢的。传统的竞争要素正在逐渐消失，取而代之的是以开放式思维创造全新的市场，产业互联网思维是商业竞争的下一个浪潮，"平台＋个人"的开放式战略将成为各行业新旧动能转换的关键举措。

平台作为产业链的中枢，以基础服务商、资源调度者的身份，服务于产业链的共性需求；个人、企业、组织则以个体身份，以平台资源和服务为依托，满足甚至创造市场需求，从而释放出个体的活力和价值。

从古代的谋士，到现代的战略家、战略智库，战略一直活跃在历史的舞台上，伴随着时代进步、社会发展而逐步职业化，战略不再是仅供少数人使用的奢侈品，而是成为供国家、企业、组织、个人应对复杂发展局势的特殊产品。未来，信息技术将给咨询行业带来变革，从技术大周期、技术应用、商业底层逻辑来看，全面普及的数字化是大势所趋，在不远的未来，人类社会将会进入"数字孪生"时代，数字与物理世界共存，数字世界利用数据、算力、算法与模型，对物理世界发生的行为进行描述、分析、诊断、决策，从而以最低的试错风险和成本，指导物理世界的生产运营，在凶猛袭来的数字化浪潮下，企业的商业模式、商业思维面临彻底重构，战略也将面临颠覆式的革新。信息咨询将日益被大数据替代，专业咨询也将受到人工智能的冲击，唯有战略，不仅不会被替代，反而越来越重要，成为个人、企业乃至国家重要的核心竞争能力之一。

正所谓"天行有常，不为尧存，不为桀亡"，无论时代如何变，战略的重要性始终不会变。关于战略的研究和应用也要与时俱进，必须具有应变的能力。保持持续的创新动力和战略定力，不断增强解决问题的本领，快速应对突如其来的问题和需求。

这是一个充满机遇和挑战的时代，我们选择了挑战、超越和扬弃。因为渴望挑战是智库的生命之源，不断超越是智库的价值呈现，不断扬弃则是智库与时俱进的唯一法宝，也是战略永恒的试金石。

大咖推荐

（以姓氏拼音为序）

《王志纲论战略》一书清晰、通透，理论联系实际，既有战略演绎又有战术复盘，既具国际视野又显中国特色，读之有酣畅淋漓、身临其境之感。推荐企业家、管理者和广大 MBA 同学一读，必有收获。

包国宪　兰州大学管理学院名誉院长

《王志纲论战略》是中西合璧的。它对东西方的战略思想脉络做了系统性的梳理，让人看清楚了战略的源流。《王志纲论战略》是道术合体的。它既有大的格局、境界、情怀和视野，也有具体而微的经验、案例、方法和路径。《王志纲论战略》是知行合一的。有数十家头部地产企业策划与数百座城市战略规划的实例做底，保证了王老师在书中的一系列原创思想成果是有源头活水的，是能经得起推敲的。作为中国战略咨询行业的拓荒者、先行者，王老师的《王志纲论战略》值得每位向往不凡者精读细品。

陈为　正和岛副总裁、总编辑

在智库蜂拥而起，"有库无智"的现象屡见不鲜的年代，如果用一个"标签"来为王志纲先生的智库智慧"找魂"的话，"战略"是最为准确的词。"王志纲论战略"，在我看来是非常合适的组合，这不仅仅因为战略是王志纲先生的兴趣及专长所在，更因为战略关乎"关键阶段的重大抉择"。

高明勇　政邦智库理事长，资深评论人

我们读过很多的关于企业战略的书，王老师的这本书应该说是非常的不同——目前我们读的，以西方的书为主，而《王志纲论战略》里面没有西方战略书中常见的模型和套路，有的是战略哲学和战略思维，和具体的"器用"始终保持着一定的距离。也只有如此，才能因应时事的变化。

华杉　上海华与华营销咨询有限公司董事长，著名财经及史哲作家

这本书是中国民间极负盛名的智库——智纲智库，创始人王志纲近 30 年战略实践的战略思想首次系统输出。他给战略做了一个简单直接的定义：战略就是在面临关键阶段的重大抉择时，如何做正确的事以及正确地做事。书里有大量的案例和方法，深入浅出，一看就懂，方便系统学习。

刘润　润米咨询创始人

战略＝预见。战略就是整合。战略就是在面对重大关键决策时如何正确地做事和做正确的事。战略的要害是"找魂"……王志纲专注于战略咨询，做了上千个案例，受到政商各界人士的尊敬和认可！《王志纲论战略》这本书揭示了经典成功案例背后的深层奥秘,值得一读!

刘世英　中国企业改革与发展研究会副会长,总裁读书会创始人

战略不是高不可攀的,不是无关人间烟火的,恰恰相反,战略就是要尊重规律、尊重常识、尊重人性。王老师的这本《王志纲论战略》很好读,它娓娓道来、通俗易懂,犹如百战归来的老兵在榕树下纵论战争与和平,有细节、有画面、有故事、有提炼、有发现——这是只有高手才可以做到的。

龙建刚　广东著名主持人、新闻评论家

古往今来写战略的书浩如烟海,能称得上战略家的思想者却寥寥无几。王志纲老师的这本书,以一种完全不同于西方的战略视角,结合他毕生"读万卷书、行万里路、历万端事"的知行合一实践,在传统东方式战略智慧的基础上,整理、完善了一套独具特色的战略理论体系。这套体系,扎根于过去四十年的时代土壤之中,在当代很多英雄豪杰身上得到了印证。我相信,读到它的每个人,都能在里面找到与己有关的大收获。

罗振宇　得到 App 创始人,"罗辑思维"主讲人

本书围绕着战略这把"以哲学观为刀柄,以方法论为刀刃的解牛刀",把东西方战略思想的流变,以及伟大的战略时代下知行合一的战略之路向读者一一铺陈,并且是结合着作者"读万卷书、行万里路、历万端事、阅万般人"的战略思考和实践的。王老师的诚意还在于书中分享的战略案例,这些案例基本都是王老师过去三十多年亲自操刀的战略项目,本身就见证了时代之变、产业之变。读者朋友们尽可以在书中收获酣畅淋漓的阅读体验。

宋春涛　赫基(中国)有限公司人力资源副总裁,著有《想清楚 说明白》

王志纲老师是中国有开创性的企业战略策划大师,我曾当面向他讨教,受益匪浅。此次有机会拜读他的最新大作《王志纲论战略》,更系统地感知了他对于中国企业战略发展路径之洞见。我们常犯的错误往往就是用战术上的勤奋掩盖战略上的偷懒。可惜,没有正确战略的战术,越努力越失败。在此推荐本书,希望我们都学会先从战略着手考虑问题。

徐达内　新榜 CEO

作为中国特色民间智库的练家子,老王读万卷书,行万里路,历万端事,阅万般人,做千般项目,最有资格讲战略实操经验。特此推荐!

闫肖锋　笔名肖锋,专栏作家,资深传媒人,趋势营销家,现任《中国新闻周刊》学术召集人

这本书吸引我的地方在于作者王志纲在多年咨询实践中所应用的东方战略思维。作者提出的"三因"法则、"阶段论"法则、"哑铃"法则有效地弥补了传统西方战略制定模式的不足，对于中国企业的战略制定非常有价值。

颜杰华　《商业评论》主编

《王志纲论战略》是一本既有普遍价值又有鲜明东方特色的知行合一的战略巨著，对于新时代的企业家建立战略思维，推动企业的战略创新具有重要的启发意义。王志纲老师也是全经联的首席战略顾问，我郑重地向全经联企业家推荐本书——开卷有益，可知，能行。

杨乐渝　全经联创始人

战略是眼光，是格局，是对未来的预判。王志纲参与了中国无数城市、项目发展方向的战略设计，作为躬身实践的战略咨询专家，他把过去几十年的经验都集中在了这本《王志纲论战略》之中，对做企业的人、城市发展的人一定会有所启示。

俞敏洪　新东方创始人，董事长

掌握过去者，掌握未来；掌握现在者，掌握过去。讲战略，容易走两个极端：大而不拘，细而不达。所以，我们最关注的就是书中对现实案例的解析。不是所有人读几本书就能拥有大格局、大视野，就能应对当下的百年未有之变局，但善于总结、学习，必能有所得。

智谷趋势　胡润百富榜最具影响力财经自媒体TOP10

团购图书福利

1. 获得智纲智库专家面对面咨询机会
2. 获得王志纲战略书院班培训名额
3. 获得智纲智库大会参会门票
4. 获得与本书作者面对面交流机会

团购联系电话：010-88379603　　温经理

智纲战略书院班

王志纲 中国著名战略专家 智纲智库创始人

启迪老板战略思维 · 赋能企业创新发展

扫码报名

模块	课程	主讲
01 书院大课：认识论 【认识战略的本质】	上篇：谋生必先谋势 下篇：战略就是找魂 王志纲老师现场咨询 王志纲战略精髓综述 预见之道（大势把握/战略分析） 找魂之道（战略定位/战略方针） 聚焦之道（关键切口/破局要点） 协同之道（模式设计/资源配置） 私董会	王志纲 智库专家
02 实践研学 【战略是如何落地的】	国内游学：智纲战略书院班 优秀学员企业研学考察 外部专家专题讲座	智库专家
03 书院大课：方法论 【如何适度超前】【三因法则】【一二三法则】	企业研学+座谈 中国是创新之道（科创时代/创新逻辑） 企业产品创新（突出长板/构建生态） 企业模式创新（创新模式/创新平台） 企业生态创新（破除障碍/沉淀文化） 因时制宜（观大势/识拐点） 因地制宜（评环境/估要素） 因人制宜（看企业/明自知） 一枝独秀（要么第一，要么唯一） 两场统筹（跳出政商双人舞） "三老"满意（政府/企业/民众三满意）	智库专家
04 实践研学 【三生有幸世界游】	海外游学："不出海就出局" 企业研学+特邀嘉宾分享	王志纲
05 书院大课：实践论 【从战略到执行】	战略时间"金三角" 战略攻势（统帅引领/统一战线） 战略破局（小切口/营销先行） 团队孵化（办黄埔/选人才） 一对一毕业辅导 一对一毕业答辩 毕业演讲：战略与人性 毕业典礼 "书院之夜"晚宴	王志纲 智库专家

40年战略经验
王志纲领衔授课
方法论精髓+实战案例

5大原创理论
掌握战略突破之道

1对1
战略咨询实战专家
1对1现场答疑解惑

1000+
政企客户资源
有效赋能企业发展

随时报名
滚动上课